叔本华主体理论研究

屈理兵　彭腾跃　赵　钧　黄琬璐　著

重庆大学出版社

内容提要

　　本书主要论及叔本华的主体思想,认为叔本华哲学的整个思想系所要阐明的"单一的思想"就是他关于主体的思想。对这个"单一的思想"的主体,叔本华从其作为认识能力的先验主体、作为表象和意志的主体、作为纯粹直观的认识主体和作为自由、道德与"虚无"的主体的思维进程予以揭示。本书试图指明,叔本华对主体的探索经历了包括经验、自在、审美和弃绝(包含同情)四个环节的一个过程,这一过程也就是叔本华从设定主客体对立开始,逐步演进并取消这一对立,最终确立"认识"自身为唯一永恒存在的自由主体的过程。这一过程就是叔本华关于主体的思想之旅,也是叔本华关于主体思想的全部内容。

图书在版编目(CIP)数据

叔本华主体理论研究/屈理兵等著. -- 重庆:
重庆大学出版社,2021.2
ISBN 978-7-5689-1938-8

Ⅰ.①叔… Ⅱ.①屈… Ⅲ.①叔本华
(Schopenhauer,Arthur 1788—1860)—主体论—思想评论
Ⅳ.①B516.41②B017

中国版本图书馆 CIP 数据核字(2019)第 278951 号

叔本华主体理论研究

屈理兵　彭腾跃　赵钧　黄琬璐　著
责任编辑:李桂英　何俊峰　　　版式设计:李桂英
责任校对:谢　芳　　　　　　　责任印制:邱　瑶
*
重庆大学出版社出版发行
出版人:饶帮华
社址:重庆市沙坪坝区大学城西路 21 号
邮编:401331
电话:(023)88617190　88617185(中小学)
传真:(023)88617186　88617166
网址:http://www.cqup.com.cn
邮箱:fxk@cqup.com.cn(营销中心)
全国新华书店经销
重庆市正前方彩色印刷有限公司印刷
*
开本:890mm×1240mm　1/32　印张:8.75　字数:213 千
2021 年 2 月第 1 版　　2021 年 2 月第 1 次印刷
ISBN 978-7-5689-1938-8　定价:50.00 元

目　录

导言
从绝对主体到纯粹主体
——叔本华意志哲学中的"单一思想"

叔本华在晚年对自己的哲学有个总的评价:"很少有哲学体系如我之哲学这样简洁明了、构成因素稀少,以至于它能一目了然地被人接受和理解。"[①]在《作为意志和表象的世界》一书的序言中,叔本华强调该书所要表达的"只是一个单一思想",这个单一思想就是"人们在哲学的名义下长期以来所寻求的东西"[②]。然而,究竟什么是这个"单一思想"呢? 叔本华并没有予以明确回答。这给后来的研究者留下两个问题:第一,叔本华在该书乃至其全部的著作中,是否只是要表达一个"单一思想"? 第二,如果诚如作者所述,只是表达了一个"单一思想",那么这个单一思想究竟是什么? 这第二个问题还会引发另一个问题:这个单一思想是否就如叔本华所宣称的那样,就是"哲学"这门学科所寻求的东西呢? 这两个问

---

① Schopenhauer: *Parerga and Paralipomena: Short Philosophical Essays*, Translated by E. F. J. Payne, Volume one, Oxford: Clarendon Press, 1974, p.129.

② 叔本华:《作为意志和表象的世界》,石冲白译、杨一之校,北京:商务印书馆,2014年,第1页。

题在叔本华思想的研究者那里产生了较大的分歧。

一种观点认为,《作为意志和表象的世界》所表达的并不是一个单一思想,而是某种思想体系。它的代表人物是彼特·威尔森(Peter Welsen),他在《叔本华的主体理论:其先验哲学,人类学和自然哲学的基础》一书中认为,叔本华在《作为意志和表象的世界》一书中所表达的不是一个"单一思想",甚至也不是一个"系统的思想",而是一个由哲学四科目(认识论、自然形而上学、美学和伦理学)构成的一个彼此阐释的有机组织而已,这个有机组织之所以得以形成,正是基于其关于主体的理论。①另一种针锋相对的观点认为,诚如叔本华所言,该书所表达的只是一个"单一思想"。这一观点以鲁道夫·马尔塔(Rudolf Malter)为代表,他在《一个思想:叔本华哲学引论》一书中指出,叔本华主要的哲学思想正是要表达一个"单一思想",这个"单一思想"就是"世界是意志的自我认识"。在此基础上,他还进一步认为,获取自由乃是"叔本华哲学的主题"②。

英国著名的叔本华研究专家克里斯托弗·詹纳威(Christopher Janaway)认为,从被主体所经验的表象世界与主体自身的内在本质看,即便鲁道夫·马尔塔的结论是成立的,但是从审美、伦理学等内容来看,尽管叔本华把它们分别标识为表象世界的"第二面"和意志世界的"第二面",但严格来说,它们却与世界作为表象同时也

---

① Peter Welsen: *Schopenhauers Theorie des Subjekts: Ihre Transzendentalphilosophischen, anthropologischen und naturmetaphysischen Grundlage*, Würzburg: Königshausen & Neumann, 1995, S. 11.

② Rudolf Malter: *Der Eine Gedanke*, *Hinführung zur Philosophie Arthur Schopenhauer*, Darmstadt: Wissenschaftliche Buchgesellschaft, 1988. 转引自: *Schopenhauer, Philosophy, and the arts*, New York: Cambridge University Press 1996, p. 82 & 88.

作为意志的思想是不相融洽的,借此断定叔本华在该书中所表达的内容不能被视为"一个单一思想"①。与此相反,美国的叔本华研究专家约翰·阿特威(John Atwell)主张叔本华所表达的只是一个单一思想。他说道:"这个双重性世界(笔者注:世界作为意志和表象)只是意志之(自我)奋斗,为了在惊悚中消磨掉其内部的、自我分裂的本性,它要对自我有完全的意识,它会取消自我进而肯定自我,最终达到拯救。"②换言之,约翰·阿特威在一定程度上是赞成鲁道夫·马尔塔的"单一思想"论的,并大致同意其对叔本华哲学主题思想的论断。另外,美国宾夕法尼亚大学的达尔·贾逵特(Dale Jacquette)也坚持认为,叔本华所表达的是一个单一思想,他指责克里斯托弗·詹纳威的观点是建立在不区分个体主体与实在整体的基本属性的一元论假设之上的,并进一步指出,叔本华在他多产的哲学论述生涯中,终其一生都从未动摇过对单一思想的建构。③

通过对比上述两种立场的论据,结合叔本华的相关论述,笔者认为叔本华整个思想体系所表达的诚如其所宣称的那样,乃是一个单一思想。

叔本华在《作为意志和表象的世界》第一版序言中指出,他所表达的这个单一思想乃是从"各个不同的方面"进行的,它与"一个系统思想"所强调的"结构上的关联"不同,具有"最完整的统一

---

① *The Cambridge Companion to Schopenhauer*, Christopher Janaway(ed.), Cambridge University Press, 1999, p. 4-5.

② John Atwell: *Schopenhauer on the Character of the World: The Metaphysics of Will*, Berkeley: University of California Press, 1995, p. 31.

③ Dale Jacquette: *Schopenhauer's Proof that Thing-in-Itself is Will*, in: *Kantian Review*, Volume 12-2, 2007, p. 83-84.

性”,每一部分都与全体有关,并且卷首、卷尾互为前提。彼得·威尔森所谓的“四科目”,实质上就是叔本华“一个思想的四个方面”①。不仅如此,叔本华还要求把他的博士论文作为他思想的“序论”“前提”,把他的《视觉与色彩》一书的内容视为其意志论的一部分。②他的伦理学思想,即《论意志的自由》和《道德的基础》的所有内容也不过是从《作为意志和表象的世界》第四篇中的相关思想中“推导出来的”③。他的物理学著作《自然界中的意志》的主要内容,是他在对意志论哲学经过十七年“不懈的研究”后,提出的证明。④叔本华晚年出版的两卷本《附录与遗补》所表达的思想也是“附属于他那更为重要和系统的著作的”,只因为这些思想“来得太迟而不能在那些著作中找到恰当的位置”才单独出版的。⑤在《作为意志和表象的世界》第三版时,他强调以上所有内容可以“很适当地”补充到第三版中来。⑥这表明,叔本华从其博士论文到其后期的所有著作,都是围绕着《作为意志和表象的世界》一书的主题而展开的。在《作为意志和表象的世界》第二版序言中,叔本华说他一直“紧跟着自己的思路走”,并在时隔“二十五年后”,并没有发现有

---

① 叔本华:《作为意志和表象的世界》,石冲白译、杨一之校,北京:商务印书馆,2014年,第1-3页。

② 同上,第3-4页。

③ 叔本华:《伦理学的两个基本问题》,任立、孟庆时译,北京:商务印书馆,1996年,第1页。

④ 叔本华:《自然界中的意志》,任立、刘林译,北京:商务印书馆,1997年,第20页。

⑤ Schopenhauer: *Parerga and Paralipomena: Short Philosophical Essays*, E. F. J. payne (trans.), Vo. 1, Oxford: Clarendon Press, p. 1.

⑥ 叔本华:《作为意志和表象的世界》,石冲白译、杨一之校,北京:商务印书馆,2014年,第24页。

"要收回的东西",①这当然包括他在第一版序言中所指出的他所表达的思想乃是一个"单一思想"的相关表述。他特别指出：在"多年的沉思"之后，所探索的仍然是他那单一思想的"四个分支"。②这些都是叔本华自己坚持其思想乃是一个单一思想的相关证据。从中我们可以看出，它是叔本华从早年到晚年所坚持的一个基本观点。

我们再来回顾一下彼得·威尔森和克里斯托弗·詹纳威反对叔本华思想是单一思想的论证。尽管彼得·威尔森不同意叔本华所表述的是一个单一思想，甚至也不承认它们是一个统一的思想体系，但他还是承认叔本华思想是一个"有机组织"，且这个有机组织是统一于其主体理论之中的。他否定叔本华思想是单一思想的根本理由在于：叔本华主要著作的四个部分表面看起来清楚明了，实则混乱而矛盾。③这表明他是根据叔本华整个思想体系中各部分间的一些互不融洽的观点而得出的结论。例如他说叔本华关于自在之物即是意志的证明就是"有问题的"④。事实上，对叔本华关于"意志是自在之物"的论证是否成立的问题，学界也明显地分为两派，一派认为是不成立的，一派认为是成立的。⑤不过，这似乎与叔本华是否要表达一个单一思想没有内在的逻辑关联。对此，约

---

① 叔本华：《作为意志和表象的世界》，石冲白译、杨一之校，北京：商务印书馆，2014年，第12-14页。

② 同上，第15页。

③ Peter Welsen: *Schopenhauers Theorie des Subjekts: Ihre Transzendentalphilosophischen, anthropologischen und naturmetaphysischen Grundlage*, Würzberg: Königshausen & Neuman, 1995. S. 11.

④ ebd., S. 13.

⑤ 笔者认为，从叔本华先验哲学的角度看，"意志是自在之物"作为先验认识是圆融自洽的。参见：溥林、屈理兵：《叔本华论"意志是自在之物"》，《西南民族大学学报（人文社科版）》，2019年第11期，第102-106页

翰·阿特威指出，虽然叔本华在意志这个根本问题上缺乏有效的阐释，但其思想作为一个单一思想仍然是成立的。即便是彼得·威尔森本人在否认叔本华的思想是一个单一思想的同时，也不得不承认叔本华思想体系中有一个贯穿始终且作为基础的东西，那就是主体。就后一点来说，笔者认为，在不违背叔本华创作意图的前提下，他否认的是以"意志论"作为叔本华的单一思想的观点，而间接地表达了以"主体论"为其单一思想的主张，至少承认了它作为其整个思想体系的"单一基础"。

克里斯托弗·詹纳威反对叔本华思想是一个单一思想的基本观点是，主体的经验表象和主体自身内在本质在美学和伦理学上的不相融洽。对此，达尔·贾逵特指出：如果詹纳威是正确的话，那么叔本华通过个体意欲的行为在表象和实践中所致力拓展的关于身体的双重知识就会陷入一个恶性循环，从而就会破坏整个叔本华哲学体系的基石。他问道：一个个体怎么就不容许与整体有所区别？事实上，大多数哲学家都是这样做的。不仅如此，他还坚持认为叔本华的这个单一思想就是关于意志的思想。①事实上，克里斯托弗·詹纳威本人也承认叔本华将其审美的思想作为表象的第二个方面，将其伦理的思想作为意志的第二个方面，只是在"严格意义上"是不具有兼容性的。但是，这个"严格"怎么界定？难道就是他所说的，"最重要的最真实的叔本华哲学的特点是那种知识在一种（自我）拒斥中达到顶点的"。它表明，"认识的自我导致欲

---

① Dale Jacquette: *Schopenhauer's Proof that Thing-in-Itself is Will*, Kantian Review, Volume 12-2, 2007, p. 83-84.

望自我的否定"①,如若将这个思想内容视为一个单一思想,就蕴含着一个内在的矛盾,即"世界作为主体的渴求盲动难道就是为了达到自身的不存在?"②难道因为认识与欲望的此长彼消,或者说"认识"与"意志"的不兼容,就可以断定叔本华思想不能成为一个单一思想? 这表明,詹纳威在"严格意义上"所否定的只是"意志思想"作为叔本华"单一思想"的可能性。事实上,在叔本华看来,意志作为主体为了实现自身的意欲就必须客体化,成为表象;而寓于表象之中的主体因为意欲的控制就会受到作为"摩耶之幕"的时空现象的奴役;主体要摆脱"摩耶之幕"的奴役,就是要认清表象世界的虚幻本质,认识到自我作为自在之物本身的自由本质,通过"禁欲"等方式,摆脱欲望的控制,最终实现自我作为纯粹认识主体的绝对自由。难道这个关于主体自我沉溺、认识、拯救的过程,不能视为一个单一思想?

现在,我们能否从叔本华思想体系中找出某个单一思想? 如果我们能够把叔本华的单一思想通过某种方式展示出来,一来可以彻底消除怀疑叔本华整个体系是一个单一思想的质疑,二来也从根本上论证了叔本华所表达的思想就是一个单一思想。笔者认为,叔本华整个思想体系,就是从各个方面或者说不同层次来表达这样一个思想:主体何以从绝对主体成为纯粹主体。具体地说,就是绝对主体"我"(Ich)如何先验地划分出纯粹认识主体和意志主体(相对于纯粹的认识主体,意志主体乃是客体),意志主体又如何客体化为表象世界。表象世界又分两种:服从根据律的表象和直

① *The Cambridge Companion to Schopenhauer*, Christopher Janaway(ed.), Cambridge University Press, 1999, p.5.
② ibid. p.13.

观表象(理念),其中,服从根据律的表象是奴役我们的现实所在,当然其根源在于意志的意欲。纯粹的认识主体和意志客体化的意欲一起构成"绝对的我"这个主体的生命现象:正是这生命现象的活动,直接表明"意志"作为自在之物,支配着生命现象的一切活动。因此认识也就是纯粹的认识主体对意志作为自在之物和作为表象的认识。当我们认识到我们的一切表象以及由此而遭受到的痛苦,都是为了实现意志的盲目冲动即意欲时,就会主动弃绝"意志",借此达到一种自我的"虚无"状态,即纯粹的认识的主体,这样,我们就超越了意志,获得拯救。

这样一来,反倒会首先招致主张叔本华的思想是一个单一思想并且认为它就是"意志认识自身思想"者的反对,因为这意味着叔本华的单一思想不再是"意志的自我认识",而是"主体的自我超越"。因此,如果将意志自我认识视为叔本华的单一思想,有哪些证据呢?而将主体的自我超越视为其单一思想,有哪些依据并在多大程度上成立呢?实际上,这两个问题可以合并为一个问题:叔本华所阐述的究竟是意志的思想还是主体的思想?这不仅涉及叔本华整个思想体系的内容,以及其中内在的逻辑关系,而且还涉及叔本华如何界定哲学这样的根本问题。我们首先对叔本华的整个思想体系作一个较为详细的梳理。

如果把《论充足理由律的四重根》视作叔本华真正哲学生涯的开始,且把叔本华哲学作为一个单一思想来加以考察的话,那么我们就应该以其博士论文作为出发点,因为这个"早期哲学论文",后来成了他"整个哲学体系的基础"。[1]叔本华之所以强调这篇博士论

---

[1] 叔本华:《充足理由律的四重根》,陈晓希译、洪汉鼎校,北京:商务印书馆,1996年,第1页。

文是他的哲学基础,在很大程度上是因为我们现在通常所看到的这篇博士论文,差不多是叔本华(在第二版时)重新写成的一本书,①他之所以重写,就是为了要符合其单一思想,使之成为其哲学的"基础"。对照第一版、第二版的整个行文框架和主要内容,我们发现,叔本华思想的这个"基础"在1813年的博士论文(第一版)中,叔本华就有了关于主体对客体的绝对支配、意志从主体中分离出来并作为主体之客体等思想的深刻认识。具体来说,就是在"我"的自我意识中,把"自己划分为主体的和客体的",而这种"主体"和"客体"在自我意识中,具体表现为"纯粹认识的主体"和"意志"。②这里的"意志",依照达尔·贾逯特的解读,就是"纯粹的意欲"(pure willing),而纯粹的意欲就是意志自身,由小写的意志(will)即意欲显示出大写的意志(WILL)③

这个"纯粹的意欲"可以说是叔本华《作为意志和表象的世界》中的"意志"的雏形,叔本华整个的意志论就从这里出发,唯有在此种意义上,才能说其博士论文是其整个哲学体系的基础,否则就无从谈起。这里所面临的问题是:早期的"四种客体"如何成为"我的表象",具有"我"的属性?

实际上,这个问题在其第一版的博士论文中就得到了解决。叔本华说"成为客体"与"成为表象"是一回事,而客体与主体相对

① F. C. White: the Fourfold Root, in: The Cambridge Companion to Schopenhauer, Christopher Janaway(ed.), Cambridge university press, 1999, p. 88.

② 叔本华:《充足理由律的四重根》,陈晓希译、洪汉鼎校,北京:商务印书馆,1996年,第145-146页。

③ Dale Jacquette: Schopenhauer's Proof that Thing-in-Itself is Will, Kantian Review, Vol. 12-2, 2007, p. 94-96.

应,这表明表象始终是有主体属性的。①我的表象就包含了四重根的全部客体,这些客体就是经验的直观客体、抽象的概念客体、时空关系的客体和主体自身中的意欲。对读者来说,在主体中的意欲被其同样在主体中的认识对象化、客体化,是非常容易理解的,但是要把前三种客体归为主体的表象,似乎有些困难,因为它们通常被认为是独立于主体而存在的。为此,我们有必要结合叔本华对表象的规定来做一个说明。叔本华在《作为意志和表象的世界》开篇即指出:"'世界是我的表象'……不认识什么太阳,什么地球,而永远只是眼睛,是眼睛看见太阳;永远只是手,是手感触着地球……这世界只是作为表象而存在着的;也就是说这世界的存在完全只是就它对一个其他事物的,一个进行'表象者'的关系来说的。"②表象者在这里虽然被界定为"生活着和认识着的生物",而就其实质而言,它必然是"我"。因为严格地说,生物之所以存在,首先是作为"我"的一种表象而存在的,然后才会作为具有一定自由性的行为主体(至少是认识主体)而存在的,或者说,生物的存在与其他客体的存在在本质上都是依附于"我"的存在。

然而,这些客体是否能脱离"我"而独立存在呢?这也就是达尔·贾逵特所质疑的,若表象的主体归于死亡,表象世界如何会存在的问题。③这就需要视具体的表象而定,像概念、意欲这样的客体,是完全依靠于主体的;像感性或知性的客体,叔本华一方面认

---

① F. C. white: *Schopenhauer's Early Fourfold Root: Translation and Commentary*, Aldershot: Aveubry, 1997, p. 13.

② 叔本华:《作为意志和表象的世界》,石冲白译、杨一之校,北京:商务印书馆,2014年,第25页。

③ Dale Jacquette: *Philosophy of Schopenhauer*, McGill-Queen's University Press, 2005, p. 32-34.

为它们可以脱离"我"而存在,另一方面又对这种存在作了离不开"我"的规定。他认为客体作为认识对象,显然是实在的,这就是实体,也就是物质性、就是因果性。①因果性是不可证明的,是先验存在的,因为任何关于因果性的证明都必然是依靠因果性进行证明的。正因为如此,充足理由律作为原因的(而非理由的)根据律是不可证明的。②因此,这些客体离开主体"我"仍然具有现实性,这种现实性乃是先验的因果性。也就是说,表象世界离开主体后,只有作为因果律或者根据律的实在性,并没有其他的实在性。自然也不能把这种实在性设想为康德所谓的"自在之物"。康德的自在之物是不可知的,而叔本华的自在之物是可知的,这就是意志。如果说康德的自在之物所强调的是现象存在的物质性支撑的话,那么叔本华所强调的则是表象存在的"支撑"自身。

在谈到"理念"如何成为我的表象之前,我们有必要了解一下意志的主体属性,因为理念是作为意志的直接客体化、最高客体化存在,如果意志都依存于主体而存在,那么"理念"依据于主体存在就是不言而喻的了。

叔本华在提出"世界是我的表象"命题的同时,也提出了"世界是我的意志"的命题,它们共同构成了一个完整的真理。③这里明确强调意志是"我"这个主体的属性。相对于表象世界是我的属性的

---

① 叔本华:《充足理由律的四重根》,陈晓希译、洪汉鼎校,北京:商务印书馆,1996 年,第45-47 页。另见:叔本华:《作为意志和表象的世界》,石冲白译、杨一之校,北京:商务印书馆,2014 年,第 67 页。

② 叔本华:《充足理由律的四重根》,陈晓希译、洪汉鼎校,北京:商务印书馆,1996 年,第23-26 页。

③ 叔本华:《作为意志和表象的世界》,石冲白译、杨一之校,北京:商务印书馆,2014 年,第 27 页。

明显性,意志作为我的世界并不直接,它是"只有通过更深入的探讨、更艰难的抽象和'别异综同'的功夫才能达到的"①。对意志的主体属性也要经过一番艰难的探寻才能达到,因为只有全面深入地了解"意志"究竟是什么才能断定它是否具有主体的属性。

表象世界作为现象,它需要一种支撑它存在的存在,这就是"意志"。当意志客体化成为表象以后,表象所展示的就是意志的客体性。②也就是说,意志相对于表象而言,它具有主体性,是表象的主体。现在的问题是,叔本华曾明确地通过"世界是我的表象"这个命题确立了"我"作为世界的主体。"我"这个认识者作为主体与作为认识对象的表象,一起构成了一个主客体的共在体"世界"。因为无一客体无主体,同样,无一主体无客体,被认识的表象作为客体,它需要一个认识的主体为支撑。那么凭什么又说"意志"是表象的主体呢? 因为这与主客体之间严格的一一对照关系的说法相矛盾。实际上,当我们说叔本华主客体遵守严格的一一对照关系的时候,必然会承认这样一个事实:表象作为认识的客体是与认识的主体相对的,虽然表象具有主体的属性,但并不取代它的实在性——只不过这种实在性被他视为物质或者因果性,应该存在一个主体来与这种表象的现实性或者因果性相对应,这个主体就是"意志"。正是在这个意义上,叔本华说"我"的表象是"意志"客体化的产物。

"世界是我的意志",表明意志是附属于"我"的,既然意志是主体,如何又成了"我"的属性了呢? 在论及世界作为意志的初论中,

---

① 叔本华:《作为意志和表象的世界》,石冲白译、杨一之校,北京:商务印书馆,2014年,第27页。
② 同上,第151页。

叔本华强调的是意志的主体属性,或者说强调它对表象世界的支撑作用。尽管我们知道它作为自在之物而存在,但我们对它自身的知识非常少,而且这种知识只能通过"身体"的活动性而确定。①现在又说一个自在之物附属于某物,这似乎是自相矛盾的,因为自在之物本身就意味着它不再局限什么,叔本华把它规定为"盲目冲动的力",是一切受限制后那个不受限制的存在,然而却又说它归属于"我",确实令人费解。然而,如果"意志"与"我"具有同一性,之所以要区分"我"与"意志",无非是从认识而言,那么这样就可以理解了。

实际上,这就是叔本华的处理方式。在其博士论文中,他指出"我"作为主体包括两个方面,一个方面是纯粹的不可认识的那个认识着的主体,另一个方面是在自我意识中被客体化的"欲求的主体",它们共同构成"主体"②。如果说那个认识着的主体属于主体的认识方面,那么完全可以说"意志"就属于主体的存在方面。也就是说,假如"认识主体"彰显着主体作为"认识者"的存在,那么"意志主体"彰显的则是主体作为"存在自身"的存在。叔本华是这样表述的:"意志主体与认识主体的同一性,借助这种同一性'我'这个词便指明了意志主体和认识主体,"这个"我"就是"绝对的奇迹"。③在叔本华关于意志是自在之物的论证中,他强调"意志"与身体的同一性,认为正是身体的活动性彰显了意志的存在。身体

---

① 叔本华:《作为意志和表象的世界》,石冲白译、杨一之校,北京:商务印书馆,2014年,第150页。
② 叔本华:《充足理由律的四重根》,陈晓希译、洪汉鼎校,北京:商务印书馆,1996年,第145-146页。
③ 同上,第148页。

作为意志的直接客体,身体的活动不过是"进入了直观的意志活动",①也就是说,身体自身乃是"我"的客体化现象,一方面它是认识主体的客体化产物,即认识现象,另一方面它也是一切意志主体活动客体化的产物,即生命活动。

将作为自在之物的意志赋予主体属性,或者说主体除了作为认识者之外还作为自在之物,这就从根本上意味着表象世界也具有主体属性。这是否与表象自身作为客体有冲突呢?就常识而言,从微观物质到太空宇宙的整个客体世界都独立于我们而存在,现在叔本华说它们都具有主体属性,那岂不是与常识相违背?为此,很多学者把作为主体的"意志"与作为自在之物的"意志"相区分。例如詹纳威认为叔本华是把主体的"意志"进行了一种自然化(naturalization),使其在自然中也发生作用,就是说"人类的内在本性就是它一直趋向于维持和繁殖生命,这种(人类)相同的内在特征亦即是生物界一切生物的共性",这种共性又由生物界延伸至自然中的一切事物②。换言之,叔本华通过主体发现意志,进而将主体的这种意志推广到生物界、自然界,从而使得自在之物的存在超越"我"作为主体的个体之上,成为一切存在物的内在本质。又如达尔·贾迣特为了保证意志之为自在之物的普遍性,有意地规避它的主体属性。他的辩护是,意志有小写和大写的分别,小写的意志就是个体的"意欲",大写的意志就是事物普遍具有的"意志",个体"意欲"作为"纯粹的意欲"而具有普遍的属性,以此成为大写的

---

① 叔本华:《作为意志和表象的世界》,石冲白译、杨一之校,北京:商务印书馆,2014年,第150页。

② Christopher Janaway: *Will and nature*, in: *The Cambridge Companion to Schopenhauer*, ed. Christopher Janaway, Cambridge university press, 1999. p. 143-145.

"意志"并具有普遍性。贾逵特的本意在于调节意志的"个体"与其"普遍"的矛盾,强调"我"与"非我"的意欲共性。①他显然无视叔本华"世界是我的意志"这样开篇就宣称的命题。事实上,叔本华根本就没有强调过任何"非我"主体的问题,尽管他也用"我们"一词。从根本上说,世界作为意志是"单一性"②的,它不可能分属于我之外的任何主体;也不能把它视一个"抽象"的存在,因为叔本华明确表示,"抽象"属于表象世界,而非自在之物。达尔·贾逵特似乎没有意识到,虽然叔本华承认"所有事物的内在本性都是意志",但是"我"之外的任何事物,对我而言都只能是一种知识,一种表象。外在于"我"的任何事物,在"我"之中都不具有独立性,其实在性只依靠因果性得以保障。因此,叔本华在其主要哲学著作的开篇就否定"地球""太阳"等事物的客观存在,而只肯定"我"的能知性。外在表象当然具有杂多性,但它们的认识主体始终是单一的,支撑它们的自在之物也是单一的。达尔·贾逵特是基于自我主体、生物主体、整个自然界都是真实共存的常识立场——这正是叔本华所否定的。因为"我"作为认识的主体"是这世界的负荷者","我"之外的整个自然,都只在这个"个体的表象中存在"——来强调意志的普遍性的。对这个问题处理得比较恰当的是鲁道夫·马尔塔,他极力赞成叔本华的"世界就是意志对自我的认识"的观点,从主体的意志方面来阐释世界的存在,维护叔本华主体与意志的同一性。

---

① Dale Jacquette: *Schopenhauer's Proof that Thing-in-Itself is Will*, in: *Kantian Review*, Volume 12-2, 2007, p. 94-96.

② 叔本华:《作为意志和表象的世界》,石冲白译、杨一之校,北京:商务印书馆,2014年,第150页。

主体与意志的同一性,或者说意志的主体属性,使意志直接客体化的理念作为表象而成为主体的客体。尽管在认识途径上,理念有别于以知性认识和因果律为主要手段的表象,是通过直观审谛予以认识的,但是在其主客体属性上却与普通表象并没有什么不同。它与普通表象的根本区别在于,它自身并不对主体奴役,而是让主体在一种审美谛观中达到对意志客体化的遗忘,使人摆脱意志力的支配,从而获得暂时的安宁。

叔本华意志的主体属性,实际上就是意志与主体的同一性。意志的自由从而保证了主体的自由,客体或表象受意志的支配和主宰,从而使表象具有了必然性。不过,这种主体的自由并不是通常意义上的意志自由。传统哲学家们从生命的现象角度予以强调的那种意志自由,叔本华认为是不存在的。因为意志的任何活动一旦客体化就意味着它受必然性支配,真正自由的只有意志自身,而意志的任何活动都会客体化,这就意味着它们将由自由领域进入必然领域。传统哲学或者经院哲学所讲的意志自由,只是涉及必然领域,没有真正进入作为自在之物的意志层面。生命与生命现象是有区别的。"我"作为意志的主体只有从根本上放弃意志的一切活动,固守其自身作为"本质和存在",放弃其作为生命意志,唯有这样才能避免它以客体化的方式使"我"进入必然领域,我才能获得真正的自由,因此真正自由的只是"纯粹的认识主体"。换言之,要获得彻底的自由就要把主体中那自在之物的意志与其客体化的表象世界一并抛弃,这才是"我"作为主体的拯救之路。

叔本华意义上的客体因其意志的属性从而也具有主体的属性,这意味着在叔本华整个思想体系中,其客体不过是较为低端的主体,而主体除开纯粹的认识主体外,不过是较为高端的客体。就此看来,叔本华的整个体系的思想所要表达的无非就是,"绝对的我"这个主体如何逐步成就其自身为"纯粹的认识的我"的主体。

同时我们也可以看出,叔本华的整个世界,即作为表象的世界和作为意志的世界,都是"我的世界",用叔本华自己的话来说,就是"世界就是意志的自我认识"。即世界只是对主体意志的认识,而进行认识的那个纯粹主体,根本不在世界之中:它是纯粹主体,就世界而言,它是凌驾于主体之上的纯粹的认识主体,或者说就是"虚无"①。

现在回到前面几位研究叔本华的主体思想的专家在这个问题上的分歧上来。我们现在面临的问题是,既然叔本华的思想是单一的关于主体的思想,为什么彼得·威尔森在研究叔本华的主体思想时并不这样认为,甚至主张叔本华的思想连一个"体系"都算不上呢? 笔者认为,大致原因有以下三个。

首先,彼得·威尔森对叔本华主体思想研究的出发点是值得商榷的。他将叔本华的主体思想研究放在了康德主体思想大框架下②,单纯从康德的主体思想这个背景出发。研究叔本华主体的思想不能无视康德的相关思想,这无疑是对的,然而我们局限于康德的主体就会违背叔本华是在近代哲学这个大背景下发展出意志论的。基于此,托德·汉弗莱(Ted Humphrey)主张从笛卡尔开始考

---

① 叔本华:《作为意志和表象的世界》,石冲白译、杨一之校,北京:商务印书馆,2014年,第558-561页。

② Peter Welsen: *Schopenhauers Theorie des Subjekts: Ihre transzendentalphilosophischen, anthropologischen und naturmetaphysischen Grundlage*, Würzburgs: Königshausen & Neumann, 1995. S. 14.

察叔本华的思想。①单从主体论的角度说，叔本华受惠于笛卡尔、费希特和谢林的东西绝不能忽视，甚至可以说他是变笛卡尔"我思故我在"为"我欲故我在"②，将费希特的"自我设定自身""自我设定非我""自我设定非我与自我的统一"改造为"主体设定自身（先验的）""主体设定客体""主客体互相设定"，③而先验的"我"又类似谢林的"绝对"。这在其奠定整个哲学基础的博士论文中，我们可以明显地看到，他强调主客体的时候，与康德的联系并不是那么紧密。

其次，彼得·威尔森对叔本华主体思想研究的方法有问题。威尔森根据叔本华对形而上学的界定，将《作为意志和表象的世界》一书的第一篇"世界作为表象初论"排除在形而上学之外，其形而上学的内容依次为：自然的形而上学（第二篇），美的形而上学即美学（第三篇）和习俗的形而上学（第四篇），第一篇是关于"经验的可能性的认识论"，"认识论和形而上学的二分法贯穿（其哲学的）始终"④。这就是君特·泽勒（Günter Zöller）所指出的，"他仅仅强调叔本华的自我作为其认识论和自然哲学的基础"⑤。叔本华在

---

① Ted Humphrey: *Schopenhauer and the Cartesian Tradition*, in: *Journal of the History of Philosophy*, Apr. 1981, p. 191.

② 贝霍夫斯基:《叔本华》，刘金泉译，中国社会科学出版社，1992年，第59页。同上，第60页。

③ 根据吕迪格尔·萨弗兰斯基所述，叔本华在完成博士论文的前一年，曾"绞尽脑汁地思考着费希特的'知识学'。参见：吕迪格尔·萨弗兰斯基:《叔本华与哲学的狂野年代》，钦文译，北京:商务印书馆，2010年，第237页。

④ Peter Welsen: *Schopenhauers Theorie des Subjekts: Ihre transzendentalphilosophischen, anthropologischen und naturmetaphysischen Grundlage*, Würzburg: Königshausen & Neumann, 1995, p. 156-158.

⑤ Christopher Janaway(ed.), *The Cambridge Companion to Schopenhauer*, Cambridge University Press, 1999, p. 39-40.

《论人类的形而上学的需要》一文中指出："我所理解的形而上学是指谓这样的知识，它超越于经验的可能性，并以此超越自然或者事物显现出来的现象，从而提供一种信息，通过这种信息在某种程度上使得经验或者自然成为可能，或者用通俗的语言说，它就是那隐藏自然之后并使自然成为可能的知识。"①这就是威尔森划分的依据。然而这无疑忽略了这样一个事实，即形而上学自身是不能脱离认识论而独立存在的，经验何以可能本身就是形而上学的问题。叔本华的二分法是统一在"意志"这个主题之下的，表象世界和意志世界就主体的认识而言是一体之两面。

最后，威尔森否定叔本华哲学作为"一个单一思想"的理由并不充分。他给出的理由有两个：叔本华思想中存在着极为不同的四个部分，各部分间互相交织着不同的方法。②对于这四个部分，叔本华自己已经说明了乃是"一个思想的四种观点"，③至于方法有什么不同，威尔森并没有明确指出有什么不同，但即便有不同也可以理解为一个达到同一"目的"的不同途径而已。

当然，正如前文所说，威尔森还是同意叔本华的思想中有一个统一的东西，这就是"主体"，换言之，如果威尔森不得不同意叔本华思想是一个单一思想的话，那么他就必然会承认叔本华关于主体的思想乃是他的单一思想。

---

① Schopenhauer: *The world as will and representation*, E. F. J. Payne（trans.），Vol. 2, New York: Dover Publications, Inc. p. 164.

② Peter Welsen: *Schopenhauers Theorie des Subjekts: Ihre transzendentalphilosophischen, anthropologischen und naturmetaphysischen Grundlage*, Würzburg: Königshausen & Neumann, 1995, S. 156.

③ 叔本华：《作为意志和表象的世界》，石冲白译、杨一之校，北京：商务印书馆，2014年，第3页。

为什么不能像鲁道夫·马尔塔所主张的那样认为,叔本华关于意志的思想乃是其单一思想呢?确实,叔本华曾明确地表达过"世界乃是意志对于自己的认识"的观点,然而这并不意味着叔本华就表明他的单一思想就是"关于意志的思想"。因为这意味着要把叔本华在其博士论文中的大部分思想排除在外,而博士论文却是叔本华一再强调的这个思想的"前提",且应该归于其《作为意志和表象的世界》第一篇之中去的,这是他对读者所提的三个要求中的置于对康德哲学熟悉之前的第二个要求。甚至可以看出,威尔森之所以不承认叔本华思想乃是单一思想就与此有关。这意味着,就此而言,威尔森否认叔本华思想乃是一个单一思想并不是没有道理的,不过,当这个单一思想指向主体而非意志时,情况就大不一样了。

叔本华说到其思想的三大根源,柏拉图、康德和"印度的智慧",而他所谓的印度的智慧主要是指婆罗门教典籍中的思想和佛陀的思想。他自己承认组成《奥义书》中的"每一个别的、摘出的词句,都可以作为我所要传达的思想中所引申出来的结论看;可是决不能反过来说,在那儿已经可以找到我这里的思想。"①从《奥义书》中,叔本华引用"凡此有情,皆即为汝"作为自己审美时所获得的对美的内在本质的理解;②也作为自己"同情"理论的一个支点。③而对佛陀思想对他的影响更明显地体现在人作为主体的自我

---

① 叔本华:《作为意志和表象的世界》,石冲白译、杨一之校,北京:商务印书馆,2014年,第6页。

② 屈理兵:《审美对人自由本质的实现——叔本华审美的形而上学意义》,《四川师范大学学报(社会科学版)》,2019年第5期,第147-148页。

③ 同上,第510页。

拯救方面。

　　据莫里拉·尼克尔斯（Moira Nicholls）考证，印度思想对叔本华的影响可能是从 1813 年后期开始的。《作为意志和表象的世界》的第一卷有 8 次涉及佛教思想，超过 50 次涉及印度教；其第二卷（1844 年初版）至少有 30 次涉及佛教，超过 45 次涉及印度教。①尼克尔斯进一步认为，"东方思想"的影响促成了叔本华对意志的界定的第三次转变。②笔者并不认为叔本华对意志的界定有三次转变，但也并非像汤用彤先生说的那样完全"披着东方学究式的外衣"来"表达欧洲中世纪的情感"③。这是"印度智慧"在叔本华体系中地位的两个极端认识。叔本华在构建自己的哲学思想时，一方面确实是吸收了东方思想作为自己理论的依据，另一方面也严格地与东方思想划界。④笔者认为，叔本华实际上在处理"自我"与"世界"的关系中，受到了印度教和佛教的启发，并把它们作为阐

① 　莫里拉·尼克尔斯的依据是其早期博士论文没有涉及东方因素，在其遗稿中对佛教的关注始于 1814 年，并在其晚年达到高峰。但他以此推论在《作为意志和表象的世界》的第一版中，叔本华受东方思想影响较少，似乎缺乏根据。因为这时候叔本华完全可以将佛教的思想融合在其主要著作之中。参见：Moria Nicholls：*The Influences of Eastern Thought on Schopenhauer's Doctrine of the Thing-in-Itself*, The Cambridge Companion to Schopenhauer, Christopher Janaway（ed.），Cambridge University Press, 1999, p. 176-177。

② 　ibid., p. 171.

③ 　汤用彤：《叔本华思想中的东方因素》，钱文忠译，载《中国文化研究》，2001 年，第 31 页。

④ 　叔本华在《作为意志和表象的世界》第一版中说不能用《奥义书》的思想来概括自己的思想（叔本华：《作为意志和表象的世界》，石冲白译、杨一之校，北京：商务印书馆，2014 年，第 6 页），第二版中他不再提"东方智慧"，而在《论人类对形而上学的需要》一文中，把印度宗教视为人类童年的不成熟思想（Schopenhauer：*The world as will and representation*, E. F. J. Payne（trans.），Vol. 2, New York：Dover Publications Inc., p. 164.）。

释"我"作为世界主体的一个依据,通过这种阐释,叔本华在意志论上的矛盾得以很好的消解:意志既然是我之身体的活动,如何由我这一身体的活体推知有其他身体的活动? 因为对"我"而言,存在的只是知识,即关于表象的知识和关于自在之物的知识,自在之物作为表象的支撑,只是因为"我"的表象必须有这种支撑,我之外是否有不同于"我"的那个"我"存在,这在"我"的知识中是没有答案的。然而,"印度智慧"却很好地处理了这个问题,例如婆罗门教的"梵我同一"的命题和大乘佛教的"一切唯心""万法唯识"等命题。

婆罗门教的《奥义书》强调"梵我同一",梵即生命,即自我。"生命气息者,大梵也。"①叔本华对"梵我同一"的解读是"梵"就是那作为自在之物而隐藏在现象背后的"意志",它是"事物的源泉和本质"。②依此我们有理由相信叔本华坚持意志与我的同一,即主体与意志的同一。"我"作为主体之所以拥有自由就是因为我与那作为自在之物的意志具有同一性。因此,要理解"我"的自由与被奴役、"我"的本质和存在,就必须理解"意志",理解了意志就把握了"我"的本质。但是正如其博士论文所指出的那样,意志并不是"我"之主体的全部,除意志之外,"我"还有一个那进行认识的不可认识的主体。梵我同一,作为意志的梵并不等同于我,而是包含于我,否则的话,"梵"就没有必要存在了。

在论及人对生命意志否定以后的解脱时,叔本华说主体的解脱存在于主体和客体都不存在的那一点,并用佛教的"禅波罗蜜"

---

① 《五十奥义书》,徐梵澄译,中国社会科学出版社,2007 年第一版,第 41-42 页。
② 参见:吕迪格尔·萨弗兰斯基:《叔本华及哲学的狂野年代》,钦文译,北京:商务印书馆,2010 年,第 239-240 页。

来指代,说它是"一切知的彼岸"①。所谓主体与客体都不存在的那一点,就是"我"不再有"意志",也不再有"表象"的那一点,但不能没有"我"的那一点,因为那样就不可能有"一切知的彼岸"。这时候只会有一个纯粹的、只是认识着的、没有分别的"我"。这与佛教徒所要追求的境界十分相近:没有分别,圆融十方,无所不知,却如如不动。

因此,如果说"意志"是叔本华要表达的那个单一思想,那么这个思想并不能涵盖叔本华在否定意志之后的那个"认识一切却不被认识者"的相关内容,而这才是叔本华整个体系的落脚点。但是当我们主张叔本华的单一思想乃是"主体"的时候,却真正地涵盖了叔本华整个思想体系的全部内容。威尔森意识到了这一点,然而他却基于前面笔者所分析的原因,不承认它就是叔本华所强调的那个单一思想。

这样,叔本华岂不是表达了一种"唯我论"吗?正是如此。但"唯我论"能够带来什么样的影响,这却不是笔者所能预料得到的。

---

① 叔本华:《作为意志和表象的世界》,石冲白译、杨一之校,北京:商务印书馆,2014年,第561页。

第一章
作为认识能力的先验主体

　　克里斯托弗·詹纳威在他所撰写的《叔本华哲学中的自我与世界》中指出:"对一个先验观念论者而言,世界围绕主体转动。在叔本华的构想中,世界就是对主体而言的客体,世界是我的表象。"①叔本华是一个先验论者,这不仅是他自己公开承认的,②而且在他著作中也有明显表现,并被一般叔本华研究者所认可。③其

---

① Christopher Janaway: *Self and World in Schopenhauer's Philosophy*, Oxford: Clarendon Press, 1989, p. 84.

② 叔本华在其主要的哲学著作中都承认自己是先验论者,例如在《充足理由律》中强调人类认识能力的先验性,在《作为意志和表象的世界》第一篇中,开始就强调"世界是我的表象"的先验性等。对于观念论,叔本华这样描述道:"真正的哲学必须不惜一切代价观念化,实际上,它唯有必须如此才是坦诚的……视客观世界为当然的实际存在,对于其他(除哲学以外)的各种科学的经验论立场是适当的,但对于需要刨根问底地去寻求原初和始基的哲学立场而言,是不适当的。意识是单独地、直接地被给予的。因此,哲学的基础被限定在意识的事实之中,换言之,哲学在本质上就是观念论。" Schopenhauer: *The world as will and representation*, E. F. J. Payne(trans.), Vol. 2, New York: Dover Publications Inc., p. 4-5.

③ 鲁道夫·马特尔在《叔本华的先验观念论》一文中,针对"叔本华思想体系在思想史中的地位如何"的问题,说道:"在思想史上,叔本华更多的属于一个非理性论的传统的先验唯心论者。"(Rudolf: *Schopenhauers Transzendentalism*, Midwest Studies In Philosophy (Vol. 8), 1983, p. 434.)

先验观念论的哲学属性显示出"主体"对于叔本华哲学的重要性。同时,我们看到不论在其被认为是其"整个(哲学)体系的基础"的《充足理由律的四重根》(第二版)①中,还是在其《作为意志和表象的世界》一书中,对"主体"的强调都是贯穿其全书的一个重要线索②。因此,对叔本华"主体"思想的研究,是把握叔本华哲学的一个带有全局性意义的工作。

在西方哲学史上,主体是一个具有本体论和认识论意义的词。亚里士多德最早使用主体一词,主体作为某种特性、状态和作用的承担者,是第一实体之为第一实体的决定性因素。近代笛卡尔通过"我思故我在"的哲学命题,确立了近代哲学中的第一个认识论主体,从此主体作为一个与客体相提并论的哲学词汇受到关注。虽然近代大哲学家们对主体的定义和理解不一样,但通过与客体的对照来阐释主体的途径却基本一致。③除了客体之外,与主体紧

---

① 这里主要指 1847 年(第二版)以后的各种版本。现在很难看到叔本华 1813 年博士论文的版本。据 F. C. White 考证,1847 年版本较 1813 年版本"差不多是不同的另一本书"(Christopher Janaway, *Will and nature*, The Cambridge Companion to Schopenhauer, Christopher Janaway (ed.), Cambridge university press, 1999. p. 88)。

② 在《作为意志和表象的世界》一书及其附录的《对康德哲学的批判》中,在讨论表象的时候,叔本华说:"一切一切,凡已属于这世界的一切,都无可避免地带有以主体为条件的性质,并且也仅仅只是为主体而存在。世界即表象。"总是强调"无一客体无主体"这一个命题。强调表象的主体属性。在讨论意志的时候,叔本华强调身体的主体性。在叔本华整个思想体系结局处,叔本华在"无"的注释中写道:"这正是佛教徒们的禅般若蜜 pradschna-paramita,是'一切知的彼岸',亦即主体和客体不再存在的那一点。"(叔本华:《作为意志和表象的世界》,石冲白译、杨一之校,北京:商务印书馆,1982 年,第 26 页、第 561 页。)

③ 《外国哲学大辞典》,冯契、徐孝通主编,上海:上海辞书出版社,2000 年,第 194 页;另参见《哲学大辞典·修订本》,金炳华等主编,上海:上海辞书出版社,2001 年,第 2038-2039 页;又参见 *The Cambridge dictionary of Philosophy* (second edition), Robert Audi(ed.), Cambridge University Press, 1995, p. 885-886.

密联系而受到广泛关注的还有主体性,或者主观性,从本体论上讲,它是指事物的存在对主体的具有依附性的存在方式;从认识论上讲,它是与客观的相对应的知识陈述方式,这种方式有时会导致相对主义或极端个人主义。[1] 在叔本华"单一思想"体系中,他关注了哲学史上的本体论思想,其"意志"按照传统哲学划分方式也具有本体论的意义:把意志论视为关于存在的理论,就是说,就把意志作为表象世界的依据、本质、根源而言,其意志就是世界的本体。[2] 就认识论(即叔本华的整个思想体系的建构)而言,叔本华是用"我"来统摄其意志主体和认识主体的意图的,他说:"意志主体与认识主体的同一性,借助于这种同一性'我'这个词便包括并指明了意志主体和认识主体这两者……"[3];在《作为意志和表象的世界》的第二篇"世界作为意志初论"中,其副标题就是"意志的客体化"。如果我们把客体作为主体对立面来看,或者说把主体理解为客体的承载者来看,那么这里的"意志"无疑是有"主体"含义的。

西方哲学史上第一个提出"认识主体"的哲学家应该是苏格拉底,他以德尔菲神庙那句著名的"认识你自己"箴言作为"哲学宣

---

① *The Blackwell Dictionary of Western Philosophy*, Nicholas Bunnin, Jiyuan Yu (ed.), Blackwell Publishing, 2004, p. 663-664.

② 国内有学者提出叔本华哲学是意志本体论,例如李淑英《评叔本华的意志本体论》(《中国人民大学学报》,1990 年第 2 期,第 48-54 页)、余治平博士《叔本华意志本体论的构建及与东方思想的沟通——重新解读叔本华》(《河海大学学报》,1999 年 6 月第 1 卷第 2 期,第 52-56 页)、金惠敏博士《叔本华的美学本体论》(《哲学研究》,1990 年第 10 期,第 32-40 页)等等。

③ 叔本华:《充足理由律的四重根》,陈晓希译、洪汉鼎校,北京:商务印书馆,1996 年,第 148 页。

言",强调哲学要"认识主体自己"①。对神谕"苏格拉底是最智慧的人",苏格拉底认为,神谕无非是"告诉我们,人类的智慧很少或者没有价值。谁能像他那样认识到自己的无知,谁就有智慧。这样看来,"智慧"实际是一种内省的态度,所谓"认识你自己"就要求认识主体需要正视自己的"无知",将自己作为认识对象。结合苏格拉底"知识助产术"的盘诘式的方法论,②特别是《美诺篇》中关于几何知识的盘诘,苏格拉底似乎又证明了知识就存在于认识主体自身之内。于是,我们看到,对苏格拉底来说,一方面是主体的无知,另一方面是主体的有知。从认识目标来说,必然是要达到有知的,从认识现实来说,是无知的;这是任何认识之存在的内在逻辑和必然要求。问题是:当把认识对象限定为主体自身的时候,究竟是有知还是无知呢? 或者说,理智活动能否成为自身的对象,能否考察人的认知本身,即认识主体是否能够认识自身。从"认识你自己"这个命题自身看,认识主体自身是可能的,并能够获得关于主体的知识。从笛卡尔"我思故我在"的哲学命题看,认识所能确立的唯有思维的主体。但康德认为:除了自我的逻辑意义外,我们对于作为基底而为自我因而为一切思维提供依据的自主的主体自身,"并没有任何知识"③。在一定程度上否定了认识主体认识自我

---

① 《西方哲学史(学术版)·古希腊与罗马哲学(上)》,叶秀山、王树人主编,江苏人民出版社,2004 年,第 474-475 页。

② 据霍普·梅考证,苏格拉底的方法是"诘问式",其用词即"Elenchos",它是用来表示"省察"(examination)和"考察"(test)之意的希腊词。由此而来的动词"elenchein"不仅仅有"省察"之意,而且有羞辱(to shame)或"反驳"(to refute)之意。(霍普·梅:《苏格拉底》,瞿旭彤通译,中华书局,2002 年,第 62 页。)

③ 康德:《纯粹理性批判》,邓晓芒译、杨祖陶校,北京:人民出版社,2004 年,第 311-312 页。

的可能性。主体能否被认识？为什么能去认识？认识主体有什么特征？它有什么样的认识能力？这些都是叔本华所必须面临并要解决的问题。

第一节　先验认识主体的方法论设定

叔本华在其主要哲学著作《作为意志和表象的世界》的第一版序言指出，他早年的博士论文是其"单一思想"的序论、前提，人们只有在充分认识了他对充足理由律的分析之后，认识到充足理由律作为主体认识客体的一个形式，尝试一个新的思维方式的时候，才能把握其意志论的主题思想。①可以看出，叔本华把他关于充足理由律的阐释视为进入其思想体系的入口和方法论基础。在《充足理由律的四重根》的第二版序言中，叔本华又再次强调这部著作是他"整个体系的基础"②。虽然该书的第一版与第二版有很大的不同，差不多是重新写作的一本书，③然而叔本华在其第二、三版序中并没有改变第一版的声明。比较第一、二版的内容，很容易发现其二版正是沿着它作为"整个体系的基础"的思路改写的。其主体

---

① 叔本华：《作为意志和表象的世界》，石冲白译、杨一之校，北京：商务印书馆，1982年，第1-4页。

② 叔本华：《充足理由律的四重根》，陈晓希译、洪汉鼎校，北京：商务印书馆，1996年，第1页。

③ F. C. White：*the Fourfold Root*，in：*The Cambridge Companion to Schopenhauer*，Christopher Janaway(ed.)，Cambridge university press，1999，p. 88.

思想作为其体系的一个主要内容和重要方面,也需要从其充足理由律的思想入手研究。

一、先验主体构建的方法论

在探讨"充足理由律的根源"时,叔本华在《充足理由律的四重根》的第二版中写道:

我们的作为外在和内在的感受性(接受性)、知性和理性的认知意识,分化为主体的和客体的,此外并不包含什么。成为主体的客体和成为我们的表象是同一回事情。我们所有的表象都是主体的客体,而所有主体的客体都是我们的表象。我们的全部表象都在一种可以被确定为先验的规则的联系中互相依赖,据此,任何彼此独存的存在物,任何单个的或孤立的东西都不能成为我们的客体。①

尽管该书两个版本在其他内容上差别很大,但根据 F. C. 怀特所著的《叔本华早期的四重根:翻译与评注》可以看出,叔本华所要表述的这个思想是一致的。②从这里我们可以看出,主体和客体与认识活动中的意识紧密联系,意识二元化在主体与客体之中,意识除了主体与客体的属性之外,就再也没有什么了;主体与客体是同时共在的,一旦离开了一方,另一方也不复存在;如果把主体等同

① Schopenhauer: *Werke in fünf Bänden*: *nach den Ausgaben letzter Hand*, Bd. Ⅲ, Ludger Lütkehaus (Hrsg.), Zurich: Haffmans Verlag, 1988, S. 38-39.

② F. C. White: *Schopenhauer's Early Fourfold Root*: *Translation and Commentary*, Avebury Ashgate Publishing Ltd., 1997, p. 13.

于我们，那么客体就可以等同于表象；表象即客体，客体即表象；但它们都是相对于主体而言的；表象不是孤立的，而是彼此联系的，这种联系是以认识主体中的先验规则为依据来建立的。因此，正如达尔·贾逵特所言，叔本华既不像纯粹的唯物论者那样从客体出发，也不像费希特那样从主体出发，而是从主客体不可分割的互相设定出发来建构其思想体系的。[①]在强调主体与客体对于认知意识的重要性之后，在接下来的几章中，或者说在论述充足理由律的具体四重根的内容中，不论是在其早期的第一版还是后来所改写的第二版中，该书的每章都冠以"论主体的第 X 类客体，及在其中起支配作用的充足理由律形式"的标题。从题目上就可以知道，叔本华虽然论及的是客体，但仍然强调客体的主体属性，强调支配这类客体形式的主体。也就是说，叔本华强调主客体的互相设定的同时，是有所侧重的，即客体依照主体所建立，并对客体起支配作用，我们只有把握其主体以后，才能把握其客体。现在的问题是：什么是主体？主体在表象中究竟起什么作用？在四重根中，主体依靠什么而建构？这首先要涉及的是第三个问题：主体依据什么而构建，或者说主体构建的合法性何在？这个问题解决了，前两个问题也就好解决了。

二、两个先验的基本原则

叔本华在构建其思想体系的过程中提出了两个先验的基本原则，他说："神妙非凡的柏拉图和令人惊异的康德一致用深沉有力的口气，推荐了一条可以作为一切哲学研究以及一切科学方法的

---

① Dale Jacquette: *The Philosophy of Schopenhauer*, Acumen Publishing Ltd., 2005, p. 40.

原则。……即归同原则和分异原则。"①前者假定了自然(Natur)同它自身的一致性,使得我们能够从类到种到属不断地归纳总结,直到形成一个最高的统一的概念,如柏拉图的理念。如果没有这个原则,那么一切哲学和科学都会失去方向和目标,都不能形成任何一种具有普遍性的知识。后者则采用相反的路线,将一个带有综合性或全局性的概念从较高一级往较低一级逐步分析,因为所有的概念都可以加以分析,都不能达到"单纯的直观"。叔本华认为这两个原则是一切哲学和科学研究的基本原则,他引用柏拉图的话说它们是"使得所有科学得以产生的法则",是科学研究的"普罗米修斯之火",是我们"理性的先验的基本原则"②。

叔本华认为,这两个原则中的第一个被滥用了,我们认识中很多根深蒂固的错误就是对它的滥用而引起的,而第二个原则却通常被忽略了。他将充足理由律区分为四重根所借助的正是分异原则。然而,这两个原则严格地说都属于作为认识主体的我们的认识能力或者认识方法,它们可以作为四重根的依据,但不能作为"主体"存在的依据,更不能指明主体是什么。对于主体存在的依据,除了"我们"这个直接的表述性词语之外,唯有"先验的"能够提供一点线索。因此,我们有必要对"先验的"原则进行一番考察,对分析原则的先验属性要有一点基本的认识。

叔本华强调,真正的哲学必须是观念论的(idealistic)③。对此,

①　Schopenhauer: *Werke in fünf Bänden: nach den Ausgaben letzter Hand*, Bd. Ⅲ, Ludger Lütkehaus (Hrsg.), Zurich: Haffmans Verlag, 1988, S. 15.

②　F. C. white: *Schopenhauer's Early Fourfold Root: Translation and Commentary*, Aldershot: Aveubry, 1997, p. 1.

③　Schopenhauer: *The world as will and representation*, E. F. J. Payne (trans.), Vol. 2, New York: Dover Publications Inc., p. 4-5.

叔本华说道:"认定客观世界是明确而又实存的经验的立场对其他(除哲学之外的)科学来说是十分恰当的,然而这并不适合哲学立场,因为哲学要追溯根本的和原初的事物。意识是单独地直接地被给予的,以此哲学的基础被限定在意识的事实上,换言之,哲学在本质上是观念论的。"①因此,观念论是叔本华哲学的一个基本立场,他认为观念论是追根溯源的哲学认识论,有别于一切以经验对象为现实依据的各种科学认识论。

在哲学史上,观念论始于柏拉图,到黑格尔达到鼎盛。当然,叔本华的观念论有别于柏拉图的观念论。尽管叔本华强调他是有别于错误使用"观念"一词的康德,他的观念论是在柏拉图意义上使用"观念"一词的,即作为"个体事物的永恒的形式和原型"的意义上使用的,②但赫德·海因(Hide Hein)认为他从柏拉图那里继承的东西并不多,并且偏离了柏拉图的原初意义。③关于这一点,我们在第三章还要具体谈到。第一次使用"观念论"并明确承认自己哲学是观念论的是莱布尼茨,他认为他的"单子论"是观念论的一种。在康德之前,观念论分为观念论的经验论和观念论的理性论两种。在18世纪,人们最初称贝克莱的哲学为观念论的,继而有人认为康德哲学与贝克莱哲学都是观念论的。对此康德指出,他的哲学是"先验的观念论",而贝克莱的哲学是"经验的观念论"。④在叔本华那里,贝克莱和康德一样享有较为崇高的地位,他

---

① Schopenhauer: *The world as will and representation*, E. F. J. Payne (trans.), Vol. 2, New York: Dover Publications Inc., p. 5.

② Hide Hein: *Schopenhauer and Platonic Ideas*, Journal of the History of Philosophy, 1966, 4. 2, p. 133-134.

③ ibid., p. 133.

④ 《哲学大辞典》(修订本),金炳华等主编,上海:上海辞书出版社,2001年,第1514页。

指责康德对贝克莱的处理是不公平的,①并认为贝克莱是第一个明确阐释世界是认识主体的表象的哲学家,②但叔本华还是坚持他的哲学是在康德思想路线的影响之下,并以康德哲学为前提而开始的。换言之,他是坚持康德先验观念论的思想路线的。

非但如此,在论及观念论时,叔本华说道:"真正的观念论……不是经验的,而是先验的。"③先验观念论并不触及世界的经验现实,它坚持所有的客体以及一般的经验事实都是主体在两种方式的主导下予以考察的:质料地认识和形式地认识。在质料层面,认识的对象或者客体仅在主体面前才有其客观的存在,即仅仅是主体的表象;在形式层面,认识对象或者客体依赖于它在认识主体中出现的方式或模式,即它们以何种形式在主体中得以表象。从这里可以看到,叔本华坚持继承康德先验观念论的基本立场,并视之为真正的观念论;亦即既要承认外部世界作为现象存在的某种实在性(即叔本华所谓的物质性或者因果性),又要坚持外部经验世界必须受到认识主体的认识形式的规定性。与康德不同的是,叔本华认为,贝克莱的观念论主要强调前者;康德的观念论主要强调后者。④因此,在叔本华看来,先验观念论就是强调主体对客体的主导性,即认识活动中主体的支配和决定作用。如果说"世界是我的表象"的哲学命题是其质料地认识方式所主导的必然命题,那么

---

① 叔本华:《作为意志和表象的世界》,石冲白译、杨一之校,北京:商务印书馆,2014年,第588页。

② 同上,第26页。

③ Schopenhauer: *The world as will and representation*, E. F. J. Payne (trans.), Vol. 2, New York: Dover Publications, Inc., p. 8.

④ Schopenhauer: *The world as will and representation*, E. F. J. Payne (trans.), Vol. 2, New York: Dover Publications, Inc., p. 8.

"充足理由律的四重根"则是其主体认识形式所规范的客体世界得以在主体的呈现范式。因此,对四重根的研究就是对世界对象或者客体如何进入主体形式的研究。可以说正是在这个意义上,叔本华强调其博士论文为其整个哲学体系的入口,为"序论""前提",①而"世界作为表象"不过是在这些形式之中的表象。

叔本华坚持在主体主导下认识全部客体的立场无疑受到了康德的影响,因为康德"指出了世界本身都是由主体的认识方式所决定的"②。因此,对康德"先验"观念的理解,是我们理解叔本华主体构建的一个方法论入口。

对于什么是先验的,康德说:"我把一切与其说是关注于对象,不如说是一般地关注于我们有关对象的、就其应当为先天可能的而言的认识方式的知识,称之为先验的。"③因此,"先验的"是一个带有主体属性的称谓,先验知识是主体认识方式的知识:先验感性论作为研究先天感性原则的学问,它表明时空中的一切事物都不过是现象,或单纯的表象,它们都基于认识主体的感性而存在;先验分析论讨论知性知识的诸要素,即知性的各种概念和原理,而知性本身就是认识主体的思维能力。就康德来说,先验知识属于先天知识,在先天知识中,那种"使我们认识到某些表象(直观和概念)仅仅是以及如何先天地应用,或者仅仅是以及如何先天地可能的先天知识,才得以叫作先验的(即认识的先天可能性或者认识的

---

① 叔本华:《作为意志和表象的世界》,石冲白译、杨一之校,北京:商务印书馆,2014年,第 3 页。
② 同上,第 570 页。
③ 康德:《纯粹理性批判》,邓晓芒译、杨祖陶校,北京:人民出版社,2004 年,第 18 页。

先天运用)"①,它是"关于表象(如空间、时间)完全不具有经验性的本源却如何还能够先天地关联于经验的对象的可能性这样的知识"②。而先天的知识,是那种"绝对不依赖于一切经验而发生的"知识,它是先天的使表象成为可能的表象。因此,先验知识是先天知识的保障,而先天知识是经验知识或者说其他一切客体的表象的保障。故此,先天的知识、先验的知识作为康德人类认识何以发生的基础性理论,是建立在对认识主体的认识能力的分析之上的。因此,从这个意义上说,"先验的原则"首先就是认识的主体性原则。

与康德对其之前的观念论进行批判并强调自身观念论的先验性不同,叔本华的先验观念论更多表现为一种包容性的传承。就认识现象发生的过程来说,叔本华认为我们的任何认识活动都是以大脑的认识功能作为基础的,不论是我们的现实感受、抽象思维还是我们在梦中所经历的各种景象都是这样。抽去其中的认识内容,就形式来说,我们的具有主体性的意识是认识活动的根本性要求。笛卡尔可能是第一个运用"这个根本性真理"去获得其反思成就的哲学家,尽管他仅仅"在怀疑的形式中"开始他的哲学;但是他把"我思故我在"视为哲学命题的核心,这就意味着他把认识主体自身的主体性意识活动作为他哲学的起点、支持。同时,就认识内容而言,我们予以认识的这种感性和作为客体的世界明显只是大脑的一种现象;就我们的认识来说,假设世界独立于大脑而存在是自相矛盾的。这与贝克莱的"存在即被感知"的观点如出一辙;这

---

① 康德:《纯粹理性批判》,邓晓芒译、杨祖陶校,北京:人民出版社,2004年,第55页。
② 同上。

也就是他一直批评康德对贝克莱不公平的原因所在。叔本华认为贝克莱在康德之前首先坚持了认识论的主体立场，认为笛卡尔和他自己在"观念论"上的主要区别只是在于一个强调认识的形式，一个强调认识的内容。

在称谓上，不同于康德将笛卡尔和贝克莱的观念论分别冠以"怀疑的观念论"和"独断的观念论"，叔本华把它们分别称为"经验的观念论"和"先验的观念论"。经验的观念论单纯关注认识现象中的"质料"部分，强调表象依据主体而建立，因此他又把贝克莱的观念论称之为"简单的观念论"；先验的观念论则"并不触及世界的经验现实"，而是坚持所有的客体(即表象)或者一般的经验现实都只是在认识主体双重方式主导下的事实，即质料作为客体或者内容是主体的表象，主体作为客体的认识方式和模式。而康德所强调的正好与"经验的观念论"相反，他主要的关注点在于那客体存在的认识方式和模式方面。尽管康德没有提到大脑，而说"知识的能力"，实际上，"因为时间、空间和因果性，作为所有那些(认识)的实际的和客体的事件所依靠的东西，它们自身就仅仅是大脑的功能"①。

因此，就认识现象的发生而言，叔本华的先验的认识主体似乎就表现为"大脑的认识功能"。叔本华认为我们的身体具有二元的性质，即一方面它是意志的现象，另一方面它就是意志自身，因此，我们不能把这种认识现象的发生只看作是认识现象，它实际上已经有"意志"参与其中，尽管后者不能通过认识现象予以认识。所

① Schopenhauer: *The world as will and representation*, E. F. J. Payne(trans.), Vol. 2, New York: Dover Publications Inc., p. 8.

以我们不能简单地将叔本华的先验观念论理解为作为生命存在者在认识活动中对认识主体的强调，而是要把它延伸到其主体自身的存在先于现象的发生的形而上学的维度上去。

这就涉及叔本华对认识方式的"直接的意识"和"间接的意识"的区分：

通过我们的感官和大脑的认识是间接的认识，直接的认识就是被他称之为"直接的意识"的认识，这是一种在我们思想中通过"图片"而获得的认识。叔本华论及认识充足理由律的四重根时就强调意识活动的内在性和外在性，其外在性似乎就是这种认识现象的感受接受性，其内在的意识活动就是直接意识。在直接的意识中也存在认识主体和认识客体之分，那对"自我意志主体"进行认识的纯粹不可认识的主体是直接意识中的主体，而"自我意志主体"是为客体。据 G. A. 威勒斯(G. A. Wells)的观点，叔本华这个表达是以康德为前提的，康德在论及感知意识的感觉中用了"主体"这个词，甚至还用了"我们的主体"，好像存在一个"我们"并在其中有一个"主体"，作为自我中的自我。[1]事实上，这个"自我中的自我"正是叔本华意义上的纯粹的认识主体。在《关于自在之物即为意志的先验考察》一文中，叔本华写道："在自我意识中任何一个关于自我意志的认识本质上都仅仅是直接的认识，而其他所有的认识都是间接的认识。"[2]也就是说，对意志的认识是以直接的意识方式进行的。

---

[1]　G. A. Wells：*A Critique of Schopenhauer's Metaphysic*，in：*German Life and Letters*，July，2006，p. 381.

[2]　Schopenhauer：*Werke in fünf Bänden*：*nach den Ausgaben letzter Hand*，Bd. Ⅱ，Ludger Lütkehaus（Hrsg.），Zurich：Haffmans Verlag，1988，S. 372.

因此，不论从认识现象发生即间接的意识的认识中，还是从直接的意识中，都有一个与认识对象相对应的"主体"的存在，它是认识"质料"和认识"形式"的统一体，这就是叔本华所谓的"先验主体"。

三、客体设定主体

如果说叔本华的"先验原则"是"认识主体设定自身"的话，那么客体设定主体则是叔本华在《作为意志和表象的世界》中所采用的一个基本方法。在对康德哲学进行批判时，叔本华说道："他（康德）不从'无一客体无主体'这个简单的，就在手边的，不可否认的真理去引申现象的那种只是相对的存在；其实这样的引申，就已指出客体由于它始终只是存在于对主体的相关中，是有赖于主体的，是以主体为前提的，从而只是现象，而现象不是自在地，不是无条件地存在着的。"①叔本华认为，在第一版《纯粹理性批判》中，康德虽然没有明确地使用"无一客体无主体"这个公式，但在事实上坚持处于时空中的外在世界仅仅是认识着的主体的表象。②叔本华在这里指的是康德该书第一版"纯粹理性的谬误推理"的内容，康德的原文是："在我们的一切思维中，我就是那些仅仅作为诸规定的思想所依存的主体，而这个我是不能被用作一个他物的规定的"③。在认识活动中，"我"作为先验主体除了具有逻辑含义以外，我们对其本身并无任何知识，"主体"本身并没有任何形体。然而，这个主

---

① 叔本华：《作为意志和表象的世界》，石冲白译、杨一之校，北京：商务印书馆，2014年，第588页。

② 同上，第589页。

③ 康德：《纯粹理性批判》，邓晓芒译、杨祖陶校，北京：人民出版社，2004年，第310页。

体却是一切认识和思维的根本保障。因为"当这个世界无非是在我们主体的感性中的现象及这个主体的表象之一种时,假如我去掉了思维着的自己,整个物质世界就必然会消除"[1]。由此,叔本华高度赞扬康德《纯粹理性批判》的第一版。

叔本华认为"无一客体无主体"是贝克莱哲学的奠基石。他认为"存在即被感知"是他"世界是我的表象"这个观念论公式的另一种表达方式。而"世界是我的表象",这是"对于任何一个生活着和认识着的生物都有效的真理"。在这里,"我"是一切有认识能力的生物。把有生命力的生物视为认识的主体,这与叔本华对"知性"的界定有关,也与其将知识分为直观知识和抽象知识有关。然而,只有人类能够归纳出这样的命题,因为认识到这个真理的只有人类的"反省的、抽象的"意识。世界作为表象而存在,其自身就已经包含着表象者和被表象者这两个内在要素,它自然而然地设定了认识主体"我"的存在。这个"我"就是认识一切而不被认识的主体,它是"这世界的支柱,是一切现象,一切客体一贯的,经常作为前提的条件,原来凡是存在着的,就只是对于主体的存在"[2]。

因为主体是那认识一切而不被认识者自身,所以要认识主体是不可能的。主体一旦成为认识对象,就意味着它是客体,而又另外设定了一个主体。例如,当我们说叔本华的主体是指意识的时候,在我们关注意识的时候,这被关注的意识变为认识的客体对象,从而需要一个"非这个被关注的意识"来作为主体,因为"客体

[1] 康德:《纯粹理性批判》,邓晓芒译、杨祖陶校,北京:人民出版社,2004年,第333页。
[2] 叔本华:《作为意志和表象的世界》,石冲白译、杨一之校,北京:商务印书馆,2014年,第28页。

的起处，便是主体的止处"①。或者说，主体是客体表象存在的先验设定。

因此，叔本华在主体的认识方面，与笛卡尔"我思故我在"命题中的主体可以通过"思"自身来确立并且"思"只是指向主体的哲学命题是有根本区别的，这似乎也继承了康德的传统。在此，我们有必要就笛卡尔、康德和叔本华对认识主体的处理方式做一个大致了解。

笛卡尔所主张的第一个真理是"我思故我在"，就主体而言，它可以被理解为：我知道我存在是因为我思考，因此，对我而言，知道先于存在，尽管在事物的顺序上是存在先于知道。"我"的形而上学的本性必须是一个思考者或者知道者那样的存在。由主体的活动性来作为主体存在的依据，亦即由主体的认识思考行为来判断主体的存在，这在逻辑上和现实中都很难说通，因为不论在逻辑顺序还是在现实秩序中，存在作为活动主体的载体首先是先于活动本身而存在的。其次，"我思"（cogito）表明了"一个在怀疑，在领会，在肯定，在否定，在愿意，在不愿意，也在想象，在感觉的东西"②。"严格说来我是一个在思维的东西，也就是说，一个精神，一个理智，或者一个理性，这些名称的意义是我以前不知道的。"③换言之，cogito 这个词本身就说明了认识主体的存在，并界定了它的存在方式：精神的活动主体。诚如康德所言，"Cogito, ergo sum"其实就是同义反复，"因为 cogito（sum cogitans）直接说出了事实"。在拉丁语中，"我思"这个词语在哲学命题中本身就对主体带有预

---

① 叔本华：《作为意志和表象的世界》，石冲白译、杨一之校，北京：商务印书馆，2014年，第29页。

② 笛卡尔：《第一哲学沉思集》，庞景仁译，北京：商务印书馆，1986年第一版，第27页。

③ 笛卡尔：《第一哲学沉思集》，庞景仁译，北京：商务印书馆，1986年，第26页。

设性:当然,这是与笛卡尔那普遍的怀疑论的方法相联系的,"我怀疑"本身就是"我思"的形式,换言之,从笛卡尔采用怀疑方法论开始,就预设了主体的存在,然后又通过一个"我思"来表达出这样的预设。

　　在方法论上,康德批判笛卡尔是用经验的理由来论证先验的存在。笛卡尔普遍怀疑的方法,就是从怀疑的经验过程中推导出一个不可怀疑的命题,但经验自身并不提供任何必然性,因此不可能把作为思想可能性条件的必然统一之主体从经验中推导出来。[①]就命题自身而言,如前所述,康德批判笛卡尔命题是同义反复。就思想与主体的关系而言,康德批判笛卡尔的这个命题是"把思维的那个持久不变的逻辑主体冒充为对依存性的实在主体的知识"[②]。康德认为笛卡尔的这个命题对于主体的意义无非在于,"它意味着一个一般的某物(先验主体)",主体自身是一个完全空洞的术语"我"[③]。

　　在主客体关系上,叔本华基本上传承了康德对笛卡尔的批判立场,认为认识主体是先验存在的,它是认识的前提、支撑和载体,类似"主体设定自身";同时,认识主体的存在必然要求认识客体的存在,因为主客体一方的存在必然设定了另一方的存在,这就是"主体设定客体"的存在。另一方面,从"世界是我的表象"这一命题出发,根据"无一客体无主体"的公式,又反设了认识主体的存在。这就是叔本华在认识主体设定方法上的总路线。基于这种设定,叔本华又赋予了主体什么样的特征呢? 这需要我们进一步研究。

---

① 　康德:《纯粹理性批判》,邓晓芒译、杨祖陶校,北京:人民出版社,2004 年,第 313 页。
② 　同上,第 311 页。
③ 　同上,第 314 页。

第二节　先验认识主体的特征设定

叔本华主体构建的方法是贯穿于整个叔本华意志论体系之中的。其主体的构建,在《充足理由律的四重根》和《世界作为表象初论》一文中,是认识主体与认识客体的彼此互设;在意志论中,是表象作为客体对意志主体的依存,或者意志主体主导并支配表象客体;在审美方面,是作为审美的认识主体对美的客体的"直观",在道德伦理以及哲学拯救方面,是行为主体在认识主体(借助于获得性格)对表象世界作为意志客体而带来的痛苦的担当和弃绝的实践,并进而对生命意志作为主体的否定,从而达到纯粹的认识主体自身。这就是叔本华主体构建的整个过程。这个过程自身就包含对非认识主体的消解:主体从设定经过否定、升华,达到纯粹的"虚无"。鲁道夫·马特尔在《叔本华的先验观念论》一文中,就是站在先验观念论的立场,按照现象的先验论(从世界的真实性到世界作为表象、从现象的先验论到意志的形而上学)、本质的先验论[从意志的形而上学到本质或生存的先验论、意志的形而上学与本质(生存)的形而上学共同初源性]两个大的方面阐明叔本华整个思想体系的,①这实际上是认为,叔本华是把其先验观念论贯穿于其整个

---

① Rudolf: *Schopenhauers Transzendentalism*, Midwest Studies In Philosophy, Vol. 8,1983, p. 433-454.

哲学体系之中的。

　　对于纯粹认识主体自身,叔本华强调,它是不可认识的。[①]但这并不意味着它是"神秘的",相反,我们可以从认识主体所具有的一些特征中来对其予以了解。因为这些特征标明了主体作为主体的属性。在《充足理由律的四重根》中,叔本华强调主体对认识对象的规范作用,虽然在涉及认识的四重根时,叔本华每章都冠以"论主体的第 X 类(Klasse, class)客体,以及在其中起支配作用的充足理由律形式(Gestaltung, form)"的题目,强调认识主体对认识客体的支配性作用,但涉及"什么是主体"的话题却非常少。在该书第 16 节论及充足理由律的根源时,他强调意识把自身分化为主体的意识和客体的意识,我们看到意识可以被分为归属于主体的、客体的两种;并指出主体的客体与主体的表象是等同的。这里,容易产生以下两种理解:(1)"我们"是主体,意识附属于我们,即意识作为主体的属性,那么这种情况下,意识不能处于与主体平等的地位;(2)意识分化为主体的意识、客体的意识,主体、客体都属于意识下面的一个分类方式,意识成为第一级的总目,它统摄主体的意识、客体的意识。在这种情况下,主体属于意识,而且是低于意识的。这两种理解可以归结为一个问题:究竟是意识统摄主体还是主体统摄意识? 但不论在哪一种状况下,都不能把意识归为主体或者把主体归为意识。叔本华早年是这样的思想,1847 年《充足理由律的四重根》再版时,他仍然坚持这样的思想。也就是说,在他那单一思想体系中,他对主体与意识的关系的坚持是持之以

---

① 　叔本华:《充足理由律的四重根》,陈晓希译、洪汉鼎校,北京:商务印书馆,1996 年,第 145-146 页。

恒的。

在提出"世界是我的表象"这个观念论公式的时候，叔本华说："这是一个真理，是对任何一个生活着的和认识着的生物都是有效的真理；不过只有人能够将它纳入反省的、抽象的意识罢了。"[①]这里叔本华的主体是有生命力的生物，对四重根中的主体"我们"有了更进一步的扩充。这种扩充不但不与那里的主体相矛盾，而且是必要的。因为按照叔本华对认识能力的划分，"四重根"是从理性认识的角度谈的，而理性的认识能力是人所独有的，其他生物没有这种认识能力。如果这里是从生物学角度来标识什么是主体，那么"那认识一切而不为任何事物所认识的，就是主体"[②]中的"主体"，则直接表明在认识论中，主体究竟是什么。

让我们回到主体与意识的关系上来，即回到究竟是主体属于意识还是意识属于主体这个话题。如果主体等同于意识，那么意识的可知性会导致主体的可知性，在主体属于意识时也是这样；反之，意识中有具有主体属性的意识，并不影响意识的可知性。"主体就是这世界的支柱，是一切现象，一切客体一贯的，经常作为前提的条件，凡是存在着的，就只是对于主体的存在。"[③]意识不是世界的支柱，我们全部的表象都是主体的客体，如果说表象等同于客体，那么"我们"是可以等同于主体的，我们不是意识，并且从"我们的作为外在和内在的感受性（接受性）、知性和理性的认知意识"中，我们似乎可以理出一个内在的逻辑内涵，即意识包含有"感性

---

① 叔本华：《作为意志和表象的世界》，石冲白译、杨一之校，北京：商务印书馆，2014年，第25页。

② 同上，第28页。

③ 同上。

的""知性的""理性的"几个方面,或者说认知意识是受限于这几个方面的,而统摄意识本身并涵盖这几个方面的是"我们"。因此,不能说意识是主体。

但我们现在还不能根据"我"或者"我们"充当主体代词的这个认识者来表述叔本华的主体,还需要从叔本华对主体的各种界定中来认识究竟什么是认识主体。

一、与客体的共在性

叔本华认为"没有无主体的客体",同样"也没有无客体的主体"。整个表象世界都是相对于有认识能力的生物(包括人)而存在的,"世界是我的表象",当没有"我"的时候,表象世界就会荡然无存,"一切一切,凡已属于和能属于这世界的一切,都无可避免地带有以主体为条件[的性质],并且也只为主体而存在。"①主体是表象世界的支撑者、承担者。但"世界是我的表象"这个公理具有缺陷,即它仅仅表明了客体的存在条件由主体提供,没有表明与此同时的主体的存在条件也由客体提供。②故此,叔本华强调"无一客体无主体"是简单的,就在手边的,不可否认的真理。③这是贝克莱、康德和叔本华本人所通用的公式,它"以坚定的态度宣称在空间和时间中陈列着的外在世界只是认识着的主体的表象"④。换言之,

① 叔本华:《作为意志和表象的世界》,石冲白译、杨一之校,北京:商务印书馆,2014年,第26页。译文有改动。

② Schopenhauer: *The world as will and representation*, E. F. J. Payne(trans.), Vol. 2, New York: Dover Publications Inc., p. 14.

③ 叔本华:《作为意志和表象的世界》,石冲白译、杨一之校,北京:商务印书馆,2014年,第588页。

④ 同上,第589页。

主体、客体是共在的，在认识那里，离开任何一方，另一方将不复存在。

在这里，我们看到叔本华对主客体共在性的强调，他以此来批判那种"尽管主体仅仅是认识的主体，甚至它没有客体，换言之，根本没有表象"与"即使没有主体，世界、客体将仍然存在"的主张都是错误的。①前者是以纯主观为出发点的认识，后者是以纯客观出发点所作的判断。仅仅存在认识的主体，这是叔本华对贝克莱观念论的推导性解释。贝克莱的"存在即是被感知"是一种简单的观念论，它表明在意识之外没有任何确定性，存在的与被感知的是等同的。感知无非是主体自身的活动方式，"存在"成为一种"经验的现实性"，它表明"没有任何事物独立于我们的思维（mind）而存在"②，事实上，没有客体的意识根本就是无意识，换言之，存在仅仅是主体的存在。叔本华认为这种观念论不是先验观念论，它取消了认识的客观性，否定了科学存在的可能性。后者是叔本华指责唯物论的观点，认为它无视"如果我们剥夺掉（deprive）所有特定的规定和认知形式的主体，那么在客体中的一切属性也就消失殆尽，除了没有形状和性质的物质（自身）外并无它者。"③即只有根本无法认识的自在之物。

叔本华认为，贝克莱的观点经过他的修正成了一种可靠的先验观念论，他的修正是"任何客体，作为客体在诞生之时（its origin），就已经被主体所决定（conditioned），因此，在本质上它仅仅

---

① Schopenhauer: *The world as will and representation*, E. F. J. Payne (trans.), Vol. 2, New York: Dover Publications Inc., p. 14-15.

② Ibid., p. 8.

③ Ibid., p. 15.

是主体的表象。"[1]也就是说，叔本华对贝克莱核心命题的改造是基于主体与客体的共在性的。

在此基础上，叔本华对唯物论和纯主观的观念论展开了批判。[2]他认为唯物论的缺点是脱离主体的一切主体性考虑客体，试图建立一个仅仅基于表象客体基础上的一套形而上学体系；而以费希特为首的主观观念论却正好相反，企图把一切主体性的经验都从客体中剥离出来：前者无视主体的存在，把精神活动也归为物质性的事物，后者则取消了一切认识的客观性。为此，叔本华列出了主观论和唯物论的各种分歧，如在世界的存在方面，主观论者认为世界仅仅是我的表象，此外别无存在，而唯物论者认为认识主体仅仅是物质现象的一个转瞬即逝的形式；在认识方面，主观观念论者指责唯物论者是一种"铁木头"[3]的不相融洽的体系，认为唯物论者的世界相对于"我"来说仅是一个现象，"我"是存在的第一条件，而唯物论者认为，主观论者的"主体"也是在永恒的时空中存在的一个暂时的现象，并且很快像影子一样归于消亡，而物质世界的存在却依然进行，等等。[4]这两种认识都是失之偏颇的。因此，仅有叔

---

① Schopenhauer：*The world as will and representation*，E. F. J. Payne（trans.），Vol. 2，New York：Dover Publications Inc.，p. 12.

② Dale Jacquette：*The Philosophy of Schopenhauer*，Acumen Publishing Limited，2005，p. 29.

③ 据达尔·贾逵特（Dale Jacquette），铁木头（Eisenholz）是希腊词汇 sideroxylon 的字面意翻译（transliteration），意味着在一个整体中同时性兼容由铁质和木质物质是不可能的（参见：Dale Jacquette：*The Philosophy of Schopenhauer*，Acumen Publishing Limited，2005，p. 31）。

④ Schopenhauer：*The world as will and representation*，E. F. J. Payne（trans.），Vol. 2，New York：Dover Publications Inc.，p. 17-18.

本华"主体和客体的内在的预先互相设定"的先验观念论是最为适当的。①叔本华进而指出：

> 一切已往……的那些哲学，不是从客体出发，便从主体出发，二者必居其一；从而总是要从客体引出主体，或从主体引出客体，并且总是按根据律来引申的。我们相反，是把客体主体之间的关系从根据律的支配范围中抽了出来，认识根据律只对客体有效。②

叔本华将哲学史上的一切哲学都纳入其主客体互设的背景下进行考察。他认为单纯从客体出发的哲学体系有四类：古代的自然哲学、法国的唯物论（从现实的或者物质的客体出发的哲学派别）；古代的伊奥利亚学派和斯宾诺莎哲学（从人或者主体的直观客体即抽象概念出发的哲学派别）；毕达哥拉斯学派和中国的《周易》（从时间或者说数出发的哲学派别）；中世纪的经院学派（从认识反映的意志活动出发的哲学派别）。其中从客体出发最彻底的哲学派别是唯物论。从主体出发的哲学，叔本华认为只有一个例子，那就是"费希特的冒牌哲学"③，这种哲学把客体当成自我的后果、自我的产品，它是"无意味的""最无聊的""无一谈的价值"的哲学，这种哲学的客体是"按自己的法令而使之产生"的，它在本质

---

① Dale Jacquette：*The Philosophy of Schopenhauer*，Acumen Publishing Limited，2005，p. 26-30.
② 叔本华：《作为意志和表象的世界》，石冲白译、杨一之校，北京：商务印书馆，2014年，第55-60页。
③ 同上，第64页。

上是一种从一开始就假定了它自身要证明的内容,而要证明的正是它所假定的对应物。

主体和客体的共在性意味着其先验观念论不能单纯从主体或客体的一个方面出发,而是要从表象出发。这是因为表象是意识上最初的事实,其首要本质的基本形式就是主客体的分离,客体的形式又寓于四种形态的根据律中,表象世界按照其最普遍的主客体形式看,或者按次一级的根据律看,"都为我们指出世界内在的本质只能到完全不同于表象的另一面去找"[①]。或者说到自在之物即"意志"中去寻找。

二、主体的不可认知性

叔本华认为主体是不可认知的,可认知的只有客体。他说:"认识的主体是决不能被认识的,它也不能成为客体或者表象。"[②]主体是认识一切而不被认识的事物,它是认识的前提。当苏格拉底说"认识你自己"的时候,叔本华指出,这时候"你自己"已经成为认识的客体,是从那个正在认识着的"你"中分化出来的一个对象,因为"每人都可以发现自己就是这么一个主体,不过只限于它在认识着的时候,而不在它是被认识的客体时。而且人的身体既已是客体,从这观点出发,我们也得称之为表象"[③]。主体是认识的发生者,而不是认识的对象;当把认识的发生者作为一个认识的

---

① 叔本华:《作为意志和表象的世界》,石冲白译、杨一之校,北京:商务印书馆,2014年,第67-68页。

② 叔本华:《充足理由律的四重根》,陈晓希译、洪汉鼎校,北京:商务印书馆,1996年,第147-148页。译文有改动。

③ 叔本华:《作为意志和表象的世界》,石冲白译、杨一之校,北京:商务印书馆,2014年,第28页。

对象加以研究的时候,它就不再是认识的主体,而是认识的客体了,而把它作为对象加以认识的发生者便是这个客体的主体。因此,主体作为认识着而永不被认识的东西,不在任何表象的形式之内,相反,所有的表象形式都要以它为前提。

叔本华强调,对认识者自身予以认识是不可能的。这意味着主体的分化,而这是不可能的。对奥古斯丁的反驳怀疑论的观点"我不仅认识,而且也认识到我在认识",叔本华认为这实际上是一种文字游戏:

> 我的回答是,"你认识到了你在认识与你在认识不过只是字面上的不同而已。'我认识我在认识'的意思不过就是'我认识'……如果你认识同你认识在认识是两件不同的事物,那就请试一试把这两者分隔,并且首先认识一下没有你在认识的认识,然后再去认识一下那种认识不到你同时也在认识的认识吧。"

他指出奥古斯丁的命题与"我是主体"是同一回事,其中,除了赤裸裸的一个"我",并没有其他内容。[①]

这样说来,叔本华的认识主体岂不是很神秘?难道主体就完全不可认识?按照叔本华对意识的划分,意识分有主体的意识和客体的意识,此外再无别的意识形式。主体认识主体是荒谬的,主体认识客体,而客体不能认识主体,否则客体就是主体,主体就是

---

① 叔本华:《充足理由律的四重根》,陈晓希译、洪汉鼎校,北京:商务印书馆,1996 年,第 146 页。

客体。那么主体的意识从何而来？或者说主体的属性的依据是什么？我们的内在的（直观）、外在的感受性（感性）、知性、理性这些分属于认识主体的能力从何而知？叔本华认为，我们作为认识主体必然具有表象的功能，感受性、知性、理性这些是作为表象能力的存在者，正是他们标识出主体之所以为主体。①主体具有这些认识能力，它们并不通过主客体间认识活动而具有，相反，它们是认识者之所以成为认识者所必备的条件。

叔本华对认识主体的神秘性毫不掩饰，他在批判康德的"感性的先验综合统一"时说："康德主张：'我思必须伴随着我们的表象，'是不充分的，因为'我'是一个未知的量，换句话说，它本身就是一个玄谜（mystery），一个秘密（secret）。"②主体的神秘性在于它的非经验性。

与此同时，从主体与客体互设的关系上看，主体的各种认识属性也可以从表象的属性中予以推论。主体不可从主体的角度加以认识，但主体的属性可以从客体的类别上予以推知。

我们仍然可以追问，如果我们不了解主体的话，那么怎么能够知道各种从属于主体的认识能力呢？我们并不是通过把我们的认识变为我们的一个对象而认识这些能力的，因为这是不可能的，事实上，这些认识能力是被推论出来的，或者说得更具体点，它们是

---

① 叔本华在讨论充足理由律的四重根时，是这样描述主体的认识功能的："作为我们表象功能的可能客体的第一个层次，就是……""人类所独有的被称之为理性的特色的认识能力""直觉……构成我们表象能力的第三个层次客体""我们表象能力的客体的最后一个层次……"从这里可以看出，叔本华是从表象的角度赋予认识主体以各种功能的。

② Schopenhauer：*The world as will and representation*，E. F. J. Payne（trans.），Vol. 2，New York：Dover Publications Inc.，p. 139.

被确立了的各个层次的表象映照出来的,这些表象层次在其认识能力中都或多或少已经被明确地区分出来了。①

严格地说,推知也是一种认识方式,但叔本华似乎并不把它作为一种认识主体的方式,或许是因为推知是人的理性所特有的能力,不属于通常意义的认识主体;或许是因为这些是客体表象类型之所以存在而必须要求主体具备的相关属性。因此,我们可以说叔本华在表述方面不严谨,但还不能完全断定叔本华是"主体神秘论"者,叔本华的认识主体对自身有先验的认识和推论的认识,他强调的是不能从一般经验的角度对主体加以认识。

三、主体对表象世界的支撑性及对物质现象的依赖性

在叔本华主体与客体共存的认识论中,主体与客体的地位是对等的、互设的,但它们在具体认识中所占的比重、功能是不同的。其中主体对客体的支配是最根本性的,一切客体现象的发生和客体认识的意义,都是相对于主体而言的,这意味着一切表象都是有主体属性的。不过,叔本华有时候又认为,主体对客体的支配仅仅是一种状态或者条件。②

认识主体在生物学上表现为有认识能力的生物,他们的个体"是认识的主体的负荷者,而认识主体又是这个世界的负荷者,即是说这个体以外的整个自然,从而一切其他个体都只是在这个体

---

① 叔本华:《充足理由律的四重根》,陈晓希译、洪汉鼎校,北京:商务印书馆,1996 年,第 146 页。

② Richard E. Aquila: *on the "subjects" of Knowing and willing and the "I" in Schopenhauer*, History of Philosophy Quarterly, Vol. 10, Jul. 1933. p. 244.

的表象中存在。"①严格地说,这种个体作为意志客体化的自然现象,并不是叔本华普遍意义的主体,普遍意义的主体并不在时空之中。然而,叔本华又说:"一切动物性的身体都是直接客体,也即是主体,认识一切而正因此绝不被认识的主体,在直观这世界时的出发点。"②这里,他承认认识主体具有物质性。不仅如此,他还直接把人的大脑视为认识现象发生的载体。

> 不仅外部世界的感性,或者说对他物的意识是以大脑及其功能为条件的,而且意识本身也是这样的……既然出于对外部世界关系的理解的目的,意识在单个动物的大脑中产生,其自身的意识在这里首先以知识的主体出现,并且这个主体把事物理解为存在者,而把"我"或者"自我"理解为意识。这样从最高层次强化大脑中的感性,并通过其各个部分进行传递,必须首先把各种活动的各个线束集中起来,将其浓缩,就是说,形成一个焦点;然而这个焦点并不是像凹透镜一样存在于外面,而是如凸透镜一样存在于其内部。③

于是,那超越空间的、不在时间之内的主体,现在又有了物质的属性,亦即又在时空之中了。基于此,有人甚至怀疑叔本华并不是个观念论者。就连一向维护叔本华理论的达尔·贾逯特也

---

① 叔本华:《作为意志和表象的世界》,石冲白译、杨一之校,北京:商务印书馆,2014年,第452页。

② 同上,第49页。

③ Schopenhauer: *The world as will and representation*, E. F. J. Payne (trans.), Vol. 2, New York: Dover Publications Inc., p.278.

认为这里存在着一个非常困难的问题,那就是"我们倾向于认为,那在经验中我们所认识的世界在我们诞生之前和在我们死亡之后都将仍然存在",根据叔本华"世界作为表象仅仅在单个的表象主体的具体认识中出现","当任何一个表象的主体死了,作为表象的世界便不复存在"。那么"对于众多在不同时间中的不同思想着的表象主体,客观世界作为表象自身如何骤然出现又如何归于消亡?"①

很显然,达尔·贾逵特在这里是把认识主体作为一个时空中的认识者加以界定的。虽然叔本华一再强调主体是不可认识的,它不在时空中,主体的止处就是客体的起处,但是叔本华在讨论具体认识的时候,承认大脑机能的活动,或者说承认作为认识主体的生物的生命特征的时候,留下了问题产生的空间,从这个角度来说,达尔·贾逵特的质疑是成立的。然而我们认为达尔·贾逵特这样从单个认识现象的发生和取缔来质疑叔本华表象世界对主体的依赖,却是不成立的。因为表象世界在认识中是作为主体的客体对象而存在的,没有主体时,客体也不存在,表象世界自然也就荡然无存了。按照达尔·贾逵特的说法,何必等生物体的死亡,在人们无梦的睡眠中,表象世界也是无存的,而他所谓的主体还是存在的;但这时的生物体根本就不是认识主体:因为表象世界是依据感官的认识功能而建立的一个非物质的世界,亦即有别于"自在之物"的世界。达尔·贾逵特在理论上是以站不住脚的常识来反驳叔本华的,或者说他是以"自在之物"即叔本华"意志"的客体化现

---

① Dale Jacquette: *The philosophy of Schopenhauer*, Acumen Publishing Ltd., 2005, p. 32-34.

象作为反驳叔本华的表象世界与主体的关系的,其正当性值得商榷。

事实上,叔本华非常强调在具体认识活动的发生过程中,认识主体对物质现象(大脑)的依赖。这种依赖对于叔本华而言有什么依据呢? 或者说既然认识主体不在时空中,它又怎么会对时空中的现象有所依赖呢? 从下面这段话中,我们可以看出一些缘由:

> 作为表象的世界,也就是这儿我们仅在这一方面考察的世界,它有着本质的、必然的、不可分的两个半面。一个半面是客体,它的形式是空间和时间,杂多性就是通过这些而来的。另一个半面是主体,这却不在空间和时间中,因为主体在任何一个进行表象的生物中都是完整的、未分裂的。所以这些生物中每一单另的一个和客体一道,正和现有的亿万个生物和客体一道一样,都同样完备地构成这作为表象的世界;消失了这单另的一个生物,作为表象的世界也就没有了。因此,这两个半面是不可分的;甚至对于思想,也是如此,因为任何一个半面都只能是由于另一个半面和对于另一个半面而有意义和存在:存则共存,亡则俱亡。①

有意思的是,这是在叔本华强调主体的不可认识性后,对主客体关系的阐释,可见达尔·贾逵特对叔本华的质疑是叔本华已经解决了的问题。这里明确指出认识主体"不在时空中",认识的生

---

① 叔本华:《作为意志和表象的世界》,石冲白译、杨一之校,北京:商务印书馆,2014年,第29页。

物在时空中,但能认识的生物并不是认识主体,它们作为"意志"客体化的自然产物,作为认识主体的直接客体的(认识者的)身体,它的"器官是我们关于一切其他对象的知觉的起点,也就是中间环节……身体本身仅仅为意识提供了感觉。甚至我们对这个身体的客观的认识,也就是说,这个身体作为一个对象,像其他一切对象一样,通过把自身作为我们知性或者大脑(这是同一个东西)中的主观已知结果的被认识了的原因而呈现出来……我们对身体的这种客观的认识,也仅仅是间接的"①。这里我们看到这样的逻辑推论:

认识主体存在→认识客体存在→表象世界存在。

认识主体依赖于生物体→认识生物体的消亡→客体不存在:表象世界不存在。

这里,对表象世界或者说客体世界的理解,叔本华与达尔·贾逵特之间有明显的差异:叔本华把表象世界视为认识主体的客体对象的呈现,而达尔·贾逵特则把表象世界视为认识主体进行认识的经验世界;叔本华强调表象世界中蕴含着主客体双方的前提或者条件,而达尔·贾逵特把表象世界视为独立于任何认识个体而存在的客观事物。显然,这有悖于叔本华的本意,否则叔本华就没有必要把物质(现象)等同于因果性了,②也没有探索自在之物的

---

① 叔本华:《充足理由律的四重根》,陈晓希译、洪汉鼎校,北京:商务印书馆,1996年,第22节。

② 叔本华:《作为意志和表象的世界》,石冲白译、杨一之校,北京:商务印书馆,2014年,第67页。

必要了。叔本华的"表象世界"实际上就是认识主体和被认识的客体共同筑起的一个"认知世界"。

因此，叔本华的表象世界具有个体性，如克里斯托弗·詹纳威所主张的那样①，从认识发生的角度来说是有道理的。然而，这并不是说每个个体之间的认识不具有任何共通性，就叔本华强调认识律的四重根的所具有的普遍性而言，或者说就认识的客观因素而言，每个"我"对表象世界都有相同的认识，这是其认识主体的单一性如何确保认识内容的通适性及客观性的依据所在。

第三节　先验认识主体的四种认识能力

如果把《充足理由的四重根》视为叔本华哲学生涯开始的话，那么他对认识主体的认识能力或者说认识主体的表象能力的关注是早于他的其他任何哲学论述的，而对主体的表象能力的四个根

---

① 克里斯托弗·詹纳威引用叔本华的话认为，叔本华的认识主体和意志主体"都一起被淹没在一个'我'的意识之中"是非常合理和正确的（参见：Christopher Janaway: *Self and World in Schopenhauer's Philosophy*, Oxford, 1989, p. 266）。理查德·E. 阿奎拉反对这个"一个"的提法，他指出叔本华的认识主体不具有个体性（no individual），认为叔本华的认识主体是"在每一种表象事物那里都是完整的和不可分割的"，即是说，每个个体的认识者仅是它（认识主体）的一个"承载者"（Richard E. Aquila: *on the "subjects" of Knowing and willing and the "I" in Schopenhauer*, In: *History of Philosophy Quarterly*, Vol. 10, Jul. 1933. p. 241）。

的分析,是"关于整个认识能力的简要的理论"①,是其意志哲学的"前提"②,是其整个哲学体系的"基础"③,其讨论世界作为表象(初论),就是讨论作为认识主体的客体,因为"只要是客体,就是表象而不是别的"④。所以表象初论不是别的,就是客体初论,而客体是建立在与主体共存的状态之中的,因此它们必须服从根据律。"根据律就是我们先天意识着的,客体所具有的一切形式的共同表述;因此,我们纯粹先天知道的一切并不是别的,而正是这一定律的内容。由此产生的结果是:我们所有一切先天明确的'认识'实际上都已经在这一定律中说尽了。"⑤由此,表象初论就是要将一切客体或者一切表象整个儿"还原到它们之间的必然关系"中去予以认识;它考察的是"在根据律的支配之下作为表象的世界"⑥。换言之,作为叔本华"意志哲学"的认识论(表象初论)在很大程度上就是依据他对主体表象能力分类的方式而推进的,它"把一切作为表象,作为对于主体的客体来考察"⑦。

---

① 叔本华:《充足理由律的四重根》,陈晓希译、洪汉鼎校,北京:商务印书馆,1996 年,第 3 页。

② 叔本华:《作为意志和表象的世界》,石冲白译、杨一之校,北京:商务印书馆,2014年,第 3 页。

③ 叔本华:《充足理由律的四重根》,陈晓希译、洪汉鼎校,北京:商务印书馆,1996 年,第二版序。

④ 叔本华:《作为意志和表象的世界》,石冲白译、杨一之校,北京:商务印书馆,2014年,第 29 页。

⑤ 同上。

⑥ 叔本华:《作为意志和表象的世界》,石冲白译、杨一之校,北京:商务印书馆,2014年,第 32 页。

⑦ 同上,第 47 页。

一、主体的认识能力决定了充足理由律有四重根

叔本华的全部世界表象都在先验规则的联系中互相依赖,充足理由律就是这种联系的具有普遍意义的根本性规则。充足理由律所表明的是表象彼此联系的各种关系,"按照归同法则和分异法则,这些关系将在更为周密的考察中被分成四个性质不同的种……也就是说我们的一切表象,都可以依照这四个层次而被划分"①。根据叔本华一切表象都是客体的论断,也可以说所有的客体都可依据彼此间的关联方式而被分为四个层次。由于客体是在与主体的对照关系中共存的,相应的主体也就应该有四种相关的认识能力与之相对应。我们不难理解,叔本华在具体论及四重根时,为什么总是用"论主体的客体的第 X 个层次,以及在其中居支配地位的充足理由律形式"来阐释充足理由律的四重根。然而,为什么有且仅有四重根? 叔本华有什么依据呢?

德·威·哈姆林在论及叔本华的四重根时曾问道:"在叔本华所理解的认识意识的概念中,是什么使得其充足理由律必须为四种且仅为四种形式呢?"②换言之,为什么充足理由律有且仅有四重根? 在逐一对四重根进行分析后,作者指出下面这段话在某种意义上展示了叔本华这样划分的秘诀③:"正如知性是与我们第一表象层次相联系的主体,理性是与第二表象层次相联系的主体,纯粹

---

① 叔本华:《充足理由律的四重根》,陈晓希译、洪汉鼎校,北京:商务印书馆,1996 年,第 29 页。

② D. W. Hamlyn: *Schopenhauer on the principle of Sufficient Reason*, Royal Institute of Philosophy Lectures Vol. 5,1971, p.152.

③ ibid., p.160.

的感性是同第三表象层次相联系的主体一样,我们发现同第四表象层次相关的主体就是内部感觉,或者说是一般的自我意识。"①这表明从主体的角度来说,四种表象的划分依据是认识主体的知性、理性、纯粹感性、自我意识(内部感觉)的四个层次。充足理由律之所以是并且仅为四个层次的依据是认识主体的认识能力,换言之,是以主体的四个层次的认识能力为依据、基础;那么主体的四种层次的认识能力又是如何建构的呢?

依据叔本华主体与客体的关系,我们把上述问题转变为:当我们主体没有这四种认识能力的时候,会导致什么现象呢? 也就是说从客体方面看会有什么影响。因此,有必要首先了解一下叔本华对"充足理由律"的界定以及对其哲学史的考察。

叔本华认为,充足理由律是"可以真正被称之为一切科学的基础"的,因为它是把科学体系的所有成员组织到一起,使之成为一个"相互联系着的观念构成的总体"②。充足理由律自身则是"与某些先验的观念相通用的一种表达",他借用沃尔夫的话说它是"任何事物都有一其为什么存在而不是不存在的理由"的一个公式。③

第一个明确提出充足理由律的是莱布尼茨,他在致克拉克的第五封信中说道:"事实上,根据理由律,我们了解到了一个事物为什么只能如此而不能是别的什么,如果没有充足理由律,那么任何

①　叔本华:《充足理由律的四重根》,陈晓希译、洪汉鼎校,北京:商务印书馆,1996 年,第 148-149 页。
②　同上,第 7 页。
③　叔本华:《充足理由律的四重根》,陈晓希译、洪汉鼎校,北京:商务印书馆,1996 年,第 7 页。

一种事物都可能存在,任何一种陈述都可能是真实的。"①实际上,在莱布尼茨之前,充足理由律的基本思想就已经出现了,例如在亚里士多德的四因说中就有所体现,特别是亚里士多德关于理由和原因之间的至关重要的区别。理由是认识和证明一个事物为什么存在的依据;原因是认识和证明一个事物存在的根据:两者完全不同,这是充足理由律的两种含义。对此,莱布尼茨并没有作出过清楚的辨析和说明,其后继者沃尔夫指出,充足理由律就是指"它自身包含着另一事物的理由",并在此基础上划分出三个种类:(1)事物发生的(理由)原因,这是现实性的理由;(2)存在的理由,这是可能性的理由;(3)认识的理由,这可以被称为决定意志的理由。叔本华从原因与理由的区分出发,认为沃尔在(1)和(2)之间的分类是多余的,在他看来(2)是难以接受的,因为"可能的含义同我们先天地得知的经验的一般条件的含义是一致的",并且(1)先把事物的性质称之为其存在的理由,(2)又把事物的性质作为发生的理由;这样就显得多余和累赘。②在康德学派来中,对充足理由律两个含义做出满意区分的是凯斯维特,他指出逻辑的理由即认识的理由与事实的理由即原因是不能混淆的,前者属于思维的基本原则的逻辑学范畴,后者属于经验的基本原则的形而上学范畴。③

　　以上是叔本华对充足理由律的界定及其在哲学史上考察的基本情况。从亚里士多德的四因说到沃尔夫的充足理由律的三种分类,都是从叔本华意义的客体或表象方面考察事物发生的原因的,

① 莱布尼茨:《神正论》,段德智译,北京:商务印书馆,第44页。
② 叔本华:《充足理由律的四重根》,陈晓希译、洪汉鼎校,北京:商务印书馆,1996年,第20-21页。
③ 同上,第24页。

并且充足理由律都不具有任何"主体"的含义。不仅如此,还要为避免"主观"而与主体划清界限。因此,从这里不能找到叔本华所谓主体的四种认识能力的依据。

叔本华强调,充足理由律作为"一切思维和认识的形式和规律",其自身是不可证明的,寻求对充足理由律进行证明是"荒唐的行为"、是"反思的缺乏",因为这种证明会使我们陷入"要求一个证明的合法性本身又要求证明的循环"①。与此同时,叔本华划分了四类真理,他们分别是先验的真理、经验的真理、元逻辑的真理、逻辑的真理。在这四类真理中,元逻辑的真理是"一切思维的条件",与其抵触,则导致"思维的不可能";先验的真理是"一切可能经验的条件",与其抵触,则经验知识不可能。②因此充足理由律作为客体的认识条件只能是设定的。

但当我们充分重视叔本华说他的哲学是"从康德哲学出发的""以康德哲学为前提的"等再三强调的声明时,③从康德的相关思想对叔本华的影响中,似乎可以寻找到一些答案。

二、作为四种认识能力所支配的认识主体

(一)作为知性的认识主体

叔本华认为,人作为主体有四种基本的认识能力:感性,纯粹

---

① 叔本华:《充足理由律的四重根》,陈晓希译、洪汉鼎校,北京:商务印书馆,1996 年,第 25-26 页。
② 同上,第 111-112 页。
③ 叔本华:《作为意志和表象的世界》,石冲白译、杨一之校,北京:商务印书馆,2014年,第 5、16、564 页。

感性,知性,理性。那什么是认识能力呢?"如同客体根本只是作为主体的表象而对主体存在一样,表象的每一特殊的类也就只为主体中相应的一特殊规定而存在;每一这样的规定,人们就叫作一种认识能力。"①与因果律(生成的充足理由律)相对应的知性,"认识因果性是它唯一的功用,唯一的能力"②。但这唯一的能力对叔本华整个认识论体系来说,是至关重要的:"一切因果性又只在知性中,只对知性而存在;所以那整个现实的世界,亦即发生作用的世界,总是以知性为条件的;如果没有知性,这样的世界也就什么也不是了。"③

叔本华首先把物质性与因果性相等同,认为时间的全部本质是"继起",空间的全部本质只是"部分互相规定的可能性",也就是位置,物质的"形状就得以空间为前提",其变化"即是一个时间的规定"④。时间、空间的统一构成物质的本质,存在于互相作用中、因果性中。因为"物质的存在就是它的作用,说物质还有其他的存在,那是要这么想象也不可能的"⑤。在这里,我们看到叔本华并不把"物质"当作某种实存者看待。他并不像康德那样,仅把它作为一个感性对象看待:物质就是感性质料,是空间中出现的实体。⑥叔本华在强调物质即实体的同时,更强调物质就是各种作用力及其

---

① 叔本华:《作为意志和表象的世界》,石冲白译、杨一之校,北京:商务印书馆,2014年,第36页。

② 同上,第37页。

③ 同上,第41页。译文有改动。

④ 同上,第32-34页。

⑤ 叔本华:《作为意志和表象的世界》,石冲白译、杨一之校,北京:商务印书馆,2014年,第33页。

⑥ 康德:《纯粹理性批判》,邓晓芒译、杨祖陶校,北京:人民出版社,2004年2月第一版,第239页。

效果,否定了物质作为通常意义的"支撑者"的存在者,而肯定其作为"作用力"与"效果"的连续生成性;换言之,时间中的相续性是物质的内在本质:时间是万物之母,时间又是万物之墓。当人们要问:如果没有这个实际的支撑者,比如人站在地球上,瓶子放在桌子上,没有地球、桌子的存在,那么人与瓶子,如何会表现出这种状态? 按照叔本华的观点,那就是在认识中,我们不可能知道这种存在者是否存在,我们能知道的只是有这种"承载的效果"在,其余的我们不得而知。以此,在德语中"一切物质事物的总括叫作现实性(Wirklichkeit),是极为中肯的;它比实在性(Realität)一词的表现力要强得多"①。而对这种"效果"或者"现实性"予以呈现的就是我们的知性。知性的作用就是它对表象世界的初步建构。

知性对表象世界的初步建构,首先是它的对内在的、外在的感觉形式的统一,也就是时间和空间的统一,"只有将时间和空间结合在一起,共存的表象才能产生"②。时间中无并列,空间中无连续,知性将经验的实在通过时空形式或者说内外感觉形式集合起来,从而产生有序的复合体表象。物质作为因果性,"既在时间和空间的统一性中有其本质,它也就始终要打上双方的烙印",即内在的感觉形式、外在的感觉形式(主体的认识形式)在物质那里得到了统一,在因果性那里得到了统一。因此,"时间和空间是属于主体的,是在大脑中客体的统觉的过程实现的范式和方

---

① 叔本华:《作为意志和表象的世界》,石冲白译、杨一之校,北京:商务印书馆,2014年,第33页。
② 叔本华:《充足理由律的四重根》,陈晓希译、洪汉鼎校,北京:商务印书馆,1996年,第31页。

式"①。

然而,"内在的感觉形式"和"外在的感觉形式"是有分属的。严格地说,"外部感觉"仅是"内部感觉的客体"。因此"主体的全部的直觉知识是单单通过内部感觉而获得的",故而"从主体意识中表现的直接呈现来看,主体依然仅仅是受作为内部感觉形式的时间规则支配的"②。这就是知性直观的认识功能。而"外部感觉"主要是指空间方面的对象的感知,这首先是认识主体对身体的感知,即身体是直接的客体,然而值得注意的是,"尽管我们身体的感觉是直接被意识到的,但是这种直接意识仍然没有将我们的身体变成一个可感知的客体,相反,到现在为止,所有的表象依然是主观的,即是说,依然是感觉。这样的知识不是直观知识,然而与直观知识一起构成直观"③。因此,狭义的直观即内在的感觉形式和直接的感受性共同构成了叔本华广义的直观,即是说,它们一起构成时空的先天纯直观。这是叔本华表象世界的先验条件。

表象世界依知性主体而建立,这种建立是知性通过其特有的因果形式,连同以因果关系为前提的纯粹感性形式(时间和空间),从根本上创造和产生了由少数感官的原始材料所组成的客体的外部世界。因此在探讨知性主体对客体世界即表象世界的建立(知性所建立的是直观的表象世界)之前,我们有必要先简单地了解一

① Schopenhauer: *Werke in fünf Bänden: nach den Ausgaben letzter Hand*, Bd. Ⅱ, Ludger Lütkehaus (Hrsg.), Zurich: Haffmans Verlag, 1988, S. 45.

② Schopenhauer: *Werke in fünf Bänden: nach den Ausgaben letzter Hand*, Bd. Ⅲ, Ludger Lütkehaus (Hrsg.), Zurich: Haffmans Verlag, 1988, S. 42.

③ 叔本华:《充足理由律的四重根》,陈晓希译、洪汉鼎校,北京:商务印书馆,1996 年,第 86-87 页。译文有改动。

下叔本华关于因果律的观点。

叔本华把因果律称为"生成的充足理由律",因为"就我们所涉及的客体的出现和消失而言,所有在我们表象的整个范围内呈现自身的客体都通过这个充足理由律而被连接起来,也就是说,在时间的流动中形成了经验实在的复合体"①。叔本华用"生成"强调那种"前后相续"的"因果运动",在因果运动的变化状态中,前一个变化状态叫作原因,后一个变化状态叫作结果;在无尽的运动变化中,相对于一个变化的前一变化状态为原因,相对于一个变化的后一变化状态为结果;而原因又相对于其自身前一变化状态为结果,结果又相对于其自身后一变化状态为原因。因此,因果链条是无始无终的。基于此:(1)因果律是相对于变化而言的,故而"把一个物体称为另一物体的原因是荒谬的"②;(2)因果律始终是处于一种序列之中的,斯宾诺莎所谓的"自因"是"自相矛盾的"、亚里士多德的"第一因"也是"不可想象的"③;(3)因果律是两种状态之间的"连续","互为因果"是不成立的,因为它不是相续的,同时,它还假定了"跟随在后的东西同时也是领先的东西"④,而这是不可能的。

因果律作为充足理由律同其他充足理由律一样,是不可证明的。因此,叔本华反对康德关于因果性观念的先天证明,他认为康德强调"真实对象中的各种变化彼此相继的次序,只是由于这些变

---

① Schopenhauer：*Werke in fünf Bänden*：*nach den Ausgaben letzter Hand*，Bd. Ⅲ，Ludger Lütkehaus（Hrsg.），Zurich：Haffmans Verlag，1988，S. 42. S. 45-46.
② 叔本华:《充足理由律的四重根》,陈晓希译、洪汉鼎校,北京:商务印书馆,1996年,第37页。
③ 同上,第39页。
④ 同上,第44页。

化的因果连续才被我们客观地认识"，"表象的连续性的客观性……只有通过使它们彼此相随的规则才能被认识；就是说，只有通过因果律才能被认识"①，总之，他认为康德先天证明是在强调因果律的客观性。然而因为"我只是把握了我自己表象中的联系"，而"对彼此相随的现象之间客观联系的单纯地把握成为十分不确定的"，因此"我所把握的连续却并没有使我有权对客体中的连续做出任何判断"②。在此基础上，他反驳了康德关于因果表述的两个例子。同样，在因果性与连续性的关系上，叔本华与康德也存在着重大的分歧。叔本华认为，主体的知性中有对因果序列的认识，并由这个序列确定了其中两个事物运动状态之间的"必然性"，再进而确定认识连续的实在性；而康德却恰恰不是这样，他以必然性作为因果性的内涵，由必然性确定事物运动状态的连续性，并进一步确立事物运动的因果序列，但这个必然性本身就是因果序列中的一个方面。

叔本华把知性等同于把握因果律的能力，强调因果关系知识的先天性，认为它先天地为认识主体所具有，是一种先验的规律。但知性的认识能力只有在感觉提供各种素材之后，才能发生作用。知性的作用就是把各种感觉变成直观。因此，对知性的认识能力还得从感觉谈起。

认识主体之中的感觉是这样一种渠道，通过它外部存在便有了一个进入我们头脑的方式，使得"我们内部便有了一个同外部存

---

① 叔本华：《充足理由律的四重根》，陈晓希译、洪汉鼎校，北京：商务印书馆，1996 年，第 88 页。
② 同上。

在一样的第二性的存在"①,然而,感觉因为其受制于它往往是个体的、特殊的、局部的感受,使得这个"第二存在者"成为纯粹主体的,不属于任何客体的东西。于是,在叔本华的认识主体中,又加入了"感觉"的成分:尽管从广义的角度说,它属于感性,但叔本华却把它纳入知性的前提中来考察。对此,叔本华一方面强调因果关系的先验特征就是经验知觉的理智特征,一方面强调感觉材料对于这个理智特征的必要性:它提供"制造关于有形世界的客观观念的素材"。在对客体的直观中,只有两种感觉被用到:触觉和视觉——当然后者也最终是被归结为触觉的。

知性将感觉来的材料转变为直观知识要经历以下四个步骤:首先是修正关于客体的感觉印象。以视觉为例,按照光学原理,投射到我们视网膜上的物相本应是颠倒的,经过知性的修正,各种颠倒的感觉印象得以再颠倒,这样我们主体的表象便与客体的表象相一致了。

其次,对于同一客体,从各种不同的感觉中加工出一个单一的直观。在视觉中就是两只眼睛的双重感觉中合成一个单一的直观,"感觉在这里是双重的,然而以找出一切事物的原因为自己唯一任务的知性,立刻就认出这印象是来自外部的一个单一的点,并把它归之于一个原因";在手的触觉中,"每个手指都获得了一个不同的印象,而且每一个手指都处于一个不同的方位:然而这些印象的总和被知性认为是来自一个物体(Körper)"②。

再次,知性将所感觉到的单一对象放到一个空间的维度中

---

① 叔本华:《充足理由律的四重根》,陈晓希译、洪汉鼎校,北京:商务印书馆,1996年,第54页。
② 同上,第62、64页。

去。在这里,感觉的物由各种简单的面构成三维的物,使之具有广延。

最后,知性要确立这个三维构造物在所有表象中的位置,即把现在感知到的物放到一个更大的拥有更多物的空间中去;并且还要在这个空间中把握表象的运动等方式以及该表象与其他表象的各种关系等。知性就这样通过它特有的"因果律"或者"生成根据理由律"把感觉转变为直观了。这样,知性就完成了从感觉到直观的一个认识过程。

这里值得注意的是:(1)知性与感性的作用;(2)直观与因果关系。在叔本华将感觉转变为直观的过程中,知性是起着关键作用的;但知性本身还没有进入抽象思维阶段,它如何将感觉到的内容按照因果律进行从点到线、从线到面、从面到体、从体到空间、再从空间中形成一个直观呢?叔本华有时候强调知性是"决定性因素"[1],如果这是针对感性而言的,它无须"思维",这似乎是不可理解的,因为因果关系的运用本身就是一种思维的内在形式。通过感性得到的是感觉,感觉是零散的、混乱的、主体的;知性对感性材料运用因果律进行加工,形成有单一的、有序的、客体的直观,这是叔本华关于感性和知性的联系所在,也是区别所在。直观知识是纯粹建立在因果律基础之上的知识,这是其较之理性知识具有更大确定性的原因所在。因果律具有先验性,直观知识依据因果律建立,因此直观知识是先天知识。

就叔本华而言,直观知识是一切有认识能力的生物所共有的

---

[1]　叔本华:《充足理由律的四重根》,陈晓希译、洪汉鼎校,北京:商务印书馆,1996 年,第 73 页。

知识,或者说知性是生物的共性,它们都是知性的主体。在叔本华1813 年的博士论文中,我们没有看到他对这一点的强调;在他博士论文二版中已经融入了这样的观点,在作为表象世界的初论中,叔本华明确地提出了这一点。我们不知道叔本华是受了佛教的影响还是他自己思维的结果,因为在佛教中,也将一切认识的主体扩展到除植物之外的整个生物界。

我们知道,康德把知性规定为一种"建立规则的能力",具有量、质、样态、关系的四个方面共十二个范畴,知性的功能就是运用十二范畴的功能,范畴是"纯粹的概念,用来阐释经验的客体性",也是使我们"避免陷入客体即是自在之物的独断论假设的唯一途径",①而叔本华把知性规定为对因果性的把握能力,或者说它只是"因果性在主观方面的对应物"②。他拒绝接受康德知性的十二范畴的规定,除了因果性以外,他把其他的都斥之为必须去掉的"死窗户"③;拒绝把范畴作为导致印象的综合以形成概念的功能的观点,取而代之的是,用"不受规则所支配的必然性"来作为杂多得以统一的依据。因此,叔本华的知性对象的因果性是以必然性为支撑的。必然性则意味着当某种理由成立时,其所带来的某种后果也就具有了"绝对的可靠性",换言之,必然性都是"被规定的"④。但是,这种必然性又如何得到保障的呢?我们不

---

① Matthias Kossler: *the 'Perfected System of Criticism': Schopenhauer's Initial Disagreements with Kant*, in: *Kant review*, Vol. 17, Nov. 2012, p. 466.

② 叔本华:《作为意志和表象的世界》,石冲白译、杨一之校,北京:商务印书馆,2014 年,第 639 页。

③ 同上,第 647 页。

④ 叔本华:《充足理由律的四重根》,陈晓希译、洪汉鼎校,北京:商务印书馆,1996 年,第 158 页。

得而知。

（二）作为理性的认知主体

如果说知性为所有动物所共有的话，那么理性则只是"为人类所专有的认识能力"①。知性仅有一个功能，认识因果关系；理性也仅有一个功能，构成概念。概念与直观都属于表象，直观被知性所把握，概念由理性所思维。能被思维的必不能被直观，而能被直观是被思维的前提：

> 概念和直观表象虽有根本的区别，但前者对后者又有一种必然的关系；没有这种关系，概念就什么也不是了。从而这种关系就构成概念的全部本质和实际存在。［这是怎样一种关系呢？原来］反省思维（笔者注：即理性认识能力）必然的是原本直观世界的摹写、复制；虽然是一种十分别致的，所用材料也完全不同的摹写。因此，把概念叫作"表象之表象"，那倒是很恰当的。②

换言之，这种关系既对立又联系：它们是直观表象与抽象表象的对立，是普遍的认识能力与人的认识能力的对立；却又是认识的低级阶段与认识的高级阶段的联系，认识的感性材料与各种知识判断的联系。前者受因果律所支配，后者受逻辑规则支配；前者是确定的知识，后者的目标是真理，然而却会导致更多的谬误和

---

① 叔本华：《作为意志和表象的世界》，石冲白译、杨一之校，北京：商务印书馆，2014年，第55页。
② 同上，第75页。

混乱。

相对于知性,理性存在的必要性在于把直观的内容予以升华和分析,形成抽象的概念,在概念中把握认识客体的一般性,从而形成科学的知识。理性,作为思维能力实质就是"抽象力或者说形成概念的能力"①,其使命是通过概念逐步达到对真理的认识和把握。

理性的工作步骤是,首先对知性直观进行抽象,形成各种概念,这是理性的基本任务;然后对概念进行更为深入的反思,在反思中获得客体表象的本质部分,并进行概括,在概括中超越过去、现在、未来的时间维度,同时也超越各种空间维度,使客体的表象具有一般的普遍性。这正是我们所谓的科学的工作:"一切科学的目的最终都可以归结为通过一般而得到特殊知识,所以亚里士多德说:'没有一般,就没有知识。'"②

在理性思维的过程中,叔本华非常强调理性思维对文字符号的依赖性。首先是文字符号对于抽象后的表象有"固定"和"保留"的作用;如果没有文字符号,那么这些表象就会完全从我们的思维中溜走;其次,理性在将世界的全部本质简化为抽象概念的过程中,只有借助于言语才能产生,而语言是靠文字得以定型的;在学习语言文字的时候,理性整个工作机制也就被带入到了我们的意识之中。因此,我们在强调理性思维的同时,不能忽视语言文字的工具性作用。

---

① 叔本华:《充足理由律的四重根》,陈晓希译、洪汉鼎校,北京:商务印书馆,1996 年,第 103 页。
② 同上,第 104—105 页。

与理性相对应的充足理由律是"认识的充足理由律",这是区别于"直观的生成的认识理由律"的,叔本华所强调的是它的思维性。

理性具有被动性。这是理性不具有实质内容,仅有形式内容的特性所决定的。[①]它所有的思维客体都是由知性提供的表象,理性把自己的抽象、概括、推理、反思、判断的诸多功能加诸在这些直观表象之上,以此来对直观表象进行自己的加工,使得直观表象本身得以消失,形成各种概念。就其自身而言,它不能提供任何实质性的东西,"它只有形式:它是阴性的;它只能受孕,却不能生育"[②],可以说,在没有知性提供的各种素材之前,理性是既空又盲的。借此,叔本华反对任何一种直接的、实质的、超感性的认识能力,认为这是"一个彻头彻尾的谎言"[③],因为直接的、实质的东西只能在知性认识的阶段通过感性而发生;超感性的认识能力只有理性的认识能力。因此,说我们的理性中存在有"上帝""理性""灵魂"等概念或者说"真、善、美"的概念,是不可能的,因为我们的感性没有提供这样的直观,而理性也不能凭空任意构造。在此基础上,他也反对唯理论的天赋观念论,认为我们所拥有的只是感知的、认识的能力,即感性、知性和理性,根本不存在任何"天赋观念",认为它"只是一个纯粹的虚构",为此,他高度赞扬洛克对天赋观念的反驳,认

① Schopenhauer: *Werke in fünf Bänden: nach den Ausgaben letzter Hand*, Bd. Ⅲ, Ludger Lütkehaus (Hrsg.), Zurich: Haffmans Verlag, 1988, S. 125.

② 叔本华:《充足理由律的四重根》,陈晓希译、洪汉鼎校,北京:商务印书馆,1996年,第119页。

③ 同上,第118页。

为其在关于实质在认识上，"完全而无可否认地是正确的"①。在叔本华看来，理性作为纯粹的认识形式，不具有任何实质性的内容，如何会有天赋观念？同时，天赋观念作为一种"真理"，它应该"具有一种从属于判断的性质；也就是说，一种逻辑上的性质"，离开了知性的材料和理性的加工，它如何会产生？因此天赋没有可能性。从感性和理性的区别中，我们看到叔本华对天赋观念论一种与众不同的反驳方式。

叔本华基于理性的认识能力，还专门对康德的理性观进行了批判。首先，他批判康德对理性与知性关系的处理不当。康德把理性界定为"原则的能力"，这种原则是"就其可能性而言的普遍知识"，那些来自概念的综合知识是"原则的知识"；理性原则的能力，就"是知性规则统一于原则之下的能力"②。对此叔本华指出，我们的一切先验知识"都只提供规则而不提供原理，因为先验知识是从直观和认识的形式，而不是单从概念产生的，但必须是从概念产生的才能叫原理。"说原理"就应该是一个单纯从概念而来的认识，并且又是综合的认识"，这"干脆是不可能的"③。根据上文所述，叔本华认为理性根本无权过问知性，它们作为认识的不同主体，具有不同的认识能力，虽然理性是在知性的基础上进行自己的认识工作的，但它绝不指导、支配知性。

其次，在认识层次上，理性的抽象认识对知性的直观认识，就

① 叔本华：《充足理由律的四重根》，陈晓希译、洪汉鼎校，北京：商务印书馆，1996 年，第 121 页。

② 康德：《纯粹理性批判》，邓晓芒译、杨祖陶校，北京：人民出版社，2004 年 2 月第一版，第 194-195 页。

③ 叔本华：《作为意志和表象的世界》，石冲白译、杨一之校，北京：商务印书馆，2014 年，第 649 页。

好比"影子对实物的关系一样",相对于实物的丰富性,影子仅有一个轮廓而已。康德的"理性的原理",不过"就是利用这个影子"罢了。理性作为一种认识能力,与知性一样,"永远只能和客体打交道"。①

再次,就根据律而言,不论是生成的根据律(因果律)还是认识的根据律(逻辑律),其在必然性方面都是有条件的,因为任何"一种必然性都是被规定的必然性"②。康德的"原理"却试图超越"这种被规定的必然性",去寻求"普遍的必然性",而这是不可能的。

在此基础上,叔本华进一步批评康德混乱地使用理性和知性概念:"康德对悟性(笔者注:知性)和理性的本质缺少一个明确而固定的概念。"③他对知性十二范畴的表述中,夹杂进了理性的功能,如反省的能力,抽象的能力,如说范畴是"毫无别于知性在判断中的那些形式的活动",而判断是"由已知的表象才成为认识一客体的活动"。这样所导致的结果是"对于客体根本就只有概念,没有直观",④即把理性的认识能力加在了知性的认识能力之上。

在后文中,我们还要专门讨论理性,因为要全面了解叔本华的主体认识论,是离不开对他理性理论的深入了解的。

---

① 叔本华:《作为意志和表象的世界》,石冲白译、杨一之校,北京:商务印书馆,2014年,第651、653页。
② 叔本华:《充足理由律的四重根》,陈晓希译、洪汉鼎校,北京:商务印书馆,1996年,第158页。
③ 叔本华:《作为意志和表象的世界》,石冲白译、杨一之校,北京:商务印书馆,2014年,第612页。
④ 同上,第606-607页。

（三）作为感性的认识主体

如果说知性是依照生成的根据理由律从变化、运动的角度来处理表象的，那么知性的这个能力是有前提的，即从主体的角度来说，它需要依靠更基本的一级来为它提供它所处理的材料，这就是叔本华所谓的感性；从客体的角度来说，首先要有一个变化、运动的事物，以及体现着这个事物之所以能运动、变化的根据律，这就是叔本华所谓的关于存在的充足理由律。

> 属于知性的因果关系形式，在同我们认识中物质的东西发生联系以前，本身不是我们表象能力的一个单独对象，而且我们也没有意识到它是一个对象。①

这个处于知性认识之前的客体对象就是时空的表象，它是纯粹的感性直观，这就是物质；就知性而言，物质是因果律；就感性而言，物质是时空的可知性。②因此，一切有感性的生物，必然有知性，反之亦然。或者说，只要是认识主体，就必须具有感性和知性。感性和知性对于低级生命或者非人类来说，是它们全部理智能力的二重化。对应于该层次主体的二重化，客体世界也二重化，就感性、知性的物质（叔本华说，物质就是实体）而言，它们被二重化为时间和空间——服从存在的理由律和因果律。时空就是物质自身而不是物质所依据的刚性时空。

---

① 叔本华：《充足理由律的四重根》，陈晓希译、洪汉鼎校，北京：商务印书馆，1996 年，第 134 页。
② 同上，第 137 页。

这类客体只有借助先天的纯粹直观才能把握,这就是存在的充足理由律。它主要有两条:空间中的存在理由律,这是几何学的基础;时间中的存在理由律,这是算数的基础。前者以客体的空间位置为对象,后者以客体连续的量为对象。数学中的各种图形和数目是规范的直观,它们作为直观的表象,是"一切现象的单纯形式",柏拉图的理念就是这样的规范的直观。①因此,柏拉图重视数学,在叔本华看来,其根本就是要通过这样的渠道来把握这些先天的纯粹直观表象。与柏拉图不同的是,叔本华对数学并不重视,并且多持批判态度,与此同时,走向了一条高度赞扬艺术或者审美的途径。在本书的第三章,我们将详细论述。在此,我们首先看看叔本华是如何对数学进行评价的。

首先是算数。算数处理数目与数目之间的关系,"只用直观来阐明真理,而直观在这里就是单纯的计数","因为数的直观只在时间中",而"时间只有一进向,所以计数是唯一的算术运算"。因此,数目之间的运算就是"计数"②,简单的四则运算是这样,高级的微分积分等同样是这样,不同的只是是否引入了不同的量的表示方式和演算过程而已。因此,在数目运算中,运算结果的明晰性只与数目的确定性有关,而并不需要什么逻辑的东西。在这里,叔本华并不把时间与逻辑、因果律相联系:一则就认识主体而言,仍然处于感性的阶段,还没有达到知性和理性的阶段;二则数目之间的关系并不需要任何内在的逻辑和思维。他在这里明确地反对霍布斯

---

① 叔本华:《充足理由律的四重根》,陈晓希译、洪汉鼎校,北京:商务印书馆,1996 年,第 138 页。

② 叔本华:《作为意志和表象的世界》,石冲白译、杨一之校,北京:商务印书馆,2014 年,第 121 页。

"思维就是计算"的观点。

几何在处理空间关系中，只有直观的方式才具有有效性，因此所有的几何命题都被"还原为感性的直观，而证明也就不过是在于要把问题中的特殊的关系变得明确，此外别无其他事情可做"①。在几何学中，公理都是依据直观而产生，同算数一样，只以先验的纯粹直观作为其为真理的依据，是先验的真理。这是植根于存在的理由，不是植根于认识的理由，因此其真理性是完全确定的。而借助于人的理性的各种证明，"只能导致确信而不能导致认识"②。基于此，叔本华只承认欧几里得的部分公理，并以欧几里得的第六条、第十六条定理为例予以说明，例如，在对第六条例子的论证进行分析后，他说道：

> 有谁把他对于这个几何学真理的确信建立在这个证明的基础上呢？难道我们不正是根据我们直观地得知的存在的理由而建立起自己的确信吗？……正是通过存在的理由的认识我们才看到了根据自身条件而来的该条件的必然后果——在这个例子中，边的相等是根据角的相等——就是说，它表明了条件与结果的联系，而认识的理由（笔者注：即证明）则只是表示了它们的共存。③

不仅如此，叔本华还要求改善数学的方法，他说"我希望数学

---

① 叔本华:《充足理由律的四重根》，陈晓希译、洪汉鼎校，北京：商务印书馆，1996 年，第 137-138 页。译文有改动。
② 同上，第 139 页。
③ 同上，第 141 页。

的讲授根本就用分析的方法,而不采用欧几里得使用的综合方法"①,要人们放弃"以为经过证明的真理有什么地方胜似直观认识的真理,或是以为逻辑的,以矛盾律为根据的真理胜似形而上的真理"的成见②,因为空间的纯直观也是自明的真理。

叔本华要求几何学放弃"综合的方法"的依据,是他高度认可感性认识的"直观的真理"。在前文论述叔本华的知性观点时,我们看到他强调感性的单一性、零散性、不连贯性等,需要由知性进行加工;而这时,他眼中的感性却直接成就了"纯直观的自明的真理",这表明叔本华在对感性与知性的处理上明显存在着一些问题。

就几何学本身来说,它的各种空间关系,无非都是在经验的过程中得以认识的,也就是说几何学的命题本身就决定了它只能以综合命题的形式出现,如何用分析的方法来处理呢?虽然我们可以说叔本华强调几何证明无非是把确定的关系揭示出来,这本身是正确的,但是这种"确定的关系"的本身的获得,却是经验的。

(四)作为意志的主体

在叔本华的认识论中,感性、知性和理性已经构成了一个比较完整的认识主体体系,或者就单纯的认识来说,已经穷尽了(先验一般)认识主体的各种形式,然而,叔本华还要进一步探究:这些认识主体是如何成为认识主体的呢?或者说,如何会有认识主体?在这里不能说认识客体设定了认识主体,或者说表象世界的存在

---

① 叔本华:《作为意志和表象的世界》,石冲白译、杨一之校,北京:商务印书馆,2014年,第118页。
② 同上。

需要这么一个主体的存在,因为认识主体与认识客体具有共在性,互相设定,一方存在另一方必然存在,一方不在另一方也必然不在。然而,就叔本华"世界是我的表象"的认识论"公式"而言,主体是表象世界的支柱,因此在认识的发生过程中,主体实际上是处于支配地位的。而支配世界的认识主体又依据什么而建立,叔本华认为是意志主体。

一切认识都以主体和客体为前提,这意味着即使是自我意识也不是绝对单一的。事实上,自我意识正如我们对其他一切事物的意识(笔者注:das Anschauungsvermögen,直观的能力)一样,也包含着被认识的东西和进行认识的东西。这样,被认识到的东西就绝对而完全地把自己作为意志而展示出来。①

换言之,认识不仅意味着认识主体、外部客体的存在,而且就相对于外在客体而言的认识主体的自身内,也存在主体和客体。当然,这个主客体不同于外在于表象的主客体:"这也就是内感官的直接客体,是作为认识客体的意志主体"(das Subject des Wollens)②。因此,这与意志相对立的主体就实在性而言,它只有设定的意义,没有任何经验的意义,"意志"虽然是个客体,然而他确是实质的主体。"完全把自身作为意志"的主体就是意志主体。

意志主体在认识中的作用是,使一切表象彼此必然联系起来并决定着一切表象的东西,它自身却是不可认识的。叔本华引用《奥义书》上的话说:"你看不到它,而它却看到一切;你听不到它,而它却听到一切;你不了解它,而它却了解一切,你无法认识它,而

---

① Schopenhauer: *Werke in fünf Bänden*: *nach den Ausgaben letzter Hand*, Bd. III, Ludger Lütkehaus(Hrsg.), Zurich: Haffmans Verlag, 1988, S. 149.

② Ebd..

它却认识一切。除了去看、去听、去了解、去认识，它什么也不是。"①也就是说，意志主体是认识主体之所以能去认识的根源所在。

意志主体是在自我意识中被直接给予出来的，是我们所具有的最直接的认识，它与认识主体具有同一性，在叔本华"世界是我的表象""世界是我的意志"中，它们被统一在"我"之中，"我"兼顾了认识主体与意志主体。

然而，在"我"中，意志主体和认识主体所处的地位是不同的，严格地说，认识主体是受意志主体支配的。之所以能发生这种影响，正是基于两个主体的同一性。意志主体支配认识主体的方式是："个体的意志通过驱使理智按照个人的兴趣，也就是按照个体的目的，连同理智呈现的各种表象，去回想那些按照逻辑或类比推理，或者根据时间或空间中的近似性而与这些目的紧密联系的东西，从而使整个机制都动起来了。"②在人是这样，在那些低级的认识主体（即非理性的认识主体）那里，也是这样，只不过不被意识到罢了。

认识主体为什么非要受意志主体的支配？叔本华认为这是基于因果律的动机律而确定的。人们总是确信自己有个根据去追问"为什么"：

> 我们假定了必定有某个发生在先导致了决断产生的东西，这个发生在先的东西就被我们称之为作为决断的理由，或

---

① 叔本华：《充足理由律的四重根》，陈晓希译、洪汉鼎校，北京：商务印书馆，1996 年，第 145-146 页。
② 同上，第 150 页。

者说得更确切些,称之为由此而来的行为的动机。①

在认识发生之前,存在一个会导致认识发生的东西,这就是意志。叔本华把因果律作为一条根本的充足理由律,把它贯穿到其认识论的各个方面——实际上,不仅在认识论,在意志本体论也是这样,这就必然产生"为什么会发生认识现象"的问题。换言之,认识主体为什么要去认识已经不是认识主体自身的问题了,而是意志的问题,在认识中,意志主体与认识主体的同一性,使得它支配并且能够支配一切认识活动的进行。

意志主体是在自我意识中被直接给予的,那么什么是自我意识呢?叔本华说,自我意识就是"自己固有的意识",区别于自我意识的是他物意识;他物意识是"使客观的认识成为可能的形式"②,或者说就是认识主体的感性、知性和理性的形式。人如何能够直接感知他的固有的自我?叔本华认为,这是因为他完全是作为一个"欲求者"(Wollender)③。认识主体的去认识,这是意志欲求的体现;换言之,这已经不是一个认识问题了,而是一个人的行为何以发生的问题了。叔本华对人自由的探讨、对伦理学的构建就是从发掘认识主体的支配者"意志"开始的,不仅如此,通过"人"作为意志主体与意志客体的统一,叔本华提出了"世界是我的意志"的哲学论断。也就是说,叔本华在探讨认识发生的前提的过程中,逐

---

① 叔本华:《充足理由律的四重根》,陈晓希译、洪汉鼎校,北京:商务印书馆,1996年,第149页。
② 叔本华:《伦理学的两个基本问题》,任立、孟庆时译,北京:商务印书馆,1996年,第40页。
③ 同上,第42页。

步发展并完善了自己的意志论。或许这就是叔本华在完成其博士论文后就能立即着手撰写自己主要哲学著作的原因所在,正如他本人所说:"意志……是我全部形而上学的基石。"①

　　在叔本华的四种认识能力所对应的四种认识对象中,这些对象的共性在于都与认识主体共在。那么,有没有独立于认识主体而存在的表象?或者说这些表象从根本上说,是否就是主体自身的一种客体化?依据主客体共存的关系、互相设定的关系,笔者认为叔本华所有的表象都没有脱离主体而存在。就四种客体而言,在知性认识的对象那里,虽然它们也被分为内感官的和外感官的,在撇开内感官的主体属性之后,我们发现外感官也只是我们感觉到的"效果"的反应,它自身是否具有实在性我们并不知道,也就是说,我们不能否定一切感觉可能都只是我们的幻觉而不具有真实存在性的可能。叔本华用以确保外部实在性的唯一可靠的保障,就是"因果性",然而因果性又被其解释为一种表象的相续性。而这种连续性在知性那里,无非就是主体感知的连续性。因此尽管因果性具有实在性,究根到底也只是主体知性的连续性。整个知性世界作为"我的表象"都无非是"我"这个主体从自身得以建构的。其他的感性的表象也同样如此,至于理性的和关系的表象,更是主体自身的建构。因此,叔本华的"表象世界"说到底还是"我"的世界。换言之,透过复杂的表象和主体各种与之相匹配的认识功能,我们看到的是,依据主体先验具有的各种认识功能为基础的各种表象其自身虽然被界定为主体的对立物,但就其存在而言,它

---

① 叔本华:《充足理由律的四重根》,陈晓希译、洪汉鼎校,北京:商务印书馆,1996 年,第 150 页。译文有改动。

们本身只是主体演化的产物，并不是其他的存在。主体之所以能演化出这些表象并能与作为认识的主体相对应，是因为主体中存在着支配我们一切活动（包括认识活动）的意志。这就是第二章的内容。在进入第二章之前，我们有必要进一步了解一下叔本华对于主体认识能力的理性的双重态度：既把它视为我们犯错误受奴役的依据，又把它视为我们最终能够拥有道德甚至获致解脱的重要工具。

三、叔本华对理性的肯定与批判

在哲学界，只要一提及叔本华，便有两个明显的标识：唯意志论者和非理性主义者，在中国大陆的研究学者中，甚至还有反理性主义者的称谓。如果说从主张意志作为世界的本原的角度说他是非理性主义者，那么这是有道理的；但如果说从认识论的角度或者从道德伦理的角度说他是个非理性主义者，似乎值得商榷。因为叔本华一方面认为理性作为人所独有的认识和思维能力，对科学知识的建构和人的自由的追求具有决定性意义，由此对理性进行肯定；另一方面又把认识中的各种滑稽、荒谬和错误以及概念的含糊性、空洞的伦理说教等都归咎于理性，从而对理性予以批判。

叔本华对理性的肯定表现在认识能力方面，他强调理性是人区别于其他一切有认识能力的生物的根本所在，"唯独人才具有""人类的特权的理性"[①]。叔本华把知识分为两类：直观知识与抽象知识，前者为一切认识主体所共有，而后者独有人才能具有。原因

---

① 叔本华：《充足理由律的四重根》，陈晓希译、洪汉鼎校，北京：商务印书馆，1996 年，第 113 页。

就在于"动物们只有知性而没有理性的认识能力,由此相应地它们只有直观的知识而无抽象的知识"①。理性作为构成概念的能力、反思的能力,借助于从其自身中所必然演化出的文字工具,形成人类的各种概念体系,这些体系构成各种科学。

在这里,我们看到叔本华通过对理性的反思、概念等能力的肯定,间接地对人进行了界定:人是理性的动物,思维性是人区别于其他生物的根本属性;思维的高度,决定了人的认识高度。理性相对于知性,本质上扩大了人的认识,虽然它有损直观认识的形象性,然而它"赢得的却是抽象的知的妥当性和精准性"②。理性的认识或抽象的认识,这就是"知"——它与直观的"感"相对应。"'知'的根本就是:在人的心智的权力下有着可以任意复制的某些判断,而这些判断在它们自身以外的别的事物中有其充分的认识根据,即是说这些判断是真的。"③理性存在的意义在于,它使得"[意识上]一切可靠的保存,一切传达的可能性,以及一切妥当的,无远弗届地应用认识于实践,都有依赖于这认识是一种知,有赖于它已成为抽象的认识。……每一持续的、组合的、计划的行动必须从原则出发,也就是从抽象的知出发,循之进行"④。具体来说,理性对人而言具有如下四个方面的意义。

---

① Schopenhauer: *The world as will and representation*, E. F. J. Payne (trans.), Vol. 2, New York: Dover Publications Inc., p.59.
② 叔本华:《作为意志和表象的世界》,石冲白译、杨一之校,北京:商务印书馆,2014年,第92-93页。
③ 同上,第89页。
④ 同上,第92页。

第一,建立各种科学体系的价值。由于"概念是科学的素材"①,而概念正是理性思维的结果;"知或抽象认识的最大价值在于它有传达的可能性和固定起来被保存的可能性"②。理性的现象与语言的现象同步进行:抽象概念的知识只有通过语言才能产生,理性与语言之间有一种互动,理性的机制融入在语言的学习过程中,而语言的学习贯穿着理性的规则③。在语言中,各种表象、概念被文字标识出来,并进一步被固定、保存,由此提供了科学的素材;在此基础上,理性依据其自身的逻辑原则,形成各种判断,并进而构成各种科学体系。这是理性对知性的升华,是人认识的必然要求和结果。

第二,理性使得人之所以为人。理性使得思想成为可能,思想是"一种有目的的,经过反思的、按照计划和原则的、与其他的活动相协调等等的活动"④。正是通过这些思想活动,人类得以抛弃人的原始属性或者动物属性,不再把自己归为非己的动物之类,使人从各种自然存在物中独立出来。换言之,也就是使得人之所以成为人的根本原因在于理性。

第三,理性对自由的辅助作用(论意志自由)。理性对叔本华而言并不是处于至上的地位,而是属于受支配的对象:它由意志决定,在具体活动中受人的意欲支配。然而,没有理性判断的参与,

①　叔本华:《充足理由律的四重根》,陈晓希译、洪汉鼎校,北京:商务印书馆,1996 年,第 104 页。

②　叔本华:《作为意志和表象的世界》,石冲白译、杨一之校,北京:商务印书馆,2014 年,第 95 页。

③　叔本华:《充足理由律的四重根》,陈晓希译、洪汉鼎校,北京:商务印书馆,1996 年,第 103 页。

④　同上,第 100 页。

人的自由是不可能的(笔者注:叔本华在观点上有些矛盾,在后面我们可以看到,人的自由与否与理性并没有多大关系)。理性为人的判断提供依据。当人遵循自然规律活动时,他在本质上处于受必然性支配的奴役状态,然而对这种自然规律的否定性判断,却要由低于意志的理性做出。按照叔本华"自由是否定的、消极的"观点,人要摆脱必然律的支配,必须运用理性并不与意志相配合,枯竭那个"想要",成为一个"不想要"的非意志支配者,或者说纯粹的没有客体的主体。进一步说,人类的哲学和宗教的一切追求,都是理性在人生对终极归宿的认识"这条路上出品的"①。

第四,理性对道德的构建作用。理性通过自身的反省,将人的理智性格和经验性格所获得的东西进行整理、反思,产生获得性性格,这是人道德的根据。这是第四章中的部分内容所讨论的问题。

如果说康德的理性批判具有某种积极性建构的意义,那么叔本华对理性的批判却是完全消极的,并且他所指的理性也仅仅是相对于感性和知性而言的狭义理性。叔本华对知性没有批判,因为知性不发表自身的意见,只提供事物本身。知性是认识直观的能力,而直观都是真知识。康德理性批判主要是对其理性的认识能力进行划界,叔本华的理性批判主要是从理性认识的发生、过程和效果的角度进行的批判。

理性受意志制约并由意志主导,它基于知性,受制于知性。理性认识始终受到把自己作为动机律而呈现出来的意志的支配,"正

---

① 叔本华:《作为意志和表象的世界》,石冲白译、杨一之校,北京:商务印书馆,2014年,第71页。

是个体的意志通过驱使理智按照个人的兴趣,也就是按照个体的目的,连同理智呈现的各种表象,去回想起那些按照逻辑或类比推理,或者根据时间或空间中的近似性而与这些目的紧密相联的东西,从而使整个机制都动起来了。"①理性受制于知性表现在思维材料的来源方面和思维结果的真实性方面。知性所直观的是真观念,是事物真实的反映,是理性思维的对象或材料,理性思维在对直观材料的反思过程中构成各种概念,形成各种知识。理性认识的确定实在性最终还要依靠知性予以保障,"理性认识的理由序列——即一个判断的序列……却总要在某一个地方终止……如果我们到达的作为大前提的理由是一个经验的真理,并且如果我们还继续追问为什么,这时候,我们所问的就不再是我们所要求的认识的理由,而是一个原因——换句话说,认识的理由的序列就过渡到了生成的理由的序列"②。叔本华由此还特别强调,这一点至关重要,否则,会使我们陷入本体论证明的"骗局"中去。"直观总是一切真理的源泉和最后根据"③,充分表明理性对知性的依赖。

理性是一切认识谬误的根源所在。关于谬误的产生,柏拉图比喻说鸽笼里捉错了一只鸽,也就是说把不属于某范畴的事物放到了该范畴内就产生谬误。叔本华认为,康德因为没有认识到"在时间中,彼此没有任何因果联系的事件之继起正是我们所谓的偶

---

① 叔本华:《充足理由律的四重根》,陈晓希译、洪汉鼎校,北京:商务印书馆,1996 年,第 151 页。
② 同上,第 160 页。译文有改动。
③ 叔本华:《作为意志和表象的世界》,石冲白译、杨一之校,北京:商务印书馆,2014 年,第 122 页。

然性"①,由此把偶然性视为一种导致现象自身回归经验的单纯的现象,从而没有认识到它是必然性的否定,而必然性是作为理由被确定下来的后果的绝对可靠性;因此,他对谬误产生的说明是空洞的、模糊的。实际上,"每一谬误都是从结论到根据的推论",它"要么是为结论指定一个它根本不可能有的根据,这是缺乏知性,也即是缺乏直接认识因果的能力";"要么是……为结论指定一个可能有的根据",非常武断。②其实,知性缺乏的谬误不是知性的谬误,它实际上是理性在思维过程中指定了不相符合的根据而产生的结果(类似错放鸽子入笼),任何一个谬误都"是以一个常是概括错误的、假设的,从假定某根据律到某结论而产生的大前提这样的推论"③。推论是理性所独有的认识能力。因此,谬误总是由理性而来。

　　理性不仅带来谬误,还会带来各种思维的混乱和模糊。一方面,理性在处理知性的直观中,把"感"转变为自身的"知",赢得了抽象的知的妥当性和精确性;另一方面,理性由抽象出来的这些知构成各种概念:构成概念是理性的唯一功能。概念的本质,只能是一种抽象、推理的认识,它自身"包含着、蕴含着、代表着真实世界中无数的客体",因此它具有一般性的特征。正是"因为一般性,又叫作个别的非规定,是概念作为理性的抽象表象在本质上所有的

---

① 叔本华:《充足理由律的四重根》,陈晓希译、洪汉鼎校,北京:商务印书馆,1996年,第90页。

② 叔本华:《作为意志和表象的世界》,石冲白译、杨一之校,北京:商务印书馆,2014年,第125-26页。

③ 同上,第127页。

［东西］，不同的事物才能用一个概念来思维"①。然而，这也决定了概念不是十分确定的表象，它意味着所有的概念都有其意义范围或者含义圈，通过这些含义圈，概念与概念间便产生了诸如包含、互涉、共享等关系，一方面因为概念自身的模糊性，另一方面因为关系的复杂性，导致理性思维的混乱和模糊。同时，理性所独有的逻辑思维能力——逻辑在根本上就是理性的"认识的根据律"的另一种说法，它"以规则的形式表现出有关理性的工作方式的知识，是由于对理性做自我观察，抽去一切事物的内容而获得的普遍知识"②，因此，它只会带来更大的模糊性。

理性对艺术和诗歌的无能为力。从艺术和诗歌本身来说，它们作为一种认识方式，"复制着由纯粹观审而掌握的永恒理念，复制着世界一切现象中本质的和常住的东西"，而这本质和常住的东西就是意志的直接客体化，或者说就是理念自身。"艺术的唯一源泉就是对理念的认识，它的唯一目标就是传达这一认识。"认识律的四种形态中，变动不居，无止境的各种关系使得它们不能对理念有直接认识，而艺术则"把它观审的对象从世界历程的洪流中拔了出来，这对象孤立在它面前了"③。艺术总是能够达到对理念的认识，而理性的认识律作为根据律的一种形态，却不能达到这一目的。因此，"我们可以直接把艺术称为独立于根据律之外的观察事物的方式，恰和遵循根据律的考察［方式］相对称，后者乃是经验和

---

① 叔本华：《作为意志和表象的世界》，石冲白译、杨一之校，北京：商务印书馆，2014年，第74、第78页。

② 同上，第81页。

③ 叔本华：《作为意志和表象的世界》，石冲白译、杨一之校，北京：商务印书馆，2014年，第257页。

科学的道路。"①理性作为认识律的认识主体,它所考察的都只是现象或者表象的规律、联系:不能考察它们在这世界的"唯一真正本质的东西"、它们的真正内蕴,即不能考察理念。当然,这并不是说理性对于艺术一点用也没有,理性还是可以支持艺术发展的,换言之,为艺术加油或者提供辅助性支持。在第三章中,我们还要进一步对艺术展开讨论。

　　一味地遵循理性意味着受到奴役。尽管斯宾诺莎从严格的必然性出发,得出了可以总结为"自由是对必然的认识"的结论,实质地否定行为自由的存在,将自由局限于认识的限度之内,并且暗含着按照必然行事、体会必然的不可逆转性、将自己的行为与必然合二为一,则是最大的或者理想的自由的观点。因此,自由本质上就是约束、服从。叔本华则指出,这根本不是自由! 在理性中没有人自由的因素,一味遵从理性的人受到了他单一的理性认识主体的制约,非但不是一种自由,而是一种奴役,因为它实质上受制于低于并包含于主体自身的一个方面,即认识主体的方面的制约;部分制约了全体,从属的主宰着被属于的。充足理由律的四种形式,对应了四种必然性:物理的、数学的、逻辑的、道德的。②必然性意味着被决定性,被决定的东西能是自由的吗?

　　叔本华认为,自由只是"一个消极的概念",当与自由相对的"障碍"得以消除的时候,才是自由的。因此,要获得自由就要消除

---

① 叔本华:《作为意志和表象的世界》,石冲白译、杨一之校,北京:商务印书馆,2014年,第258页。译文有改动。
② 叔本华:《充足理由律的四重根》,陈晓希译、洪汉鼎校,北京:商务印书馆,1996年,第159页。

物质的障碍、思维的意愿障碍、想要的障碍。①理性所提供的只有必然的或者偶然的认识。在必然的认识中，一切事物处于被严格的决定中；在偶然的认识中，这些联系不具有普遍认识的有效性。如果有障碍，消除它如何可能？因此，遵循理性认识本身就意味着受到必然性的奴役。然而，叔本华却不得不承认的是：他寻求解脱的哲学活动正是理性的工作。

认识主体的建构是叔本华整个哲学体系中主体建构的出发点，它以"主体和客体"互相设定为前提，"无一客体无主体"为展开方式，按照认识能力，划分了作为感性、知性、理性和意志的四个主体。这四个主体在认识中发生的作用和使用范围不同，但都是充足理由律得以存在的支柱。主体是表象世界的支柱，虽然与客体同时出现或者消失，但其支配性的地位是贯穿其整个认识论的。表象作为世界，从认识的角度来说，它依据"我"的各种认识能力而产生。表象具有物质性或现实性，不过这种物质性或现实性只是因果性的代言词。因果性自身虽然是客观的，是一种联系性，然而这种联系性就根本来说，只是主体感受（知性认识）的联系性，因此，就表象的存在而言，它们也是以主体为根据的。理性作为主体中的推理和反思能力，导致我们要么受表象奴役，即在表象中迷失主体自身；要么超脱表象的虚幻本质，回归真正的自我，从而获得解脱。

---

① 叔本华:《伦理学的两个基本问题》，任立、孟庆时译，北京:商务印书馆，1996 年，第 34-37 页。

第二章
作为表象和意志的主体

在第一章中，我们从叔本华的方法论设定、特征设定、分类及功能等方面，介绍了叔本华先验的认识主体。在本章中，我们将看到，叔本华如何利用其先验认识主体的认识能力，提出"世界是我的表象"的哲学命题并进而提出"世界是我的意志"的论断。在这两个命题中，"我"作为同一个支撑这世界两面的主体，是有着不同涵指的，其展开的方式也有所不同。

第一节　作为表象和意志的主体的发现

实际上，在意识作为四种认识主体（即先验认识主体的四种形式）及与之相匹配的四种客体表象那里，叔本华已经间接地表达了"世界作为主体的表象"这样一个命题，因为四种表象能力所对应的四种表象,都无非是依据各自的认识主体得以建立,如果将这个认识的主体都统一置换为"我"的话,那么就会很自然地得出"世界是我的表象"的结论。当然,这个"我",指的是所有的具有认知能力的生物,换言之,具有"知性"的一切动物。他说道:"'世界是我的表象',这是一个真理,是对于任何一个生活着和认识着的生物都有效的真理。"①也就是说,"世界作为表象"是对一切认识主体而言的。

然而,这个真理并不是仅具有"知性"的认识主体所能认识的,只有同时具有"理性"的人通过"反省的、抽象的意识"才能认识。他说道:

> "世界是我的表象":这是一个真理,是对于任何一个生活着和认识着的生物都有效的真理;不过只有人能够将他纳入反省的、抽象的意识罢了。并且,要是人真的这样做了,那么,在他那儿就出现了哲学思考。于是,他清楚而确切地明白,他不认识什么太阳,什么地球,而永远只是眼睛,是眼睛看见太阳,永远只是手,是手感触地球;就会明白围绕着他的这世界只是作为表象而存在着的;也就是说这世界的存在完全只是就它对一个其他事物的,一个进行"表象者"的关系而说的。这个"表象者"就是人自己。②

这里,叔本华通过"人"这个表象者或者说认识主体,将认识主

---

① 叔本华:《作为意志和表象的世界》,石冲白译、杨一之校,北京:商务印书馆,2014年,第25页。
② 同上。

体及其四种客体进行了总结,即将客体概括为表象,而将认识主体表述为"表象者"。这实际上只不过是把《充足理由律的四重根》的观点和"无一客体无主体"的命题相结合,进行了一种抽象和概括而已。从这里我们也可以看出,叔本华为什么要强调其博士论文为"序论"和"前提",强调他对康德哲学批判了。

与认识主体相对应而得以表现出来的东西,就是"表象"。尽管叔本华多次强调客体就是表象,然而在这里似乎具有了不同的意味。"与主体相对应的表象"强调的是呈现于意识中的认识内容;"世界是我的表象"强调的是某种内在事物的外在展现。这个内在事物并不是"我",而是我的另一面:意志。叔本华说表象是意志的客体化:表象所表现的就是意志。①尽管"我"作为主体,作为表象者支撑着这个作为表象的世界,但表象的世界却归属于意志的客体化。因此叔本华指出,当我们说"世界是我的表象"的时候,我们已经暗含了世界还有另一面存在,即被表象的那个存在者。它自身不能被表象,只有通过表象予以表象。叔本华说,这个被表象的事物就是"我的意志"。世界作为表象和作为意志,实际上是这世界的一体两面。②

在西方哲学史上,表象与意志并不相对应,可以存在表象,也可以存在意志,却不能说表象的存在就必然要求意志的存在。对康德来说,自在之物作为现象的支撑,它是一种设定;对叔本华而言,意志作为自在之物却是必然存在的。尽管叔本华把它理解为"力",即表象世界的支撑,就表象世界而言,它是十分必要的:它表

---

① 叔本华:《作为意志和表象的世界》,石冲白译、杨一之校,北京:商务印书馆,2014年,第161、170、176页。

② 同上,第27页。

明了表象之所以成为表象的实在性。但也有人认为这样的理由显得有些苍白,因为叔本华把唯物论者所视为实在的物质世界视为表象,而在这表象之外又设定了一个世界来支撑它,反倒没有唯物论者的简练。并指责说这个自在之物的世界完全是一种臆想,它把现实世界设定为表象世界,而又在现实世界之外寻求一个依据。同时,通过"力"来做意志与自在之物之间的转换,也是缺乏逻辑证据的。基于此,尼采和桑达拉·夏黑都认为叔本华在自在之物就是意志的论断上,实际上是缺乏证据的。①关于这一点在本章的第二节中我们将会详细谈及为什么有自在之物存在,何以说自在之物就是意志。

一、"我"作为表象世界的主体

当叔本华说"这世界的存在完全只是就它对一个其他事物的,一个进行'表象者'的关系来说的"的时候,②这其中就已经包含了这样的意思:第一,没有认识主体的存在,表象世界就无复存在,主体是表象世界存在的支点。"一切一切,凡已属于和能属于这世界的一切,都无可避免地带有以主体为条件[的性质],并且也仅仅为只是为主体而存在。"③第二,表象世界的界限取决于认识主体的界限。一般的动物只能达到"知性"的认识层面,只有人才能达到理性思考的层面,才能达到经验和科学的界限,才能达到哲学的高

① Sandra Shapshay: *Poetic Intuition and the Bounds of Sense: Metaphor and Metonymy in Schopenhauer's Philosophy*, European Journal of Philosophy, 16. 2,2008, p. 211.
② 叔本华:《作为意志和表象的世界》,石冲白译、杨一之校,北京:商务印书馆,2014年,第25页。
③ 同上,第26页。

度。叔本华似乎阐明了在所有的认识活动中,人的界限即是世界的界限。第三,当叔本华说"我的"的时候,他用的都是第一人称单数 Ich 的第二格(mein),表象以"我"这个个体为归属,这就意味着,表象世界以"个体"主体为基础得以建立。但这个个体正如在后文中所述的那样,只是在认识现象上如此,在认识本质上,"我"是不可知的。

"我"意指什么?在生物学的意义上,叔本华说道:"'世界是我的表象':这是一个真理,是对于任何一个生活着和认识着的生物都有效的真理。"①这意味着,任何一个活体的生物都具有成为"我"的资格,只要有认识能力并在认识着的生物都可以成为"我"。这是"我"这个主体所涵盖的范围。正如我们在导言中所指出的那样,我如何能够知道"我"之外有一个或者无数个正如我自己一样存在并认识着的主体,这对"我"来说是一个非常困难的问题。但是叔本华似乎用一种类推的办法,确立了各种层次的"我"的存在,以迎合自然科学的或者常识的生物世界。同时,在认识论的意义上,叔本华的"我"究竟指什么,不同的研究者有不同的看法。克里斯托弗·詹纳威认为:"叔本华坚持那个认知的主体和意志的主体一起被摄入一个'我'的自我意识中是合理而且正确的。"②这实际上是认可叔本华对"我"的认识。在《作为意志和表象的世界》的第二卷中,叔本华说道:"我不是绝对的单一的,而是由一个能知者(理智)和一个所知者(意志)构成的,前者不能被知而后者不能去

---

① 叔本华:《作为意志和表象的世界》,石冲白译、杨一之校,北京:商务印书馆,2014年,第25页。

② Christopher Janaway: *Self and World in Schopenhauer's Philosophy*, New York: Oxford University Press Inc., 1989, p.266.

知,尽管两者一起汇集到一个'我'的自我意识之中。"①因此,我们要谈支撑这个表象世界的"我"的时候,要结合意志来谈,并且"我"是涵盖了这两方面的:这意味着"我"是一个个体。詹纳威主张结合意志来谈"我"是没有什么异议的,但把"我"视为认知主体的个体的观点,遭到了理查德·E.阿奎拉的反对。他指出:"在叔本华看来,'一方面,每一个个体是认知的主体;另一方面,这每一个个体又仅仅是意志的一种特殊现象。'"②因此,对叔本华而言,"认知主体"实际上并不是个体的,或者至少并不是那种被认为是一种"特殊现象"的任何一个个体(anyone);进一步说,它是"整体的和不可分割的在每一方面表象着的一个存在者(being)",即是说,每一个认识主体都不过是那个不可认识的主体的一个载体(bearer)③。因此,"我"是一个不可知的认识者的"载体"。

不论"我"是个体还是个体的不可知的支撑,笔者认为叔本华既然明确地将"我"规定为一种"自我意识",那么离开"自我"这个个体来谈"我"的存在是不可能的。实际上,"我"对于我这个个体又具有部分的知识,即它作为意志那一部分的知识,并不是完全的"不可知"的载体。尽管叔本华本人想把"我"作为一种普遍的包含一切有认识能力的生物在内的存在者,但这似乎不过是基于"我"对我之外的"主体"的一种缺乏任何根据的推论。当然这并不违背"我"作为认识世界的"载体"。

---

① Schopenhauer: *The world as will and representation*, E. F. J. Payne (trans.), Vol. 2, New York: Dover Publications Inc., p. 179.
② Richard E. Aquila: *on the "subjects" of Knowing and willing and the "I" in Schopenhauer*, in: *History of Philosophy Quarterly*, Vol. 10, Jul. 1933, p. 241.
③ ibid., p. 241.

（一）认识现象："我"作为大脑的功能或状态

事实上，如果从叔本华对认识发生的分析来看，或者说就认识现象而言，诚如詹纳威所说，"我"是一个个体，这是没有错的；但另一方面，就认识本身的实质来说，确如阿奎拉所说，叔本华认为任何认识着的生物个体，都是意志的一种现象，是意志的客体化。但这并不妨碍它们作为一种认识者而存在，两种观点是否可以共存，还有待于我们进一步讨论。因此，我们的分析要从两方面入手：一方面，从"世界是我的表象"这个命题中来审视"我"与"表象"的关系；另一方面，从"世界是我的意志"这个命题中来考察"我"与"意志"的关系。在本节中，我们先考察认识现象中的"我"，当然，这里并不分别讨论认识主体的各种认识能力，它作为认识主体自身的部分，我们在第一章中已经进行了详细的分析，这里主要讨论认识现象的发生。

叔本华认为，在我们所生活的地球表面，产生了生活着并认识着的人类（Beings），"这是经验的真理，是事实，是世界真实"①。对一个思想者来说，地球只是在广漠的空间中漂浮着的无数的星球中的一个，它是在一个不确定的位置向着一个方向不断运行的星体，不知其所从来，去向何处；它自身只是一个在无始无终的时间中，在无数的迅速诞生而又归于消亡的互相拥挤扎堆、挤压逼迫并且奔波劬劳、永不休止的相似的星球中的一分子；物质之外，绝无任何永恒。在近代哲学，特别是贝克莱和康德那里，所有的经验

---

① Schopenhauer：*Werke in fünf Bänden：nach den Ausgaben letzter Hand*，Bd. Ⅱ，Ludger Lütkehaus（Hrsg.），Zurich：Haffmans Verlag，1988，S. 11.

科学都"仅仅是大脑的一种现象"①,更进一步说,如果把大脑抽象为物质本身,那么一切经验科学都只是"自在之物的一种现象"②。

叔本华说"世界是我的表象"是一个欧几里得式的公理,它把观念与现实,或者说它把头脑中的世界与现实的世界联结起来了。③

对叔本华而言,外部的世界是一种经验的实在,尽管经验的实在是一种不真实的存在;然而就大脑的功能来说,哪怕是在睡梦中所呈现的世界,也是一个完全客观的、感受的甚至能触及的世界。尽管这是两类明显不同的模式,但它们都由一个形式诞生,这个形式就是"理智的形式,即大脑的功能"④。不论是科学知识的清醒认识,还是梦魇中的虚假现象,作为一种认识的现象,都是相对于大脑的功能而言的。因此,在这种情况下,"我"作为认识现象中的主体,不过是"认识个体的大脑功能"的代指。

(二)"我"对外部世界实在性的依赖

当叔本华说"世界是我的表象"的时候,他并不否定"外在世界的实在性",认为对于外部世界是否实在的争论是愚蠢的。这一问题的产生有两个根源:首先是由对主客关系的处理不当而引起的"理性的迷误"。例如"世界是我的表象",所表明的并不是"我"和表象之间有什么因果性联系:主体、客体互为条件,并不存在因果

---

① Schopenhauer: *Werke in fünf Bänden: nach den Ausgaben letzter Hand*, Bd. Ⅱ, Ludger Lütkehaus(Hrsg.), Zurich: Haffmans Verlag, 1988, S. 11.

② Ebd..

③ Ebd., S. 11-12.

④ Ebd., S. 12.

关系。真正的因果关系只存在于客体或表象之间,①不能说世界是我的表象,就推论外部世界不具有实在性;同时还必须认清这样的事实:"首先,客体和表象是一个东西;其次是可以直观的客体的存在就是它的作用,事物的现实性就正在其作用中;而在主体的表象之外要求客体的实际存在,要求真实事物有一个存在,不同于其作用,那是全无意义的,并且也是矛盾的。……认识了以直观客体的作用方式也就是毫无余蕴地认识了这客体;因为除此而外,在客体上就再没有什么是为这认识而留存着的东西了。"②因此,外部世界是具有实在性的,不然根据律就没有依据,感性直观也就没有了来源,当然,外部实在性对认识主体来说,也仅仅是这种"作用"。其次是经验导致的真实与梦幻的争论。"更确切些说:在梦和真实之间,在幻想和实在客体之间是否有一个可靠的区分标准。"笛卡尔那种以"清晰性"作为判断的标准根本就不具有说服力:因为"可以比较的只有梦的记忆和当前的现实"。康德以因果律为标准来区分梦与现实也是值得商榷的:因为梦同样遵循因果律。在现实生活中,人们区分梦与现实的唯一可靠的事实标准,就是以清醒时的纯经验为标准;然而,人生尚且如梦,故此要探求这两者的区别却是"只能永远悬而不决"了。③叔本华似乎想说,尽管人们找不到现实与梦的区别,但毕竟还是能区别它们,它虽然会引起对外部世界的质疑,但并不妨碍外部世界的实在性。

叔本华进一步强调,否定外部世界的实在性,"就是理论上的

---

① 叔本华:《作为意志和表象的世界》,石冲白译、杨一之校,北京:商务印书馆,2014年,第39页。
② 同上,第39、41页。译文有改动。
③ 同上,第43-44页。

自我主义的旨趣",虽然"理论上的自我主义固然是用推证再也驳不倒的,不过它在哲学上绝不是除了作为怀疑诡辩外,亦即除了带来假象外还有什么可靠的用处。但是作为严肃的信念,那就只能够在疯人院里找到这种理论上的自我主义;而作为这样的信念,人们要做的与其是用推论的证明来驳斥它,倒不如用一个疗程来对付它"①。叔本华这样深恶痛绝地看待否定外部世界的现实性的观点,是因为他的认识主体"我"必须以外部世界客观存在为基础,靠它提供感性材料,并且确保表象世界遵循因果律而存在。与此同时,大脑的存在也是客观实在的。"因为这个可感知的和真实的世界很明显的只是头脑的一种现象。"②但是,大脑也是作为现实存在的一部分,否则就没有认识世界表象的东西存在,"因此那种设定世界可能是完全存在于认识之中的假设,本身就存在着一个矛盾"③。因此,就认识来源和大脑自身而言,"我"对外部世界的存在有依赖性。

　　叔本华主张外部世界的实在性的观点与其作为一个先验的观念论者的立场是有矛盾的,并直接认为世界自身无非是意志的世界和表象的世界,此外别无存在,而这两者与都是"我"的世界的基本命题相矛盾。

---

①　叔本华:《作为意志和表象的世界》,石冲白译、杨一之校,北京:商务印书馆,2014年,第156页。译文有改动。

②　Schopenhauer：*The world as will and representation*,E. F. J. Payne（trans.）, Vol. 2, New York：Dover Publications Inc., p. 5.

③　ibid., p. 5.

（三）"我"作为意志"物化"的主体

当叔本华宣称认知主体是大脑的认识功能或状态的时候，与他对主体的其他的一些表述似乎有冲突。阿奎拉把它归结为如下几方面的问题。首先，叔本华说任何认识主体都是"所有现象的旁观者"，"它认识一切而不被任何事物所认识"，而大脑活动即认识活动本身也是一种现象，这与其对主体的界定相矛盾；其次，叔本华也曾说"主体是不可分割的点"（或者说是"所有我们表象世界内部的无广延的点"），把它比喻为一个凸面镜的焦点，这样看来主体似乎是一种想象或者设定，它又怎么可能是大脑的功能呢？最后，所谓一个器官的"统一"，仅仅是指那个器官的状态或功能吗？这是否表明这个器官至少是有一点"神奇"？[1]

其实，之所以出现这样的矛盾，是因为撇开了叔本华对认识现象中的主体和认识本质中的主体的区分而产生的。事实上，叔本华也没有直接做出这两类主体的区分，但是他在阐述世界的本质或者世界作为自在之物而存在的时候，强调这自在之物要在时空中将自己客体化，我们所感知的客体是自在之物或者说意志的客体化（下一节我们将专门讨论这个问题），而我们的身体或者大脑，正是意志客体化的一个方面，然而在这个客体中，正如所有有知性的动物一样，在刺激和理智的层面上反映着意志的功能。叔本华本人称之为意志的"型质化"（Korporisation，corporization）[2]，阿奎

---

[1]　Richard E. Aquila：*On the "subjects" of Knowing and willing and the "I" in Schopenhauer*, in：*History of Philosophy Quarterly*, Vol. 10, Jul. 1933, p. 243

[2]　Schopenhauer：*The world as will and representation*, E. F. J. Payne（trans.）, Vol. 2, New York：Dover Publications Inc., p. 196.

拉称之为"意识的物质化"（reification of consciousness），这种区分在本质上是没有差别的，因为叔本华认为实体（Körpor, corper）就是物质，但有必要说明意志与意识的关系。

叔本华在其博士论文中说："我们的作为外在和内在的感受性（接受性）、知性和理性的认知意识，分化为主体的和客体的，此外并不包含什么。"①从中我们可以看出，意识包括外在感受性、内在感受性（接受性）、知性、理性，总而言之，意识是主体的认识能力，即感性、知性的全部能力和理性思维的能力。意志既在我们的意识中有所体现又超越于我们的意识。意识包括自我意识和他物意识，自我意识又分为"被认识到的东西和进行认识的东西"，这被认识到的东西就是意志。就认识本身而言，意志作为动机律引领并主导认识活动的发生，"它作为使一切表象彼此必然地联系起来的东西而决定着一切表象"②。认识的主体虽然不可知，但依据叔本华把意志作为这个意志的型质化或者客体化的现象世界的本源，认识的主体也必然包含着意志的一种客体化。因此意识中的意志，是应当区分为作为表象意识的支撑的意志和主导认识活动的意志，准确地说，后者在某种程度上应该被称为意欲。当然，这个意欲是必然要低于那支撑意识活动的意志的：这就是叔本华强调意志的主体与认识的主体的同一性的原因所在。

意志的型质化如何可能？为什么会有意志的型质化？意志又是什么？以下对意志予以进一步探讨。

---

① 叔本华：《充足理由律的四重根》，陈晓希译、洪汉鼎校，北京：商务印书馆，1996 年，第 28 页。译文有改动。
② 同上，第 145 页。

二、"我"作为意志的主体

"世界是我的意志"明确了"我"与意志的关系,正如"世界是我的表象"表明了"我"是表象的主体一样,它确立了"我"乃是意志的主体。对此,叔本华说,"世界是我的表象"只是真理的一方面,它需要另一真理得到补充,这一真理就是"世界是我的意志"。它们是世界的一体两面:"这世界的一面自始至终是表象,正如另一面自始至终是意志。"①当叔本华强调世界是"我"的表象的时候,他主要是强调我作为主体对客体表象的支撑作用,即没有主体就没有客体,自然也就没有表象世界。然而,当叔本华说世界是我的意志的时候,就基本不强调这一点,而是一方面强调它与认识主体的同一性,另一方面强调"意志"作为客体或者表象世界的支撑,即作为"自在之物"而存在。

关于意志的主体与认识主体的关系,我们在第一章中已有所论述;这里需要补充的是,当叔本华将"认识主体"的"我"当作身体的大脑功能或状态的时候,这个意志主体的"我"又是什么?叔本华在论及世界作为表象时,曾间接地说道,"我"对于我的身体有着一面是表象,一面又是意志的双重意识,②换言之,身体是表象,也是意志,这在作为认识的意识那里是明确的。然而,这并不代表"我"就是意志的主体,当然,从认识主体与意志主体同一的角度来说,意识主体"我"也就主导着意志了。

---

① 叔本华:《充足理由律的四重根》,陈晓希译、洪汉鼎校,北京:商务印书馆,1996 年,第 28 页。
② 叔本华:《作为意志和表象的世界》,石冲白译、杨一之校,北京:商务印书馆,2014 年,第 46 页。

叔本华似乎正是从认识主体与意志主体的同一性出发,借助于"人"的认识来阐明个体的意志的发现:

> 认识的主体正因为它和身体的同一性而出现为个体,所以这身体对于它是以两种方式而存在的:一种是知性的直观中的表象,作为客体中的一客体,服从这些客体的规律。同时还有一种完全不同的方式,即每人直接认识到的,意志这个词所指[的那东西]。他的意志的每一真正的活动都立即而不可避免地也是他身体的动作;如果他不同时发觉这意志活动是以身体的动作而表出的,他就不曾是真实地要求这一活动。意志活动和身体的活动不是因果性的韧带联结起来的两个客观地认识到的不同情况,不在因和果的关系中,却是二而一,是同一事物;只是在两种完全不同的方式下给予的而已:一种是完全直接给予的,一种是在直观中给予知性的。①

这就是主体"我"对意志的认识方式:它是被直接给予的。换言之,"我"仍然是一种意识状态或者形式。然而,意识到的内容则与"知识"不同,它们从根本上说是没法意识的,所以叔本华说"所指[的那东西]",这个东西是什么? 可以笼统地说是意志、是自在之物,但自身是无法认识的。意志活动在身体上的表现,就是"身体的活动",这种活动,当它与意志相一致的时候,人就感受到快乐惬意;当它与意志相抵触的时候,人就会感受到痛苦。因此,以人

---

① 叔本华:《作为意志和表象的世界》,石冲白译、杨一之校,北京:商务印书馆,2014年,第150页。译文有改动。

对苦乐的感受可以体验到自身的意志对"我"的影响。

　　但是，严格地说，这个个体化的身体也仅仅是个现象，是意志的客体化，即"我"作为个体只是意志的客体化。因此，个体的"我"仅仅是窥视意志的一个窗口，意志在这里流露出自己客体化的信息，甚至直接表现出来，但这绝不是意志本身。在后面我们还会看到，"我"的身体作为意志的客体化，与时空中一切存在物一样，只是意志客体化的一个方面，一个部分而已。它通过自身表现出意志的力量。

　　"直接给予"也有必要探讨，是指给予像人这样的认识主体呢？还是所有的具有知性的认识个体？抑或是一切客体事物？对此，叔本华说道："认识着的主体正是由于这一特殊的关系（笔者注：即作为个体的认识主体与其身体的同一性的关系）对这么一个身体的关系而成为个体。［当然，］如不在这特殊关系中看，身体对于认识着的主体也只是一个表象，无异于其他一切表象。可是认识着的主体借以成为个体的这个关系就正是因此而只在每个主体和其所有一切表象中的唯一的一个表象之间了，所以主体对于这唯一的表象就不仅是把它作为表象，而是同时在完全另一方式中意识着它，也就是把它作为意志而意识着它。"①这里，叔本华强调的是知性主体和意志在个体意识中的共存。个体认识主体的优势就在于自己虽然受到意志的支配，但意志尚留存了一个让其明白其受意志支配的认识能力。因此，严格地说，认识个体主体的认识能力也只是意志的一种客体化。因此，叔本华说道：

---

① 　叔本华：《作为意志和表象的世界》，石冲白译、杨一之校，北京：商务印书馆，2014年，第154-155页。译文有改动。

即使是在自我意识中,"我"绝对不是单一的,而是包含着一个知者(理智)和一个已知者(意志);前者不能被知而后者不能去知,尽管这两者都一起流入了一个"我"的自我意识之中。①

一个是知者而自身不可知,一个是可知而自身不能知(即不能认识),都包含在自我意识之中,个体的自我意识又以个体为依据,即以意志的客体化为依据,故而,它们一起又是意志客体化的结果。因此,真正的认识的"我"即作为认识者的"我"是非个体的,不可知的,甚至说它就是"意志"本身。"认识(Knowing)伴随着意志就像彩虹伴随着下雨;意志只是繁复和运动而不是别的,这恰似下雨;彩虹只是宁静而不是别的,正如认识只是完整而不能分割的整体"②。

"我"作为"意志"的主体这一点往往为学界所忽视。在"我"与"意志"的关系上,学者们往往看重"我"如何摆脱或者超越于意志,即把意志视为"我"所有困难的根源,从而把"我"看作单纯的受意志支配的那个行为者,而忽视了"意志"自身就是主体所体现出来的东西。之所以会脱离叔本华"世界是我的意志"这样一个大前提来考察意志作为自在之物,是因为三个方面的误解。第一个误解是因为表象的杂多都是意志的体现,因此意志尽管不是"杂多",

① Schopenhauer: *The world as will and representation*, E. F. J. Payne (trans.), Vol. 2, New York: Dover Publications Inc., 1969, p. 197.
② Arthur Schopenhauer, *Arthur Schopenhauer: Manuscript Remains in Four Volumes Vol. 1, Early Manuscripts* (1804-1818), Arthur Hübscher (ed.), E. F. J. Payne (trans.), Oxford, New York, Hamburg: Berg, 1988. p. 418.

然而它势必有一种普遍性,这种普遍性就是对所有表象的支配性,而主体"我"作为个体,不具有这样的普遍性。例如贾逵特在论及叔本华的意志的时候,就是用小写的意志(will)作为个体的意志,而用大写的意志(WILL)作为普遍的意志。①第二个误解是由个体的"我"推论我之外的"非我的我"的存在,而这个"非我的我"也应该有不同于"我"的意志,但他的意志与我的意志作为自在之物是单一的、本质的。詹纳威可以算作这方面的代表。②第三个误解是意志作为自在之物本身就意味着它不需要任何一个支配它存在的"主体"存在,如果意志有一个支配者的话,那意味着它就不是一个自在之物。

首先,从意志与表象的关系上看,表象的杂多的确要求一种意志对表象支配的普遍性,因为"意志"作为表象的支配与来源,被叔本华规定为一切事物所共有的"本质""力""一",也就是说它必须具有某种普遍性。但是我们必须看到"表象"是被叔本华严格限定在"我"这个主体之下的,脱离"我"这个主体(脱离"我"作为一切表象认识的主体)的前提,根本就不会有任何表象,这就是叔本华强调它是"表象"而不是"现象"的原因,甚至根本就是用"表象"来取代"现象"的原因。因此,"表象"的杂多性是相对于"我"这个主体而言的;"意志"的普遍性在本质上就只有它对杂多表象的普遍"支配性",并不是具有"我"之外的任何普遍性。在叔本华看来,"我"之外的世界有它的现实性存在,但它并不是我们通常所理解

① Dale Jacquette: *Schopenhauer's proof that Thing-in-Itself is Will*, in: *Kantian Review*, Vol. 12-2, 2007. p. 95.

② *The Cambridge Companion to Schopenhauer*, Christopher Janaway(ed.), Cambridge University Press, 1999, p. 164.

的"宇宙""太阳""地球"和各种事物,这种现实性只不过是"因果性",是依赖于我的"手""眼睛"的;它在实际上是否存在,我没有这方面的知识,我的感受性完全可以欺骗我,并且它们存在的依据仅仅是我们知觉的"现实性"①,这就是叔本华坚持梦幻与现实之间存在共性,并以"摩耶之幕"来概括表象的原因。

其次,就"我"作为主体的个体性而言,它确实不具有普遍性。因为"我"作为主体所代表的只是我这个个体,自在之物支配表象的是其普遍性,被认识的"我"只是作为"我们"的一个个体。这实际上是混淆了叔本华由世界的二分性而产生的两个"我"之间的关系:一个是纯粹的认识主体的"我",这是真实的认识着的那个"我",另外一个是作为表象的"我",这是与其他表象一样共存的作为知识对象的"我"。在第一个"我"那儿根本不会有任何"非我的我"作为主体而存在,因为这就意味着那认识一切而不可被认识的"我"不仅可以认识,而且还可以被划分为"我"与"非我的我"两种。作为表象的我,即作为一种客体,可以有很多与我相似的存在者,并且"我"是属于"我们"的一分子,这个"我"仅仅是"我"的表象的一种。作为认识着的那个"我"的个体性,要过渡到一种不同于"我"的那个"非我的我",只能是一种推论,这种推论的依据只存在于表象之中,而表象作为客体则是受"我"这个表象者决定的。因此,从"我"到"非我的我"的主体,根本就是一个没有逻辑联系的跳跃。当把意志作为自在之物而将其视为具有普遍性的东西并凌驾于个体之上的时候,自然而然地就会误解"意志"对"我"这个主

① 叔本华:《作为意志和表象的世界》,石冲白译、杨一之校,北京:商务印书馆,2014年,第33页。

体的支配。

最后,"自在之物"是否能有一个主体?一般情况下,既然自在之物是一个完全不受任何外在支配的存在物,如果存在一个来支配它的主体,那么它就不可能是自在之物。但叔本华的理解却不是这样,因为意志内在于主体,它与主体合二为一,它自身是自在的,并且成为主体自由的来源和保障。在对意志是自在之物的论证中,我们看到叔本华正是通过意志与身体的同一性来证明意志之为自在之物的。叔本华的"身体"一词是用的 Leib。按照大卫·费舍尔对 Leib 的考察,这个词产生于 8 世纪的古高地德语时期,从 lib(生活、生命、生存或生活、生命、生存的方式)词根中产生,与 Leben(生命、居所、存活)以及 biliban(bleiben,永久、存活)有较强的亲缘关系,而生物学意义的"身体" Körper 是由拉丁词语 korpus 演化而来,其本意是肉体或尸体的意思。[①] 也就是这个身体本身是一个"存活"主体,而意志就体现了它作为生命之所以是生命的原因,这也是后来叔本华把意志说成生命意志的原因所在。所以君特·泽勒认为,在叔本华那里,"身体是心灵(意志)的外部经验,而心灵(意志)是身体的内在经验"[②]。也就是说"主体"能够自由,完全是因为主体自身就是具有认识能力的自在之物,"意志"内在于主体。因此不是意志有一个主体而影响了其作为自在之物的存在,恰恰相反,正是因为意志有一个与它同一的主体而成就了它作为自在之物的意义。

---

① 溥林、屈理兵:《叔本华论"自在之物是意志"》,《西南民族大学学报(人文社科版)》,2019 年 11 期,第 106 页。

② Günter Zöller: *Schopenhauer on the self*, in: *The Cambridge Companion to Schopenhauer*, Christopher Janaway(ed.), Cambridge University Press, 1999, p. 27-28.

当我们认识到"我"作为意志的主体的时候,就能理解叔本华表象世界以主体为中心的根本意义所在,也更能明白叔本华开篇就强调两个命题不可分割的内在逻辑关系。这才是第一步,他还必须说明意志与表象的关系。

第二节　意志作为客体化世界的主体

在关于认识主体的论述中,我们看到"意志"作为认识的动机律①、作为欲求的主体②、作为自我意识中那演变为指导我们认识等活动的"愿望""决心"和"行为"的东西,③与认识主体合而为一。然而,当我们把个体的认识主体视为认识现象(即作为"意志的客体化")的时候,这个体的"意志"与"认识主体"就是另一种客体,即意志自身的客体了。现在的问题是,意志——它作为现象界或者客体世界的主体,究竟是什么? 为什么会有意志存在?

一、意志的可知性

意志的可知性与自在之物的可知性对叔本华而言是同一的。

---

① 叔本华:《充足理由律的四重根》,陈晓希译、洪汉鼎校,北京:商务印书馆,1996年,第150页。

② 叔本华:《作为意志和表象的世界》,石冲白译、杨一之校,北京:商务印书馆,2014年,第152页。

③ 叔本华:《伦理学的两个基本问题》,任立、孟庆时译,北京:商务印书馆,1996年,第47页。

既然意志有如上诸多的特性,那么意志一定是可知的,但事实上问题并非这么简单。叔本华有时说意志可知,有时又说意志不可知。①现在面临的问题有两个:第一,为什么会有自在之物存在;第二,为什么说自在之物就是意志。

叔本华在评价康德哲学时认为:"康德的最大功绩是划清现象和自在之物[两者之]间的区别"②,这样区分的意义在于指出了观念的东西与实在的东西是根本不同的,从而成为康德哲学的特色,并以此把西方哲学中那些一直企图以经验的法则来论证"实际存在本身"的人们"从梦中唤醒"③。叔本华"自在之物是意志"的论断基本上就是康德关于现象和自在之物划界的一个延伸或者说改

---

① 对于意志作为自在之物的可知性,叔本华的表述似乎有点混乱。在《作为意志和表象的世界》第一卷的第一小节,叔本华说,在考察表象的世界的时候,实际上是从世界的"可知性"出发,这意味着意志作为"不可知"的一面。(叔本华:《作为意志和表象的世界》,石冲白译、杨一之校,北京:商务印书馆,2014 年,第 29 页。)同时,他在第二十小节中说到意志活动的"可见性"转入"认识"形式成为表象,而并不是意志的可见性,也就是说他还是主张意志是"不可知"的;并在第二十二小节中说,把力设想为意志,"设想"表明的仍然是意志的不可认识性。但在该书的第二卷中,认为自在之物具有可知性,并把讨论这问题的那篇文章冠之以"von der Erkennbarkeit des Dinges an sich"标题作为第一卷关于意志论的第一篇补充。然而,如果我们认同叔本华的两个世界各有其认识方式的观点,那么就可以避免这种矛盾。具体说来,表象世界是通过知性予以认识的,其可知性在于它服从根据律,具有必然性;意志的可知性在于,一方面它是表象世界存在的依据,另一方面是我们对它有"直接性"的认识,但这种认识不是知性的认识,确切地说是我们直接地感受到它的存在。

② 叔本华:《作为意志和表象的世界》,石冲白译、杨一之校,北京:商务印书馆,2014 年,第 566 页。

③ 同上,第 569 页。相关研究请参考:Arthur Schopenhauer: *Manuscript Remains in Four Volumes*,Ⅱ. *critical debates*,E. F. J. Payne(trans.),1974. p. 468;& Matthias Kossler: *The 'Perfected System of Criticism'*:*Schopenhauer's Initial Disagreements with Kant*,in:*Kant review*,Vol. 17,Nov. 2012,p. 472.

进。叔本华与康德关于自在之物的分歧表现在三个方面：①如何会有自在之物存在？②自在之物是否可知？如果可知，那么通过什么途径获得关于自在之物的知识？③自在之物是否是意志？如果是意志，那么它有哪些特征？康德的意见是：自在之物必然存在，并作为现象、理智的根据和原因，因而是现象概念在逻辑上的必然要求，①同时也是自由的根本保障，因为"如果现象就是自在之物自身的话，则自由必不可挽回"②。自在之物不可知，可知的仅仅是现象，它不是感性直观的客体，不是我们认知的对象，甚至它也不是时间与空间，也不是具体的物体或构成物体的物质，③因为这些都是我们所能感知的对象，总之，自在之物是"一种不依赖于感性的对象"④。既然我们的一切感官活动都是以现象作为认识对象或客体的，那么我们就没有认识自在之物的可能。至于意志，它是人类经验的概念，作为先验理性所涉及的对象，它根本就不能达到自在之物的高度。

叔本华则认为，自在之物必然存在，这是因为我们能够认识到它的存在，我们具有认识它的途径和能力，并能够认识到它就是意志。叔本华说，各种现象的存在实质上都只是对于认识主体而言的，只是认识的表象；康德没有达到这样的认识，但已经指明了"这显现着的世界既是以主体也同样以客体为条件的"，这就是说他离"无一客体无主体"或者说"客体都依靠主体"而存在的观点非常近了，即他已经距离"世界是作为主体的我的表象"的命题已经非常

---

① 康德：《纯粹理性批判》，邓晓芒译、杨祖陶校，北京：人民出版社，2004 年，第 229 页。
② 同上，第 435 页。
③ 同上，第 316-317 页。
④ 同上，第 229 页。

近了。康德的问题是他既没有认识到认识主体本身是纯粹认识主体和意志主体的合二为一（即不能"透入主体的内部"），也没有从客体表象的内部去认识自在之物，或者更直接地说，"他没有直接在意志中认识到自在之物"①。

叔本华在明确自在之物即意志的观点之后，对认识自在之物的必要性、实质性以及途径等方面又做了一些综合性的基础工作，这些工作虽然散见于叔本华关于自在之物可认识并且就是意志本身的论述和描述之中，然而，在逻辑上它们却是叔本华首先所面临的问题。

首先，自在之物是否可认识所反映的是思想与存在的关系问题。对于自在之物是否可知，叔本华认为这在本质上仍然是一个思想与存在关系的问题。叔本华首先对思想进行了界定："通过在大脑内部的更进一步的过程，一般概念（universalia，共相）从大脑中所出现的知性的图片或表象中被抽象出来，借此知识成为理性的，并进而被称为思想。"②故此，所有理智思维的概念都由感性或者知性的表象来提供内容，没有知性的内容，或者没有感性的素材，大脑的任何思考都不会形成概念。也就是说没有感性的来源，就没有概念的可能。由此，在思想与存在的关系上，我们可以做出这样的联系："思想仅和感知有联系，而感知和那提供感知的自在之物之间相联系：这后者就是我们这里所涉及的那个重大问题[的

---

① 叔本华：《作为意志和表象的世界》，石冲白译、杨一之校，北京：商务印书馆，2014年，第572页。

② Schopenhauer: *The world as will and representation*, E. F. J. Payne (trans.), Vol. 2, New York: Dover Publications Inc., 1969, p.192.

解决方案]。"①这是从思想、感性、自在之物三者的关系上阐释自在之物的可知性的。他指出康德的关于自在之物不可认识的观点，必然带来表象世界与自在之物之间的鸿沟，笛卡尔对这个鸿沟的弥补是通过大脑的物质性来衔接的两个世界的，"这可能是弥合观念与现实的鸿沟的最为简洁和最为睿智的方式。"②也就是说，叔本华认为必然有一个刺激我们感官以便让我们产生表象的东西存在，这东西就是自在之物，它对我们感官具有不可抗拒的刺激力，借此产生认识自在之物就是这种不可抗拒的力，它就是意志。

事实上，即使没有认识自在之物也必然存在。因为"照我看来，这个自在之物，这个所有现象，也是整个自然界的基础，无非就是那个我们直接知道的、十分熟悉的，我们在我们自己本身的内心看作意志的东西。所以，这个意志全然不像迄今所有哲学家认为的那样，和认识是不可分的，甚至就是认识的纯粹的结果，而是和这个完全次要的，有着后起起源的认识完全不同的和独立于它的，因此，没有认识，它也可能存在和显现自己，这就是整个自然界，从动物世界向下的实际情况"③。论实质，它似乎不比康德对自在之物设定的理由有所进步，因为康德也说，必然有一个东西对我们的感官发生作用，使得我们的认识现象得以发生，这就是自在之物。康德设定自在之物的理由，正是叔本华自在之物能够被认识的理

① Schopenhauer: *The world as will and representation*, E. F. J. Payne (trans.), Vol. 2, New York: Dover Publications Inc., 1969, p. 192.

② ibid.

③ 叔本华:《自然界中的意志》，任立、刘林译，北京:商务印书馆，1997，第19页。译文有改动。

由，当然，这种理由导致的结果就是，自在之物无非是作用于我们的某种力。叔本华正是把力设想为意志的。因此，康德设定自在之物的理由与叔本华自在之物可知的理由是一样的，不同的是，自在之物的指代发生了变化。在康德，它是不可知的实物；在叔本华，它变为"力"。这在本质上是对康德意义上自在之物的一种悬搁。

其次，对自在之物的认识不能通过传统的认识途径进行。对自在之物的认识是一种特别的认识。其特别之处在于它是一条完全不同于他之前所有哲学家们所走过的那条老路，老路是一条从独立于认识主体自身来寻求作为一切"事物本质"的自在之物不归路，是用徒劳的比喻和空洞的名词来掩盖认识的无能为力的办法。①自在之物也不能用逻辑的、经验的、形而上学的、超逻辑的这些方法来予以认识，因为这四种方法在本质上都只是反映表象与表象之间的关系，而自在之物本身不是表象，不能通过认识表象的途径予以认识。②同时，叔本华也反对笛卡尔那种以"大脑的物质性"来作为自在之物的证据，因为在他看来，所谓的物质性在本质上就只是因果性，而并非真实的存在。当然，也不能通过因果联系来论证自在之物的存在，因果性本身就是物质性，它是表象世界所遵循的根据律，而非自在之物存在的依据。故此，一切感知的、推理的认识方式都不能达到对自在之物的认识。事实上，那种企图寻求或者指责叔本华关于自在之物即是意志的证明、推论或感性

①　叔本华：《作为意志和表象的世界》，石冲白译、杨一之校，北京：商务印书馆，2014年，第149页。
②　同上，第153页。

的、理性认识方式的出发点，从根本上就是叔本华所反对的。①

因此，不能通过普通的认知方式来达到对作为自在之物的意志的认识，而是要通过"十分不同的途径"②。叔本华给出的方式概括起来有两种，一种是"直接性的认识"：这是不经过感性和理性的认识途径所获得的认识，它是以我们的身体的二重性为基础所获得的认识；一种是认识主体的纯粹意志（pure willing）自身的无可追问性、无原因性、不可理解性即表明它是意志（WiLL）③。

二、对意志作为自在之物的认知

（一）叔本华早期关于意志作为自在之物可认识的说明

在早期，叔本华强调对自在之物认识的"直接性"。他指出："我们不仅仅是认知的主体，而且我们自身也就在那些我们要求去知道的现实事物和实体中，即是说，我们自己就是自在之物。"④这是从我们身体的双重属性中得出的结论。身体的双重属性是我们能够得知意志存在的关键所在，就其自身来说，"身体是客体化了的，即已经成为表象了的意志"。⑤对此，叔本华说道：

---

① 溥林、屈理兵：《叔本华论"自在之物是意志"》，《西南民族大学学报（人文社科版）》，2019 年 11 期，第 102 页。

② Schopenhauer：*The world as will and representation*，E. F. J. Payne（trans.），Vol. 2，New York：Dover Publications Inc.，p. 191.

③ Dale Jacquette：*Schopenhauer's Proof that Thing-in-Itself is Will*，in：*Kant review*，Vol. 12-2, 2007，p. 94-97.

④ Schopenhauer：*The world as will and representation*，E. F. J. Payne（trans.），Vol. 2，New York：Dover Publications Inc.，p. 195.

⑤ 叔本华：《作为意志和表象的世界》，石冲白译、杨一之校，北京：商务印书馆，2014 年，第 150 页。

认识的主体既由于它和身体的同一性而出现为个体,所以这身体对于它是以两种方式而存在的:一种是悟性(笔者注:即知性)的直观中的表象,作为客体中的一客体,服从这些客体的规律。同时还有一种完全不同的方式,即是每人直接认识到的,意志这个词所指(的那东西)。他的意志的每一真正的活动都立即而不可避免的也是他身体的动作;如果他不同时发觉这意志活动是以身体的动作而表出的,他就不曾是真实地要求这一活动。意志活动和身体的活动不是因果性的韧带联结起来的两个客观地认识到的不同的情况,不在因和果的关系中,却是二而一,是同一事物;只是在两种完全不同的方式下给予的而已:一种是完全直接给予的,一种是在直观中给予悟性的。[①]

叔本华在这里排斥掉因果律在认识意志作为自在之物时的作用,这与其主张因果律是表象世界认识的根据律是一致的,他所谓的"直接认识"是基于身体的活动与意志的活动的同一性的。也就是说,就人类的活动而言,身体活动和意志活动作为"活动"它们是同一的,认识活动的发生,或者其他行为的发生,总归是某种"活动"。活动的存在不同于纯粹知识的存在,知识的存在需要建立在主客体二元划分的基础上,即认识主体和认识对象之间发生某种关系;而身体的活动与意志的活动却不具有二元性,它们是"同一"的,是"二而一"的,当我们意识到身体的活动时就已经自然而然地

---

① 叔本华:《作为意志和表象的世界》,石冲白译、杨一之校,北京:商务印书馆,2014年,第150页。

意识到了意志的活动。当然,或许有人会认为这里暗含着这样的一个推论,即身体活动如何可能? 那是因为意志的活动;然而这正是叔本华所反对的,因为这已经是建立在因果推论的基础之上了。在此,叔本华明确地认为身体的活动自身就是意志活动,对身体活动何以可能的诘责在本质上就是诘责意志活动何以可能——这就涉及了意志作为自在之物所具有的特性的问题。叔本华说"直接认识"的意思就是:当我们意识到身体活动时,那么就已经意识到意志的活动,意识到自在之物的活动了。那么为什么说意识到身体的活动就能够意识到意志的活动呢? 叔本华指出:因为"身体不是别的,而是客体化了的,即已经成为表象了的意志","身体活动"本身就已经"进入了直观的意志活动"①。

这种直接认识,或者说"完全直接给予的认识"是比较难以理解的,因为一般的认识,无非就是感性和理性的思想活动,而感性和理性的活动却是针对表象世界的。对此,叔本华强调:这种身体活动(叔本华有时也说为运动)的"可见性"是和意志活动"直接而完全同时发起的",只是因为其具有"可见性"从而才转入到"认识"的形式:这时候它才成为认识的表象,才与意志活动本身有所区别。然而,这往往因其不可理解,或者说因活动本身宣告意志存在的这种观点,却被学界所忽略,因此并没有得到多少认可。

如果说这是"先验认识"的话,那么身体活动给人们带来的各种感受则是"认识意志的后验认识",这也就是上面那段引文中叔本华所说的"在直观中给予知性的"那种认识。"每一真正的、无伪

① 叔本华:《作为意志和表象的世界》,石冲白译、杨一之校,北京:商务印书馆,2014年,第150页。

的、直接的意志活动"都会"立即而直接"地物化为身体的各种活动;而这些活动也会立即并直接地对身体产生作用,或痛苦,或快感,这就是"意志的作用":这种痛苦或快感是"意志的直接感受,在意志中显现,在身体中显现"①。也就是我们身体对于其自身活动的感受性是我们得知意志存在的依据,身体既是认识意志的条件,又是认识意志的途径。这是非常特别的认识,因为它是"直接的意识",不能通过证明获得,也不能由引申来间接获得:它不是表象与表象的关系,而是身体与意志自身具有某种同一性的判断关系,或者说是"意志的关系"。因此,"我能够渗入到这种作为我之性情和我之感受的存在之内在事实感受之中"②去认知意志的实在。

对此,苏联学者贝霍夫斯基指出,叔本华是"用我欲故我在(volo, ergo sum)取代我思故我在(cogito, ergo sum)"③,即将认识主体转变为欲望主体从而确定欲望的存在,这虽然与笛卡尔的哲学命题具有同样的内在缺陷,即以主体的欲望规定本身为前提来确定欲望的存在,但在贝霍夫斯基看来,它却具有重大的意义,"'我欲'撕下了'我思'的外壳,为我们开辟了一条越出作为表象的世界进入作为意志世界的通路"④。

(二)叔本华后期关于意志作为自在之物可认知的说明

叔本华并不满足于早期关于意志可认知的说明,在过了 25 年

---

① 叔本华:《作为意志和表象的世界》,石冲白译、杨一之校,北京:商务印书馆,2014年,第 151 页。
② James Luchte:*The body of Sublime Knowledge*:*The Aestetic Phenomenology of Arthur Schopenhauer*, HeyJ L(2009),p. 232.
③ 贝霍夫斯基:《叔本华》,刘金泉译,中国社会科学出版社,1992 年,第 59 页。
④ 同上,第 60 页。

之后,出版第二卷的时候,又专门增加了《论对自在之物认知的可能性》一文,这并不意味着叔本华要抛弃或者否定其早期对关于自在之物作为意志的可认识的相关论断,因为他明确地说:"在二十五年后,我并没发现有什么要收回的东西。"①然而相对于早期的论述,叔本华更加强调认识主体在自身内就可对自在之物作为意志予以认知,或者说更加强调"直接给予的"认识。他说:"自在之物仅能以十分直接的方式进入到意识中来,即通过它自身成为它自己的意识。"②叔本华强调这种认识的直接性,与其早期的立场一样,在于规避把它作为主体的认识对象,在后者那里,"任何客体的事物都是由现象而来的表象,实际上仅仅是大脑中的现象而已"③。认识对象是客体,是与主体对立的,而对意志的认识不同于对一般的主客对立的认识,它是在主体内的意欲的自我呈现,这就是其所谓的直接性。

对此,贾逵特是这样解读的:"若是我们认识到我们自己就是自在之物的事实,或者说那自在之物是与我们自身中纯粹意欲的一般主体相是同一的,那么准确地说我们就已经处于(认识自在之物的)大门之内了,即(自在之物)是每一位思想着、表象着、意欲着的主体之内核。"④这样我们就能够明白叔本华所谓"直接地认识"的关键所在了。在这里,他将"认识主体中的纯粹的意欲(pure

---

① 叔本华:《作为意志和表象的世界》,石冲白译、杨一之校,北京:商务印书馆,2014年,第14页。

② Schopenhauer:*The world as will and representation*,E. F. J. Payne(trans.),Vol. 2,New York:Dover Publications Inc.,p. 195.

③ ibid.

④ Dale Jacquette:*Schopenhauer's Proof that Thing-in-Itself is Will*,in:*Kant review*,Vol. 12-2,2007,p. 95.

willing)"理解为自在之物本身:"……纯粹的意欲,意欲自身或者作为意欲在自身者,这就是叔本华所知的意志。"[1]

贾逵特这样理解有两个维度。第一个是自在之物的特性的维度,自在之物是不能予以追问的,它"没有动机、没有原因、没有客体也没有主体";纯粹的意欲也是如此,我们不可诘责它的动机、原因、其主客体的属性,因此这纯粹的意欲就是自在之物。第二个是从这纯粹的意欲的维度,它"从根本上支配着任何一个个体的意志活动,并由一个思想经验而被直觉到"[2]。可是,这表明自在之物虽然不进入经验世界,但是仍然要通过客体化为表象而被认知。贾逵特对叔本华意志即自在之物"在自身内而被直接给予"的论述是持肯定态度的。

詹姆斯·卢希特认为叔本华关于自在之物是意志的最高存在的观点实际上有两个层次,即表面的层次和某种"统一"方式的经验层次。他指出,自我的意志可以通过推论和反省从而把它普遍化为全体的和任意一个个体的意志。这种通过反思的方式来普遍化意志仍然是一种表层的活动,而渗透到这种表层之下去普遍化意志的却是超越于表象和意志的双重性的一种不同的"统一"经验。[3]

与苏联贝霍夫斯基、贾逵特和詹姆斯·卢希特的肯定相反,美国叔本华研究专家约翰·阿特威,英国哲学史家弗里德里克·科

① Dale Jacquette: *Schopenhauer's Proof that Thing-in-Itself is Will*, in: *Kant review*, Vol. 12-2, 2007, p. 97.

② Ibid., p. 98.

③ James Luchte: *The body of Sublime Knowledge*: *The Aestetic Phenomenology of Arthur Schopenhauer*, HeyJ L(2009), p. 232.

普尔斯顿①、帕特里克·咖迪纳、克里斯托弗·詹纳威,中国美学研究者金惠敏等人却对叔本华关于自在之物可认识、自在之物即是意志的观点持怀疑甚至否定态度。

约翰·阿特威的诘难是,叔本华既然认为意志是自在之物,不可认识,不是表象,那么如何获得自在之物的知识呢?即"作为自在之物的意志如何显示到表象中来?"因为表象乃是"可知的",而自在之物乃是"不可知"的。②也就是说,他对叔本华关于意志是自在之物的质疑是严格建立在叔本华在《作为意志和表象的世界》第一部分的表述的基础之上的,在那里,叔本华确实间接地表达过自在之物是不可知的,因为他说表象世界是"可知的"一面。③然而,叔本华强调的所知,是建立在"表象者"的立场上的④,即建立在感官而不是超感官的认识之上的,在该书第二、三部分所强调的"直接认识""直观审谛"就不同于这里的"表象者"的感官认识方式。因此,我们有理由怀疑他对叔本华"直接给予"作为认识自在之物的途径相关表述的理解是否到位。

弗里德里克·科普尔斯顿、帕特里克·咖迪纳等人的质疑也都跟约翰·阿特威基本一样,都强调"本体或自在之物"不是"现象""表象",不具有可知性;克里斯托弗·詹纳威却略显不同,他认

---

① 弗里德里克·科普尔斯顿认为在叔本华的认识论中,不会有关于本体自在之物的知识。(参:Frederick copleston: *Arthur Schopenhuaer*: *Philosopher of Pessimism*, London: bums, Oates and Washbourne, 1947, p. 64.)

② John. E. Atwell: *Schopenhauer on the Character of the Word*: *The metaphysics of Will*, University of California Press, 1995, p. 106-107.

③ 叔本华:《作为意志和表象的世界》,石冲白译、杨一之校,北京:商务印书馆,2014年,第27页。

④ 同上,第25页。

为叔本华是用经验的方式来证明自在之物的存在①,他并不认同叔本华所谓的"知性的直观中的表象"以外还有一种"直接的认识"方式②,认为那也不过是经验途径,即叔本华所认为的"身体的活动"就是"当我活动时我自己身体的经验"③。然而叔本华却明确地表示,这与经验无关,即使不存在认识主体,因为任何生命的产生、事物的发生,都是"活动"自身宣告它自身存在。而且,活动自身与经验活动,这完全是两个层次的事情:一个是意志的自我彰显,一个是认识主体对意志客体化后的某种感受。叔本华强调的"直接给予"就是意志活动自身的活动与身体的活动,即意志客体化后的活动的合二为一,这其中"直接给予"如果要作出"自在之物存在"这样的知性判断,那么它的判断也是在意志客体化的过程中被给予的,当我们获得这个认识的时候,它已经完成了它的客体化,成为表象,即这时候不再是"直接给予"的了。

对于这个"直接给予",金惠敏指出,活动本身意味着时间性。④当意志客体化为表象的时候,我们可以把这个过程称为意志活动,在这种情况下,作为一种从本体界到表象界的跨越,是否具有时间性我们不得而知,然而当意志已经转化为客体化的表象时,或者说"物化"为身体的活动时,它必然体现为时间性,然而这时候

---

① Christopher Janaway: *Self and World in Schopenhauer's Philosophy*, Oxford University Press Inc., 1989, p. 188.

② 叔本华:《作为意志和表象的世界》,石冲白译、杨一之校,北京:商务印书馆,2014年,第150页。

③ Christopher Janaway: *Self and World in Schopenhauer's Philosophy*, Oxford University Press Inc., 1989, p. 191.

④ 金惠敏:《意志与超越——叔本华美学思想研究》,中国社会科学出版社,1999年,第18页。

它并不违背表象世界的诸多规定,但它已不是自在之物本身了。因此,从活动性来否定叔本华认识的意志为自在之物,笔者认为是不成立的。

事实上,这个"直接认识"的活动,即意志的活动转化为身体的活动,其活动本身就表明自在之物的存在,或者说在"直观之中已经有自在之物的知识,因为它是外在于我们对我们施加了影响的东西,它就是它的运行(acts)方式;这种运行本身就是它的存在"[1]。叔本华指出这里存在以下三个问题:首先,我们所感受到的对我们施加的影响,起源于主体的因果律认识,这也是我们直观来源的感性感受,并不一定指向实存;其次,对认识主体施加影响的客体是处在时空之中的;再次,如果把客体的存在仅仅视为一种运动,这意味着它将不断地在其变化中产生他物,而它自身或者在它自身就会一无所有:而这些都与意志作为自在之物的自由性(即不服从根据律)、实在性、不在时空中的特性相矛盾。[2]与此同时,如果将主体认识的客体当作自在之物,这样就会导致"绝对的观念论",就会得出"世界只是我的表象"这样的结论,从而陷入"唯我论"(egoism)的泥淖之中。这是贝克莱的错误所在。康德为了避免这样的错误,才有两个世界的划分,不幸的是,他又完全否定了自在之物的可知性。然而,正如导言中所指出的那样,叔本华较之贝克莱,乃是一种更为深入的"唯我论",因为贝克莱彻底的世界唯表象论掩盖了我的存在,而叔本华却明确地通过意志确立了"我"的唯一存在。

---

[1] Schopenhauer:*The world as will and representation*,E. F. J. Payne(trans.),Vol. 2,New York:Dover Publications Inc.,p. 193.
[2] ibid.

总的来看,否定叔本华关于自在之物是可认知的观点,其根源首先在于对叔本华关于形而上学定义的不接受或者不理解。叔本华说:"我所理解的形而上学即是指那种所谓的超越经验可能性的全部知识,并以此而超越自然或者说事物所被赋予现象性的表象,(形而上学知识)为的是提供某种信息,通过这信息以感觉或别的方式所获致的经验或自然而被赋予(可能的)条件,或者用通俗的语言说,(形而上学)就是藏在自然背后并导向自然可能性的知识。"[1]也就是说形而上学的知识完全是一种先验性的知识,这种知识的获得如同我们的认识能力一样,它们本身是不可进行经验性追问的。正如我们可以说,"我思故我在",不可诘责"为什么要去思",如果"不思就不存在"了吗? 这完全是不可以的,因为这样我们就不会有任何确定性的知识。关于意志的知识就是类似这样的"天赋观念",并且相对于"我思故我在",叔本华的"我欲故我在"更能解释思的根本属性,即它首先是一种活动的存在。

朱利安·杨在批判的基础上要进行所谓的"手术抢救"[2],表明他根本没有把握住叔本华关于自在之物的认识的关键所在,也并没有搞清楚叔本华的意欲与意志之间的区别与联系。在这一点上,克里斯托弗·詹纳威所作的并不比朱利安·杨好。[3]至于金惠敏所言的"形而上学的那个超验本体从来就是假定的或想象的,最

---

① Schopenhauer: *The world as will and representation*, E. F. J. Payne (trans.), Vol. 2, New York: Dover Publications Inc., p. 164.

② 金惠敏:《意志与超越——叔本华美学思想研究》,中国社会科学出版社,1999 年,第24 页。

③ Dale Jacquette: *Schopenhauer's Proof that Thing-in-Itself is Will*, in: *Kant review*, Vol. 12-2, 2007, p. 80-83.

多只是推测的"①论断,从叔本华的先验观念论立场来看,似乎就基本上可以否定形而上学的存在意义了。以此,叔本华一生所致力于阐释的那个"单一思想"也就没有必要了,因为意志是自在之物并且可以认识是叔本华整个体系中最为根本的一环,是他整个体系的根本所在;同时,从叔本华所开创的非理性主义路线的影响来看,后来的传承者的辉煌思想都成了从废墟中发展出来的盛世。

其次是对叔本华先验论的哲学方法不理解。叔本华的先验观念论既有同于康德的地方,也有不同于康德的地方。他赞成康德我们具有先验的知识并以之为我们经验可能性的基础性条件,不赞同康德的先验证据。"他拒绝了康德先验观念论的推论,即允许我们通过范畴的方式来设定事物在它自身的某些特点,甚至为了实践的原因即道德的原因而采取特定的设定,完全阻碍了我们具有关于它们(即自在之物)的实际知识。"②叔本华批评康德的认识论过于简单:"康德(认识论)的主要结论在本质上可以归结如下:'所有的概念都没有以时空中的直观(感性直观)作为其基础,换句话说,都不是从这样的感性中推论出来的,是绝对的、空洞的,也就是说,它们不提供任何知识。但是直观仅由现象给予,而不是自在之物,我们也完全没有自在之物的知识'"③,用康德的话来说,"知

① 金惠敏:《意志与超越——叔本华美学思想研究》,中国社会科学出版社,1999 年,第 24 页。

② Paul Gruyer: *Schopenhauer, Kant, and the Method of Philosophy*, in: *The Cambridge Companion to Schopenhauer*, New York: Cambridge University Press, 1999, p. 93-94.

③ Schopenhauer: *The world as will and representation*, E. F. J. Payne (trans.), Vol. 2, New York: Dover Publications Inc., p. 196.

性无直观是盲的,直观无知性是空的"①。这只对现象有用,对意志的认识是无效的。以我们的意欲来说,因为它既不是感性的,也不是空洞的,然而却是较之其他知识更为真实的知识。②叔本华说:"事实上,我们的意欲是我们即时地拥有从内向外彰显自身的任何事件的知识的唯一机会,相应地,对我们而言它是直接知道的事物,不像其他所有别的知识,仅仅在表象中给予我们。"③因此,我们要从我们自身理解自然,而不是从自然认识我们。事实上,他是通过"我们意欲的能力"本身来证明意志作为自在之物的存在的。④意欲,绝不是认识的对象,也不是客体,它是认识主体自身的自我意识。因此,对意志的认识的直接性,就体现在主体自身所表现出来的这种对意欲的"认识"方式上,它实际上是认识主体对自身观照的结果:没有意欲,认识主体不会发生认识。这也就是叔本华所强调的"直接给予"。他借此批评康德因为不承认自在之物的可知性,因而在涉及自由、道德等问题时"自食其果"⑤。

因此,如果一定存在着某种自在之物来支撑现象或表象世界的话,并且能够把这种自在之物理解为"某种不可知的存在物 X"的话,那么把它理解为一种不可抗拒的"力"的存在,则是较理解为其他的东西更为合理,这实际上只是承认了自在之物作为表象或现象世界的"支撑",并且由于这种支撑要从根本上解释表象世界

① 康德:《纯粹理性批判》,邓晓芒译、杨祖陶校,北京:人民出版社,2004 年,第52 页。
② Schopenhauer: *The world as will and representation*, E. F. J. Payne (trans.), Vol. 2, New York: Dover Publications Inc., p. 196.
③ ibid.
④ Ibid., p. 94.
⑤ 叔本华:《作为意志和表象的世界》,石冲白译、杨一之校,北京:商务印书馆,2014 年,第572 页。

的多样性、表现性、变异性和必然性,因此也同时必须具有的统一性、根本性、永恒性、自在性。所以对自在之物作为意志的"直接认识",其本质上是一种设定和推论。事实上,如果意志的设定不成立的话,先验主体的设定自身也不会成立:毕竟它们的存在都面临着同样的问题。因此,叔本华的先验观念论本身就内在地判其认识主体和意志是自在之物。

从以上可以看出,叔本华对意志的认识有以下几个特点:

(1)对意志认识的直接性。对意志的认识是以认识主体自身的身体为依据的。认识主体是以客体为认识对象,遵循根据律对客体产生表象知识(当然客体即表象,根据律是表象组织的形式);任何认识主体与其身体的同一性决定了它能直接意识到意志的存在。身体的活动是意志的直接体现:因为认识现象基于感受、直观和思维,它并不支配身体的活动,任何身体的运动都只是意志的结果。因此,对意志认识的直接性,实际上是认识个体的认识活动的存在性,它不需要通过认识主体从认识客体中获得。

这种通过活动自身而体现出来的被意识所获得的知识,就是关于意志的知识。它不服从根据律,不在现象中,不是表象。然而,严格地说,身体作为意志的客体化,即意志现象,这种现象的活动自身如何可以让人"直接"认识到意志的存在,似乎是一个问题。另外,或许有人会说,身体的物质性可以直接体现出意志,实际上,这对叔本华而言是不可能的,因为叔本华强调物质性=因果性=实体;换言之,这是表象领域的现象,而不是他所谓的自在之物。因此,其直接性的认识仍然是通过现象活动来认识的。

(2)认识着的个体是认识意志的载体。在上文中我们看到,叔本华强调意志的认识对个体身体的依赖。严格地说,认识活动与认识个体都是意志客体化的结果,是意志在现象界表象自身的一种方式,是由意志支撑的,因此对意志自身的认识也由意志所主导、支配。认识活动在根本上也是意志的"型质化"(Korporization)①,在型质化的过程中,意志还为其"型质"提供认识的理智。认识着的个体的特殊性就在于他可以把自己的身体视为客体,"因为我的身体乃是那唯一的客体,即我不但认识其一面,表象的一面,而且还认识其第二面,叫作意志的那一面的客体"②。但这被认识的"意志的客体",即身体自身,严格说来,仅是"意志客体化"所产生的结果——或者说这个个体的"身体"的活动自身。虽然这个个体的"身体"活动不是意志自身,但是它在本质上与"我在自己里面认作意志的东西是同一物"③。

对自在之物的认识是不依赖于理智得以实现的,因为"在自我意识中,'我'绝对不是单一的,而是包含着一个知者(a knower)(理智)和一个已知者(a known)(意志);前者被知而后者不能去知,尽管这两者都一起流入了一个'我'的自我意识之中"④。换言之,在自我意识中,作为去知的认识主体和作为带动意识去认识的意志主体是并存的,故而对意志的认识不是通过认识主体而发生的,而是意志的自觉:这就是意志认识的直接性。这也决定了"我"的特性:"它自身并不完完全全地隐藏自己,也不通过耀眼夺目的

---

① Schopenhauer: *The world as will and representation*, E. F. J. Payne (trans.), Vol. 2, New York: Dover Publications Inc., p. 196.

② 叔本华:《作为意志和表象的世界》,石冲白译、杨一之校,北京:商务印书馆,2014年,第184页。

③ 同上,第185页。

④ Schopenhauer: *The world as will and representation*, E. F. J. Payne (trans.), Vol. 2, New York: Dover Publications Inc., p. 197.

样式彰显自己,而是模糊晦涩地维持自身谜一样的存在。"①

　　同时,相对于主客体认识或者他物意识而言,直接认识(也即"内在认识",der innern Erkenntnis)摆脱了由空间的形式和因果律的形式所支配的直观认识的形式。然而,它却保留了时间的形式。可以说,在某种程度上,正是"我"作为个体通过时间性,意志作为自在之物才能成为我们的表象知识。因为每个认识主体"仅仅是通过他的连续不断的个体行为活动而了解到他的意志的,而并不是通过意志或者在意志自身作为一个整体中对意志加以认识的"②,连续性所彰显的就是时间性。③"因此没有人知道他自己先天的特质,他唯有通过经验的方式才能予以部分的了解。"④叔本华这里所谓的"特质"(Character),就是认识主体在意志客体化过程中被赋予的主体的意志。

三、意志的客体化

　　当叔本华说"意志的客体化"时,他就已经隐含了"意志作为主体"的命题。因为在叔本华看来,客体总是相对于主体而言的,没有主体就没有客体,这是其一。叔本华把世界二重化,表象世界也

---

① Schopenhauer: *The world as will and representation*, E. F. J. Payne (trans.), Vol. 2, New York: Dover Publications Inc., p. 197.

② ibid., p. 197.

③ 叔本华指出:"时间是继起之可能性的条件,没有它,继起既不可能发生,也不能被我们理解和用词汇加以描述。同样的,空间是并列之可能性条件,先验美学就证明了,这些条件就存在于我们头脑的结构中。"(叔本华:《自然界中的意志》,任立、刘林译,北京:商务印书馆,1997,第8页。)

④ Schopenhauer: *The world as will and representation*, E. F. J. Payne (trans.), Vol. 2, New York: Dover Publications Inc., p. 197.

就是客体世界,现象、表象、客体这几个词基本上是通用的[①],虽然意志不能完全等同于主体,但是作为认识主体的"我"除了在认识时被赋予感性、知性、理性的认识功能之外,它在根本上是不可认识的,因此,在其二重化的世界中,"我"无疑是属于意志、自在之物的,并不属于现象或者表象世界;这是其二。

但叔本华却明确地告诉我们,世界一方面是作为我的表象,另一方面是作为我的意志。现在的问题是,"我"作为认识主体,是表象的主体;而在真正的意志那里,或者说在自在之物那里,个体认识主体的"我"不仅不是意志的主体,而且"我"还是意志的客体化,即非个体的认识主体,它至多也只能取得和意志等同的地位,即最多只能说意志和"我"是等同的,"我"并不能超越意志。这样说来,"世界是我的意志"似乎除了在认识现象上,强调"我"作为认识主体和身体活动主体外,并不具有形而上学上的意义;相反,在叔本华形而上学意义上,"世界是我的意志"的提法似乎应该颠倒过来,即"意志是我的主体"。为此,我们有必要深入地了解叔本华意志的客体化,这表明意志是如何成为主体的。

意志为什么要客体化?它为什么是一切现象的根源所在?这是因为意志在一个除其自身之外其余一切都只是现象(也就是纯粹是表象)的世界上,它是作为唯一的自在之物,作为唯一的真正的实在,唯一的起源和形而上的东西,赋予可能存在的每一个事物

[①] 叔本华批评康德没有认识到现象即是表象的世界这个高度(叔本华:《作为意志和表象的世界》,石冲白译、杨一之校,北京:商务印书馆,2014 年,第 571 页),并认为这是他发展康德哲学一个重要方面;叔本华也特别强调,主体的客体与主体的表象的说法是一致的,即表象即客体(叔本华:《充足理由律的四重根》,陈晓希译、洪汉鼎校,北京:商务印书馆,1996 年,第 16 节)。

以力量,依靠这种力量,事物才能存在和行动。因此动物的随意行动,动物生命机体的有机组织运行,植物的生长,无机王国里的结晶,以及在物理现象和化学现象中表现出来的每一种原初的力量,甚至连重力本身,这一切都是自在的和在现象之外的,也就是说是在我们的头脑及其表象之外的,完全地和我们在我们自己身上认作是意志的东西相同一的。①

从中我们可以看出,意志的客体化是意志自身的内在要求,是它作为世界的主体的必然:没有主体也就无所谓客体。意志客体化的世界作为"表象世界"而存在,这存在自身也需要意志作为主体予以支撑,所谓无一客体无主体。因此,我们可以指责叔本华在主客体设定方面的循环论证,然而我们不得不承认,当我们说世界的一面是表象、是客体时,就已经蕴含了世界的另一面是自在之物、是主体。

叔本华继承康德关于现象界和自在之物的划分,认为这是康德对哲学的最伟大的贡献②,他认为康德像柏拉图(《理想国》洞穴的比喻)和印度先贤(《吠陀》和《布兰纳》)一样,都主张我们所经验的世界只是真实存在之物的影像或者幻象,不同的是柏拉图和印度先贤们不过是"神话式、诗意地"阐释,康德"对于整个世界的梦境般的这种本性有如此明确的认识、冷静的思考、周详的论述,这本是康德全部哲学的基础,是康德哲学的灵魂和最大的贡献"③。康德把沉浸在这之前的西方哲学中的人们,"从梦中唤醒","指出了不能用那些在[一切事物的]实际存在中,也就根本是在经验中

---

① 叔本华:《自然界中的意志》,任立、刘林译,北京:商务印书馆,1997,第19页。

② 叔本华:《作为意志和表象的世界》,石冲白译、杨一之校,北京:商务印书馆,2014年,第566页。

③ 同上,第568-569页。译文有改动。

以不可破的必然性在支配着的法则来引申和说明这实际存在本身"①。这实际存在本身就是自在之物。然而,康德的缺憾在于没有达到"现象即作为表象的世界,而自在之物即意志这样的认识"②。因此,阐明现象即表象,现象界即表象世界,自在之物即意志,这是叔本华在康德哲学的基础上所要继续的事业,也就是他所谓的在康德"给盲人割治翳障的外科手术"的工作的基础上,"要把一副黑色眼镜送到那些割治手术获得成功的病人手里"的工作。③

当叔本华说"世界是我的表象"的时候,就已经暗含了世界还有支撑这表象的事物的存在,它相对于"我"来说是客体,但相对于表象来说,却是表象之所以成为表象的根据所在,叔本华说这就是作为自在之物的意志。"世界是我的表象"作为可被根据律认识的一面,与单独存在构成世界另一面的意志,共同构成"我"的世界。④

---

① 叔本华:《作为意志和表象的世界》,石冲白译、杨一之校,北京:商务印书馆,2014年,第569页。

② 同上,第571页。

③ 同上,第5页。

④ 在《作为意志和表象的世界》第七小节,叔本华指出,时间、空间和因果性在康德那里不是自在之物,它们只属于现象(Erscheinung),是现象的形式;但在他那里,它们则是客体的世界,即作为表象的世界,是世界的表面,它们还有其内在的本质、内核,即"自在之物"。将现象、现象的形式,改造为表象及表象的形式,是叔本华改造康德自在之物为意志的关键所在。这里,叔本华首先强调的是康德意义的现象(即叔本华所谓的表象)对认识主体的依存,"没有这主体,就不能是什么"(叔本华:《作为意志和表象的世界》,石冲白译、杨一之校,北京:商务印书馆,2014年,第63页)。同时,也意味着还要从表象中去探求世界的内在本质,寻求自在之物(同前,第64页)。为此,贾逵特指出,在区分现象与自在之物时,康德和叔本华之间这个术语的不同(即从康德强调 Erscheinung,叔本华则强调 Vorstellung)是有深刻意蕴的,它是叔本华超越不可知之先验实在的巨大步骤,并表明叔本华取得超越康德批判观念论的重大进展(Dale Jacquette: *Schopenhauer's Proof that Thing-in-Itself is Will*, in: *Kantian Review*, Vol. 12-2, 2007, p. 78)。

自在之物就是意志;或者说"唯有意志是自在之物"①。我们只能达到"意志即是自在之物"一个层次的认识,不能作进一步的认识。但依据我们对表象世界的经验,叔本华赋予了自在之物四种主要的特征②:事物的内在本质,单一存在者,力和自由。

(一)意志作为事物的本质

叔本华认为,自在之物之"作为意志,它就绝不是表象,而是在种类上不同于表象的。它是一切表象,一切客体和现象,可见性,客体性之所以出。它是个别[事物]的,同样也是整体[大全]的最内在的东西,即内核。它显现于每一盲目地起作用的自然力之中。它也显现于人类经过考虑的行动之中。这两者的巨大差别只是对显现的程度说的,不是对'显现者'的本质说的。"③在这里我们可以看出,叔本华把意志规定为与表象、客体、可见性、客体性相对应的那个"存在",规定为一切现象或者表象的本质。换言之,自在之物就是使表象得以存在的那个支撑,就是主体,它具有不可见性,是一切个体事物以及事物全体的本质。事实上,叔本华明确指出,构成人认识的本质就是人的意志,自然界中事物运动的力构成自然界事物的本质,不论是植物生长的力,抑或是动物活动的内在本

① 叔本华:《作为意志和表象的世界》,石冲白译、杨一之校,北京:商务印书馆,2014年,第163页。

② Dale Jacquette: *Schopenhauer's metaphysics of appearance and will in the philosophy of art*, Schopenhauer, Philosophy, and the arts,New York:Cambridge University Press, 1996, p. 4.

③ 叔本华:《作为意志和表象的世界》,石冲白译、杨一之校,北京:商务印书馆,2014年,第163页。

质,这些都是意志。①因此,虽然本质寓于现象之中并支配着现象的一切活动,但是却因为它是意志,从而具有可知(即知道它存在)而不可识的根本属性;因此叔本华说,在事因学的途径上,"任何现象的内在本质总是无法探究的……只有假定这种本质[的存在]而仅仅是以'力''自然律'这类名称来标志它;而如果所说的是行为,就用性格、意志这类名称来标志它"②。

因此,叔本华所说的事物的本质,不是一事物区别于另一事物的根本所在,而是一切事物的根本所在,它非常具有宋明理学时期的"理一分殊"的理论性质。不同的是,叔本华却陷入了一种神秘论。

因为意志不进入表象世界,不是认识的对象,不遵循因果律,而它又是一切事物的本质,所以叔本华认为事物的本质也是不可认识的。更进一步来说,就表象世界而言,叔本华以意志为支撑者,即认为本质决定存在,存在可知,而本质不可知。

(二)意志作为事物运动变化的"力"

叔本华说:"过去人们总是把意志这概念赅括在力这概念之下,我则恰好反其道而行之,要把自然界中每一种力设想为意志。"③为什么要把力设想为意志呢? 首先就意志来说,它是自在之物,我们只能从推论中知其存在,只能在抽象中间接地予以认识。他说道:

---

① 叔本华:《作为意志和表象的世界》,石冲白译、杨一之校,北京:商务印书馆,2014年,第162-163页。
② 同上,第161页。
③ 同上,第165页。

人们诚然可以随便叫它什么;而名称就不过是一个未知数的符号罢了。可是意志这个词,好像一道符咒似的要为我们揭露自然界中任何事物的最内在本质,那就不是标志着一个未知数,不是指一个由推理得来的什么,而是标志着我们直接认识的[东西],并且是我们如此熟悉的东西;我们知道并懂得意志是什么,比了解其他任何别的东西更清楚,不管那是什么东西。①

这就是叔本华把"自在之物"称为"意志"的原因所在。就力本身而言,力的概念也同意志的概念一样,是在表象世界或者现象世界中产生的,它在事因学上"意味着原因之为原因",可以用来表示一切事物最为内在的存在。前文说过,叔本华把物质、实在性、因果性相对等,或者说作为可以互换使用的概念,而因果性的根本就在于有一种发生作用的"力",而不是别的实在本身。因此,叔本华把传统意义上的物质悬搁起来了,他的自在之物根本不是康德意义上的"物",而是那个发生作用的"力":物质是这"力",实体仍然是这"力"。现在,他又进一步认为,这力就是意志,就是自在之物。叔本华说,他把自在之物赅括在力的概念下,是把"较为不知的还原为不能更熟悉的,还原为真正直接,完全的已知,并大大地扩大了我们的知识"②。否则,我们就失去了对自在之物的唯一的直接认识。

---

① 叔本华:《作为意志和表象的世界》,石冲白译、杨一之校,北京:商务印书馆,2014年,第165页。
② 同上,第166页。

（三）意志作为自由的存在

首先，意志的自由在于它的非现象性、非客体性，它自身不存在像客体那样受主体支配的特性，不受支配客体的根据律的支配，它超越于主体与客体的关系，超越于支配客体表象的根据律，它是无所待的，自由的。其次，任何表象都必须在时空中予以存在，由于时空的"个体化原理"，任何表象都具有杂多性；意志作为主体，它不在时空中，在时空中的具有杂多性的事物仅仅是意志的客体化，不是意志本身。意志不受制于时空，故而它是自由的。意志自身也是不能为一般认识（非直接认识）所把握的，因为一般认识总是以表象作为认识对象，被一般认识所把握就意味着它要遵循根据律，从这个角度说，意志也是自由的。因此，意志的不受主体支配——甚至可以说它自身就是主体的特性，意志不受根据律支配，不遵循任何必然律的特性；意志不在时空中的独立性，决定了意志的自由特性。

（四）意志作为永恒的一

意志不在时空之中，"独立于一切杂多性之外，它本身是单一的一，但又不同于一个客体之为一"①。因为时空是个体化原理，说意志不在时空中时，就意味着它已经摆脱了个体化原理的支配，而个体化就意味着杂多性，意味着多重化，因此从意志非时空性的角度说，意志是一。同时，意志作为自在之物，如果它是生灭的，就意

---

① 叔本华：《作为意志和表象的世界》，石冲白译、杨一之校，北京：商务印书馆，2014年，第167页。

味着它具有时间性,而任何时间性都是有悖于永恒的;反之,任何永恒都必定不在时间之内,因此,意志是永恒的。对于这个"一",贾遽特认为,叔本华主张自在之物(即意志)是一,同时也主张它并不是个体化原理所归属的主体,他宁愿尽可能地就其数目上的特性保持中立(neutral)。他之所以保持这种谨慎的中立,原因在于叔本华在其著作中虽然常用"这自在之物"(das Ding an sich),但有很多时候也有"自在之物"(Ding an sich)这样的直接表述,即没有定冠词(das)加以限制,并认为因为定冠词的不同,叔本华对自在之物是否单一的立场是不同的。①笔者并不认同贾遽特的这种"中立"立场的观点,虽然我们不能从自在之物这个表述中的单复数用词来判断自在之物究竟是多还是一,但是叔本华用定冠词也并不一定就是强调它的单一性,也有可能是强调自在之物以区别于表象,也就是说叔本华不用定冠词限制自在之物,也并没有否定其单一性。从这点来说,定冠词虽然是指个体的,但不用它并不表明自在之物不是单一的。

进一步而言,当叔本华强调意志作为自在之物是一的时候,它还与叔本华强调意志是表象世界共同的本质有内在的逻辑统一。前文已论及,叔本华认为杂多的现象、客体,亦即表象具有同一性的本质,正是这种同一性使得整个宇宙万物有了一个秩序上的根本保障。它似乎像柏拉图的理念一样,是支撑着这世界的单一存在者。

意志作为自在之物所具有的这些特性,不是靠我们的知性得

---

① Dale Jacquette: *Schopenhauer's Proof that Thing-in-Itself is Will*, in: *Kantian Review*, Vol. 12-2, 2007, p. 104.

以认识的,而是靠理性予以推论的结果。这与叔本华对自在之物的"直接认识"有着根本的不同。问题在于,何以对一物的存在的认识方式与对该物的特性的认识方式有着完全的不同? 这在叔本华的哲学体系中很难找到令人满意的答案。

第三节　意志对表象世界及人的奴役

"世界是我的表象"表明:在认识中,任何客体总是相对于"我"而言的,"它的存在总是并且在实质上是存在于一个主体的意识之中,因此,它是这个主体的表象,相应地被主体所制约,进一步说,是被主体的表象形式所主导"①。而这个主体,就是"我",表象不过是意志的客体化。从前文可以看出,"我"在叔本华那里具有双重意义:首先是作为认识和实践现象中的我,这时的"我"其实也是意志客体化的产物,它在根本上受"想要"的那个自我意识中的意欲支配;另一方面,"我"作为自在之物"意志"的客体化中的本质部分,即意志自身,与意志或者自在之物相通,是我们摆脱现象世界回归"意志"的纯粹主体状态的那个永远自由的神秘的主宰。

当叔本华说意志客体化为表象世界的时候,他并不取消意志作为自在之物的存在,换言之,意志不是演变成了表象世界,因为

---

① Schopenhauer: *The world as will and representation*, E. F. J. Payne (trans.), Vol. 2, New York: Dover Publications Inc., p. 5.

"意志是绝不进入时间空间的"①,而是说它作为现象界中一切事物的共同本质,支撑并主宰着个体事物的存在。这样,意志实际上就成了一切现象或者表象的主宰者。意志作为力彰显于表象世界,表象世界的万事万物都得受到意志"力"的支配,受其摆布。因此,表象世界毫无自由可言,一切都受到作为自在之物的意志的控制。换言之,整个表象世界实际上都受到了意志的奴役,彰显着意志自身的意愿,丝毫不能有一点自由,故而严格地遵循着因果律。人作为表象世界的一个存在,彰显着的意志是"生命意志"的最高形式,既受意志的奴役,又有摆脱意志的奴役的可能。这一方面表明这世界本身是痛苦的甚至邪恶的,另一方面也表明了人的自由、道德是可能的。

一、意志对自然界(无机物和植物)的奴役

意志客体化为表象世界时,是有不同级别的,具体来说,它客体化为无机世界的事物时,即不具有自我运动能力的自然物体时,它的级别最低,这时的意志"表现为最为普遍的自然力",分属于不同的物质,表现为具体事物所具有的"各种物性"②。然而,尽管它客体化在各种事物中,然而它却并不在时间中。换言之,事物的物性"完全在因果律"之外,是意志的直接客体性。一旦进入时间,这种力就会借助因果律而发生作用。在这里,叔本华强调意志自身不在时空中,其客体化意味着它获得空间表象形式——这种空间表象形式在思维中的存在与现实中的存在是一致的,甚至是同一

---

① 叔本华:《作为意志和表象的世界》,石冲白译、杨一之校,北京:商务印书馆,2014年,第187页。

② 同上,第190页。

的。这是叔本华先验观念论有别于康德先验观念论的重要方面。客体化事物的运动或变化意味着其获得时间性，因为时间性是因果律的前提，能够运动或变化的意志表象或者客体，就必然会遵循因果律而运动。①换句话说，当意志客体化为时空中的各种现象时，这些现象肯定地处于某种必然性的因果链条中，不具有任何自由。

然而，按照叔本华对世界的二元划分，即表象世界和意志世界的共存，此外再没有别的存在了。严格来说，时间与空间要么属于意志世界，要么属于表象世界。康德认为，时间和空间是表象形式，它们属于表象范围：因为自在之物是不可知的。叔本华把时间、空间、物质都列为先验范畴②，因此它们应该是属于表象世界的特殊表象，当意志客体化为具体物质时，都必然与时空和物质发生联系。

首先，就客体化为物质形态而言，"物质的本性在运动中（acting)，在抽象中，它是行为自身；撇开运动的不同方式而言，这种行为是普适的（in general)：即它是彻底的因果性"③。在此意义上，叔本华把物质等同于因果性。而因果性，只能运用于在（表象）世界中的所有事物，不能适用于世界自身，因为因果律内在于（表象）世界，并不是先验的；因（表象）世界的诞生而建立，也因其毁灭而消失。因此，当意志客体化为物质的时候，实际上就是客体化为某种

---

① 叔本华在这里对"石子下落"的现象进行了解释，认为石子下落并不是它自身具有重力的原因，而是地球引力的作用，石子虽然具有"重力"，然而它脱离了地球的引力后，它不会下落到地球上。因此，叔本华所谓的石子的"重力"，实际上是物质的"质量"或者物质的其他什么性质，并非现代物理学意义上的"重力"。

② Schopenhauer: *The world as will and representation*, E. F. J. Payne (trans.), Vol. 2, New York: Dover Publications Inc., p. 48-51.

③ ibid., p. 47.

具体的因果性,而因果性作为支配表象世界事物运动的根本形态,这样就使得意志通过物质或者说因果性对表象世界予以支配。所有的自然物必须遵循自己被意志所赋予的"物性"(特殊的因果性),或者说"运动行为自身",在空间中获得存在,在时间中接受宿命的支配,这就是意志对自然的奴役。

其次,就时空性来说。空间没有限度,而所有的限度都在空间中,具有三维性,不具有运动性等性质;时间具有连续性,它无始无终,而所有的开始与终结都在时间中。时空构成了事物存在的条件,因为事物的杂多性"必须以时间和空间为条件,也只是在时间和空间中才可以思维的;在这种意义下我们把时间和空间称为个体化原理"①。事物的存在总是以个体的形式存在于时空中。因此,离开时空,表象自身就没有任何现实性,或者意志的客体性只能作为理念而存在。在具有形质的自然界,必然要以时空为限度。

因此,严格地说,时空仍然属于表象世界。它们是表象世界自身的表象形式和存在方式。所不同的是,表象世界的其他表象(除理念外),都受其制约。

对自然物的普遍奴役是意志在这个阶段的表现,这些自然物除了遵循意志所赋予其的"物性"而存在,遵照因果律进行各种必然性的运动以外,毫无自身的自由。它们是被意志彻底奴役的客体化事物。

---

① 叔本华:《作为意志和表象的世界》,石冲白译、杨一之校,北京:商务印书馆,2014年,第186页。

二、意志对生物界的奴役

具有知性的动物拥有认识因果律的能力,是能够自我运动的。事实上,认识本身就是一种有别于自然现象的运动。而"一切运动只有一个始终如一的、普遍的和无一例外的原则,它们的内在条件就是意志,外部起因就是原因,根据运动事物的性质,原因也可以采取刺激的或者动机的形式"①。简而言之,运动就是一物转向另一物的可能性。②然而,运动本身是不能认识的,"一颗石子往下掉和一个动物的运动是同样不可解释的"③。有两种不同本原的运动,即遵循因果律的或者由意志所引发的运动。这两种本原在知性主体那里是统一的。④因此,意志对知性动物的奴役,除了具有对自然物的奴役的方面,还有赋予其活动性或者运动能力的方面,这使得它较自然物的奴役似乎有更多的自主性。这也就是叔本华所谓的认识主体中有支配认识现象发生的意志的东西。认识活动为意志所主导,知性主体为达到意志的目的而从事认识活动。

在认识的内容方面,叔本华认为"在纯粹经验的或者后天的方式中为我们所认识的关于事物一切,其本身就是意志;而就它们是由先天决定的而言,事物只能属于表象,属于纯粹的现象"⑤。因此,认识内容从根本上说,还是意志自身的客体化,这与认识行为(即意志作为动机)是一致的,它所反映的仍是意志本身的"力"、客

---

① 叔本华:《自然界中的意志》,任立、刘林译,北京:商务印书馆,1997年,第95页。

② 同上,第97页。

③ 叔本华:《作为意志和表象的世界》,石冲白译、杨一之校,北京:商务印书馆,2014年,第183页。

④ 叔本华:《自然界中的意志》,任立、刘林译,北京:商务印书馆,1997年,第101页。

⑤ 同上,第95页。

体化后的"知性"。就其由先天认识形式（即四重根）的规范而言，"纯粹的"不过是彰显这些表象的先天属性，以区别一般表象的后天属性罢了。

但在认识主体或者说认识现象发生者作为生物属性的存在者那里，表象与意志的密切度随着生命级别的变化而有所不同。"意志在自然现象中的表现越清楚，即它们所占据的生命等级越高，这样的自然现象相应地就越不容易理解；反之，它们所包含的经验内容越少，它们越是成为可理解的，因为它们越来越停留在纯粹表象的范围内，而为我们先天认识了的表象的形式，就是可知性原则。"①换言之，在意志奴役的生物中，生命等级越高，它们彰显意志本身的表现就越明显，而生命等级越低，它对意志的表现就越隐晦。然而，不论是明显彰显意志的高级生命还是隐晦表现意志的低级生命，它们的共同点都是受意志支配，并且其彻底性都是一样的。也就是说，意志在客体化过程中，对表象世界的支配、主宰是彻底的、完全的，所有自然物、生命体（除人以外）尽管在表现上有所不同，但就其本质而言，它们都是意志的客体化，都作为意志的工具，受意志奴役，实现意志的欲望。

这样，叔本华以"意志"作为本原建立起了一个在本质上没有差别的存在体系，即表象体系，似乎具有"民胞物与"的思想，又似乎具有庄子"齐物论"中的等观万物的观点，不过，它遍布着消极的色调。

当然，本质上的无差别不能掩盖在现象方面的巨大差异。意志的客体化程度越低，在现象中的等级越低，反之，其等级越高。

---

① 叔本华：《自然界中的意志》，任立、刘林译，北京：商务印书馆，1997年，第95页。

不过,这个客体化程度的高低似乎不能理解为意志自身在事物中的客体化程度,而是相对于我们的"理智形式"而言的①,也就是说,一切现象、表象都是意志的客体化,它们在客体化程度方面本没有差别,但一旦进入我们认识领域以后,它们就有高低之分了。在生命体中,生命体作为意志客体化的自然存在物、现象,它自身对意志客体化的感受和认识是不同的。这就产生了表象世界内部的等级差别问题。这种等级差别的产生是基于理智的判断:凡是由原因所引发的并严格遵循因果律的,其意志客体化的等级就越低;凡是由意志直接引发的诸如认识活动等,其意志客体化的等级就越高。在无机界,普遍存在的是"力",所有的表象都严格遵循因果律,因此它们的意志客体化程度最低;反之,在人那里,"我们认识到在各种程度上的存在中因果关系与自身的统一,认识到最初未被认识的(即自然力和生命现象的)X 与在我们之中的意志的统一"②。意志与因果律共同支配着人的认识活动和行为实践。其实,一切生物都是这样的,只不过对人而言,意志的作用比因果律的作用更为明显。

三、意志对人的奴役

意志在对无机界、知性生物奴役的同时,也对作为理性主体的人进行了奴役。总体来说,对无机界和植物界的奴役,纯粹表现为机械的力,完全遵循因果律;对知性主体的奴役,部分地表现为因果律、动机律或者意志;而对人的奴役则有三种情况:首先是通过

---

① 叔本华:《自然界中的意志》,任立、刘林译,北京:商务印书馆,1997 年,第 96 页。
② 同上,第 101 页。

自然的"力"自身,使人遵循因果律,可以说是通过客体化自身的属性,即"性格"来彰显自身的;其次是通过理智对欲望的达成来规范人的行为的;最后是通过意志客体化为各种社会矛盾来再次奴役人的。因此,人作为意志客体化程度最高的存在者,虽然从根本上说所受到的奴役与其他存在者是一样的,但由于其理智性、社会性,他们不得不因其认识能力而承受更多被奴役的痛苦。从主体的角度而言,这也鲜明地表现了叔本华的悲观主义。

(一)生命意志——意志客体化的生命力

叔本华有时把意志直接等同于生命意志。这似乎是从世界本原方面或者说从所有事物的本质方面赋予了意志以生命力。特别是在涉及人或人类社会的问题时,叔本华往往强调意志就是生命意志。人,作为生命的个体,其"诞生和死亡既属于意志显现出的现象,当然也是属于生命的"①。生命意味着在时间的序列中蕴含着其诞生和死亡,因此严格地说,通过时空和因果律而彰显出个体化的所有事物,即整个自然界都是生命意志的显现,又是生命意志的内涵。然而人作为最高级别的生命现象和能够洞悉意志一切客体化秘密的理性认识者,他囊括了从低级的、单纯的、机械力的客体化部分到最为顶级的"理念"的整个客体化世界的存在方式,"人既是大自然本身,又在大自然最高度的自我意识中"②,最高度的自我意识在意志的客体化方面既是大脑中的理念,在本体方面就是意志自身。因此,意志对人的奴役相对于自然的简单性而言,显得

① 叔本华:《作为意志和表象的世界》,石冲白译、杨一之校,北京:商务印书馆,2014年,第375页。
② 同上,第378页。

更为复杂。

首先,意志客体化为人的自我存在和繁衍的"性"。在生命现象中,生殖和死亡属于其本质的东西,生与死是形式恒存——种族生存之下的物质变换。因此,就生命现象而言,在植物,花果是它们孳生的途径;在人和动物,性交是其繁衍的方式。而就意志而言,"以生命意志本身为内在本质的自然,也以它全部的力量在鞭策着人和动物去繁殖";就整个现象界而言,"大自然的内在本质,亦即生命意志,在性冲动中把自己表现得最强烈"。[①]基于此,古贤将爱神(Eros)视为元始的造物主,一切事物之所出的原则,是比较恰当的。

在人身上,性器官比其他任何器官都更服从意志,性欲直接受到意志的支配,并彰显着生命存在的本质要求。因此"性器官可以说是意志的真正焦点,从而是和脑,认识的代表,也就是和世界的另一面,作为表象世界的相反的另一极"[②]。这表明,性欲所表明的是生命本质的一面,它超越了人作为认识主体的那一面。进一步说,它是意志自我肯定的象征。因此,"性"作为直接受意志支配而非理智支配的客体化事物,通过对生殖现象的把控而实现着意志客体化为生命的使命,从而达到对一切生命的奴役。人作为高级的生命,具有一切生命所没有的理性。尽管如此,人自身种族的延续还得受到性的支配和主宰,对此,即使是理智的人也无法完全摆脱性对人的驾驭甚至奴役。

其次,意志客体化为性格。意志客体化在事物为"物性",在人

---

① 叔本华:《作为意志和表象的世界》,石冲白译、杨一之校,北京:商务印书馆,2014年,第449页。

② 同上,第450页。

为"性格"。人的性格有两种,知性性格和验知性格。最早作出这两种性格区分的是康德,叔本华认为这是康德的重大贡献,他完全接受这种区分。对叔本华而言,知性性格在一定程度上是寓于个体中的自在之物的意志,是超时空的不可分的也不可更变的意志活动;知性性格在时空和根据律的形式下表现出的现象就是验知性格①。因此知性性格更为根本,更为实在,它支配并决定着验知性格;而验知性格作为现象,它受制于知性性格。

意志在其自身是自由的,当叔本华强调意志是自由的时候,他总是秉持一种彻底的完全的自由观,他说:"意志永远是完全自由的。"②意志客体化的现象则都是必然的,知性性格作为意志体现在人个体生命的现象中,就是验知性格。每个人作为生命现象都拥有属于他自己的性格,其思考和行为的方式均由验知性格主导。人作为意志——这个彻底自由的自在之物——的一个现象,他绝不是自由的,他只是通过验知性格这个途径而受到意志的欲求所支配的一个现象。尽管人的全部本质就是意志,严格地说,一切现象的全部本质都只是意志,但是他从根本上认识不到这个问题,单纯地从验知性格出发,去肯定生命意志的一切活动,因此他在实质上就受到了"自由意志"的奴役。意志的自由消灭了人的自由,现象的必然性决定了人受奴役的地位。然而,如果人认识到意志的支配作用,对生命现象中的受支配的各种行为进行否定,那么他将逐渐地获得意志的自由。换言之,叔本华强调要否定意志的自由以到达人的自由。意志的客体化意味着对自由的否定,而自由的

---

① 叔本华:《作为意志和表象的世界》,石冲白译、杨一之校,北京:商务印书馆,2014年,第395页。
② 同上,第392页。

肯定意味着对意志客体化(包括生命现象)的否定。

对生命现象的否定,首先要否定的就是生命的"现在"属性。就生命现象的深层次来说,其实在的形式,真正说来"只是现在","唯有现在是一切生命、生活的形式","生命为意志所稳有,所确保,而现在则为生命所稳有,所确保"①。当人们要问为什么现在还存在而不是现在早已过去这样的问题的时候,他事实上已经假定了两个现在,即分属于主体的和客体的现在,就意志已经变为表象而言,则一切客体便是意志,而主体又是客体的对应物;可是真实的客体只在现象中,过去和未来存在于概念和现象中,所以现在是意志现象的基本形式,而且是与意志现象分不开的。因此,"现在"是以时间为形式的客体和主体的接触点。②现在是一切生命的形式,它是意志客体化所必需的本质的形式。生命的"现在"属性是意志奴役生命实现意志自由的关键。因此,对意志的否定,进而对生命现象的否定,其首先否定的乃是"现在"的时间点,否定了"现在",人将步入自由。

(二)理性——意志客体化为表象世界的高级规范形式

在叔本华看来,认识是一种工具性的东西,它"是为了给意志服务而从意志发芽孳生的,当它一成为个体本身的认识[而为个体服务]时,这世界诚然就不会对这种认识表出它自己"③。认识也是意志的客体化在时空中的现象,这个现象的最高级别就是理性。

---

① 叔本华:《作为意志和表象的世界》,石冲白译、杨一之校,北京:商务印书馆,2014年,第379页。
② 同上,第381页。
③ 同上,第480页。

叔本华一方面指出理性有助于人获得自由或得到拯救，另一方面也指出在普通人（非天才和哲学家及其类似的人）那里，理性非但不是解脱的途径，反倒是意志奴役的更为高级的阶段。

首先，就作为认识现象中的"我"的认识载体而言，"我"所从事认识的大脑是物质的，是表象的，它处于时空之中，受因果性支配。这意味着，大脑自身也是一种表象。虽然根据律只对表象有效，但是当认识主体作为一种物质性表象出现的时候，它自身也不得不遵循根据律而行动。因此，这时的作为认识现象发生的存在者，或者说我的身体，它必然要遵循根据律而行动：这时的"我"受制于意志的支配，受必然决定：它没有自由。

其次，就理性认识的目的来说，它要求对直观认识的表象加以抽象，形成普遍的认识，"一切可靠的保存，一切传达的可能性，以及一切妥当的、无远弗届应用认识于实践"都以理性认识为基础；而人类"每一持续的、组合的、计划的行动必须从原则出发，也就是从抽象的知出发，循之进行"①。可以说，理性认识对人类认识最大的作用在于指导人们的各种实践活动。但这恰恰表明，人的各种实践活动要在必然性认识的掌控之下，依据必然性的要求去实现意志的各种欲求。换言之，理性通过指导实践而拓展了意志对人的奴役。

---

① 叔本华：《作为意志和表象的世界》，石冲白译、杨一之校，北京：商务印书馆，2014年，第92页。

第三章
审美主体：作为认识的纯粹直观主体

第二章阐述了叔本华关于意志对人的奴役，知性与理性是服务于意志的观点，这些观点表明人不可能通过知性和理性的途径摆脱意志的支配，也间接地否定了通过建立在知性和理性基础之上的科学活动来解放人的可能性。事实上，叔本华认为人要"摆脱意志只有两种非抽象的方式（two non-abstract form），并且两者都涉及意识从个体的意欲中分离（separation）"。①一种是直观审美，另一种就是弃绝意志。如果说"弃绝意志"是人彻底获得拯救的方式，或者说彻底摆脱意志奴役的最终途径，那么直观审谛的审美活动则是人作为认识主体与作为意志之间的某种和解，在这种和解中，人通过对意志的遗忘而获得暂时的宁静与清凉。

然而，人要摆脱意志的奴役首要的条件就是人与意志之间的

---

① Cheryl Foster：*Ideas and Imagination：Schopenhauer on the Proper Foundation of Art*，In：*The Cambridge companion to Schopenhauer*，Christopher Janaway（ed.），New York：Cambridge university press，1999，p. 216-217.

划界,人何以能够独立于意志?这要从人和意志的关系说起。叔
本华认为:作为自在之物的意志借助于时空和因果律客体化为各
种现象,实现其自身的"个体化",从而产生受其支配和主宰的表象
世界。因此,"我们生活存在于其中的世界,按其全部本质来说,彻
头彻尾是意志,同时又彻头彻尾是表象"①。表象是设定了主体的
存在的,当主体不存在的时候,也就没有任何表象存在的可能性。
如果取消主客体二元区分的形式,那么世界所剩下的只有意志,或
者说只是自在之物。这时,任何人都能看到自己就是这意志,世界
的内在本质就在这意志中,因此,他在根本上就是意志。同时,人
作为认识着的主体,整个表象世界都依其而建立。这意味着人既
是彻头彻尾的意志,又是彻头彻尾的表象,甚至人自身"就是这全
世界,就是小宇宙"②。

叔本华将人规定为一个与外部"作为表象和意志世界"相等同
的这么一个世界,这表明人已经获得了具有和整个意志及表象世
界相抗衡的这么一种地位,他要么是那作为世界本质的、单一的意
志自身,要么享有那作为世界本质的、单一的意志相等同的权利;
也就是说,他能够决定并主宰着那与之相应的表象世界。由于意
志拥有绝对充分的自由,人也就相应地具有了这种自由。然而,人
要获得这种与意志一样的自由,就不得不从外在于人的客体化世
界中"分离"出来,借此,从外在于自己的客体化世界中得到根本的
解脱:成为纯粹的没有客体之"主体"自身。

如果我们把表象世界视为没有实质性存在的现象世界,视为

---

① 叔本华:《作为意志和表象的世界》,石冲白译、杨一之校,北京:商务印书馆,2014
年,第231页。
② 同上。

依据主体而获得存在的这么一个世界的话,那么它对于我们就具有欺骗性、奴役性,我们在其中就绝不能摆脱必然性的束缚,就要受到意志那无休止的"欲求"的支配。因此,摆脱这种客体化世界的欺骗与奴役,就是要回归到人作为纯粹意志主体的一方面来。然而这需要一个过程。叔本华大致分两步来完成主体的纯粹化:首先是审美,在审美中直观意志的直接客体化的"理念",审美主体在对理念的直观中摆脱表象的认识形式即根据律的支配,成为纯粹的认识主体;其次是禁欲,弃绝一切意志,使自己始终处于其作为永恒的直观的主体的境界中。

第一节 意志直接客体化的理念需要根据律之外的认识主体

意志的客体化是指意志自身被彰显于表象世界。从物理化学界到植物界再到动物界,"意志的客体化一级比一级明显"①,也就是说,它们是分层级的。表象世界之所以有这些层级,完全是因为理念(Idee)的差别。理念作为意志客体化的各个级别,把自己表象

---

① 叔本华:《作为意志和表象的世界》,石冲白译、杨一之校,北京:商务印书馆,2014年,第215页。

于所有的个体事物之中①，其占有理念越完整，其级别越高，基于此，拥有理性的人是这些层级的"塔尖"。具有认识能力的一切生物尽管同其他一切表象一样，都是意志"神灯"之光焰所映照出的多种多样的"图片"，然而他们受到了来自盲目意志和自身认识"照明"的双重规范，这使得他们能够通过认识部分甚至全部地摆脱盲目意志的束缚。

什么是"理念"？叔本华认为，它是指"那完全独立于意志的纯粹的客体知识"，是"永恒的、不变的形式"。理念是意志的直接客体性，无机界的"从不失效的恒常性"和有机界的"目的性"所表明的都是理念"本有的统一性"，它们是"同一回事"。理念只是因为表象才显示为杂多性和差别性的形式。②理念自身是外在于时间的。同时，理念作为意志的原始客体性，它的自在本身就是意志。意志的完美的客体化就是理念，它虽然以杂多性和差别性作为自己的表象形式，然而它自身却独立于物质和空间之外。这也就注定了对理念的真正认识，不能依据根据律来进行，因为根据律只对

---

① 叔本华最初是倾向于认为康德的自在之物即是柏拉图的理念（参见：Arthur Schopen-hauer：Arthur Schopenhauer：Manuscript *Remains in Four Volumes*（*Vol.*1），Early Man-uscripts（1804—1818），*Arthur Hübscher*（ed.），E. F. J. Payne（trans.），Berg Publishers Ltd.，1988. p. 204-206），后来意识到这种观点不对（参见手稿，第247页），又认为："虽然不能等同，但是非常相近，且仅有一个不同的规定予以区分。"这个规定即是达到同一个目标的不同途径，它们在"内容上完全是一个东西"（叔本华：《作为意志和表象的世界》，石冲白译、杨一之校，北京：商务印书馆，2014年，第240页）。据此，克里斯托弗·詹纳威认为，这就是叔本华继续说审美经验能了解到那真实所在（即自在之物）的一个征兆——而在康德意义上会导致他承认这是不可能的（参见：Christopher Janaway：*Knowledge and Tranquility*：*Schopenhauer on the value of art*，In：*Schopenhauer*，*Philosophy*，*and the Arts*，Dale Jacquette（ed.），Cambridge U-niversity Press，1996. p. 59）。

② 叔本华：《作为意志和表象的世界》，石冲白译、杨一之校，北京：商务印书馆，2014年，第225-226页。

时空中的现象发生作用。

严格地说，虽然理念在叔本华二重世界划分中仍然属于表象，但是它"除了表象的根本形式，亦即对于主体是客体这形式以外，再没有认识作为认识时所有的其他形式"①，这里所说的认识的"其他形式"就是指那些遵循根据律的知性和理性的认识方式。在叔本华看来，凡是服从根据律的一切表象都是追究"关系"的知识，而理念却是一种"形式"的知识：它们仅仅是客体的图像、纯粹形式，它不在时空之中的各种联系中，具有作为"类型"的特征，"类型"不是一般思维所谓的"种属"：前者假自然之功而成，后者假人工概念而用。②因此知性和理性的认识方式根本不能对不在时空中的理念予以认识，"理念是意志或自在之物尽可能的恰如其分的客体；甚至可说就是整个自在之物，不过只是在表象的形式之下罢了。"③就认识主体对理念的考察而言，这时也不再是考察"如此这般的个别事物"而是"永恒的形式"，故此，不再是时间、地点、为什么、怎么样之类的问题，而只是追问"是什么"。它需要的是人全副精神投入的"直观"④，在这种直观中，人作为纯粹的认识主体出现了：

人们自失于对象之中了，也即是说人们忘记了他的个体，

---

① 叔本华：《作为意志和表象的世界》，石冲白译、杨一之校，北京：商务印书馆，2014年，第244页。

② Schopenhauer: *Werke in fünf Bänden: nach den Ausgaben letzter Hand*, Bd. II, Ludger Lütkehaus（Hrsg.）, Zurich: Haffmans Verlag, 1988, S. 425.

③ 叔本华：《作为意志和表象的世界》，石冲白译、杨一之校，北京：商务印书馆，2014年，第244页。

④ 直观，英译为 perception。（参见：Schopenhauer: *The World as Will and Representation*, E. F. J. Payne（trans.）, Vol. I, New York: Dover Publications Inc., 1969, p. viii-ix.）

忘记了他的意志,他已经仅仅只是作为纯粹的主体,作为客体的镜子而存在……也不能再把直观者[其人]和直观[本身]分开来了,而是两者已经合一了;这同时即是整个意识完全为一个单一的直观景象所充满,所占据。……他已经是认识的主体,纯粹的、无意志的、无痛苦的、无时间的主体。……成为认识的纯粹的主体。①

现在需要弄明白的是,叔本华所谓理念究竟是什么? 为什么意志会客体化为理念,它通过什么途径实现自己的存在?

一、理念与表象世界

(一)理念作为意志的客体性

叔本华对理念的主要阐述是在《作为意志与表象的世界》的第三篇"世界作为表象再论"中完成的,其副标题是"独立于充足理由律以外的表象,柏拉图的理念,艺术的客体",在题目中就指明了理念是一种表象,它独立于根据律。由前文我们知道叔本华强调任何知性和理性认识主体对表象的把握都是依据根据律的,现在为什么理念作为表象就不遵循根据律了呢? 这要从叔本华意志客体化的过程进行深入分析。

对叔本华而言,世界只有二重性,要么是意志,要么是表象,表象是意志客体化的结果:没有意志,也就没有表象世界。然而,意

---

① 叔本华:《作为意志和表象的世界》,石冲白译、杨一之校,北京:商务印书馆,2014年,第248-249页。

志何以能够从单一的、本质的、盲目的意志客体化为杂多的、变动的、服从各种必然规律的表象? 叔本华认为这是因为意志客体化为理念,通过理念来完成其全部的客体化。

在表象世界,[除开理念之外]所有表象都要受到因果律的支配。从事态学的角度看,表象世界是一个无始无终的因果序列,它解决任何一个具体表象"为什么"是这样而不是那样的问题;但是支配着任何一个表象的根本东西,则是它的"物性"(以及人的性格),它是形态学的问题,即"是什么"的问题。以大理石为例,"事态学的说明就可和大理石的横切面相比拟,因为这种横切面虽然出现许多[平头]并列的纹理,但无从认识这些纹理是如何从大理石内部达到这横切面的"①,事态学就能够揭示现象的内在本质。理念就属于事态学所考察的范畴。

任何单一事物的最根本的内在本质就是意志,然而这并不是从表象世界而言,而是就意志而言的。因为意志从根本上说是单一的,它不能被分配或者分割于现象之中,它需要首先客体化为理念,理念作为表象界单个事物的本质属性,则分散在杂多之中。因此,叔本华一再强调理念是意志恰如其分的客体性,说它就是表象世界的意志自身。实际上,理念就是意志客体化为表象世界的第一道关口,是表象世界中统摄一切表象的最高存在,它代表意志统摄整个表象世界。

为了避免读者把"理念"与"概念"相混淆,叔本华对两者做出了明确的区分。他认为就这两者作为单位"一"而代表多而言,它

---

① 叔本华:《作为意志和表象的世界》,石冲白译、杨一之校,北京:商务印书馆,2014年,第147页。

们是相同的;然而更多的是不同。第一,与柏拉图把理念与概念相等同不同,叔本华认为理念是直观产生的,概念则是由理性抽象或者推理而得出的,也就是说它们所对应的认识主体存在差别;一个是直观认识获得的,一个是理性加工而成的,或者说"理念是借助于我们直观体验的时间、空间形式才化为多的一"的,而概念则是"凭我们理性的抽象作用由多恢复的一"①的。第二,理念较之概念有更大的确定性,"概念在其含义圈内完全是不确定的,只在范围上是确定的",理念虽然"代表着无数的个别事物,但一贯却是确定的"②。以此,它们各有表现自己的领域,概念驰骋于科学领域,与其对应的是事态学,往往解决"为什么"的问题;理念彰显于艺术领域,与其对应的是事态学,其解决的是"是什么"的问题。第三,在把握和表达方式上也有所不同。任何人都可以把握和理解概念,因为人人都有理性,仅仅通过词汇而无须任何其他媒介就可以传达于人;理念却不一样,它"决不能被个体所认识,而只能被那超然于一切欲求,一切个性而已上升为认识的纯粹主体的人所认识"③,也就是说只有天才能认识。第四,与意志的关系不一样。概念作为意志客体化现象的抽象,它是严格遵守意志的,受意志的支配;而理念作为意志客体化的最高级别,"每一个理念都是一个完整的自在之物,完整的意志就在一个理念之中"④,因此,理念不受意志的控制,相反,天然地不受意志的控制是它的内在本质。最后,概

---

① 叔本华:《作为意志和表象的世界》,石冲白译、杨一之校,北京:商务印书馆,2014年,第324页。
② 同上,第323页。
③ 同上。
④ Otto Pöggeler: *Schopenhauer und das Wesen der Kunst*, in: *Zeitschrift für philosophische Forschung*, Jan. 1960, S. 357.

念受时代的影响而变迁,人们的知识体系在各时代不断变化,各时代蒙昧的大众,"株守概念",往往赶不上时代的变化;理念通过表现它的艺术品,"同自然本身一样永垂不朽"①,不局限于任何时代,它们属于整个人类,具有永恒的性质。

(二)理念作为客体事物的本质

在第一章中,我们知道意志作为表象世界的支撑,作为世界的本质,作为单一的东西,是不可知的。这里我们又看到,理念作为客体化事物的本质。换言之,整个表象世界的本质是意志,是自在之物;而整个表象世界中的具体事物或者说所有意志客体化的事物的本质是理念。所有的表象都在表象世界中展现着理念——意志的客体化的本质。叔本华说:"只有意志的客体化所有那些级别的本质上的东西才构成理念;与此相反,理念的展开——因为理念在根据律的诸形态中已被分散为多种的和多方面的现象——对于理念却是非本质的东西。"②

相对于表象世界的各种一般表象的虚假梦幻性,理念具有真实性和根本性;相对于各种具体表象的杂多性和变化性,理念具有单一性和恒常性;相对于表象世界中各种表象必须在因果律的范畴中加以认识,理念具有非时空性,故而它需要单独的考察认识渠道:叔本华称为"直观"审谛的认识方式。

因此,叔本华在作出意志和表象的世界二重化划分后,又在表象世界中作了一个二重化划分,即作为理念的表象和作为具体表

---

① 叔本华:《作为意志和表象的世界》,石冲白译、杨一之校,北京:商务印书馆,2014年,第325页。

② 同上,第253-254页。

象的世界;不仅如此,还对作为具体表象的世界也作了二重划分,这就是作为知性的表象世界和作为理性的表象世界。就划分方式而言,意志作为表象世界的支撑,是自在之物,是能够认识的,它是抽象的、普遍的"力",并不是康德意义上的"物";对表象世界的二重划分,则是以它们跟意志的亲近程度为依据,纯粹的理念和包含有理念的杂多事物;对杂多的具体表象又依据认识能力来确定其属于知性的抑或是属于理性的。

(三)理念具有调和康德自在之物和柏拉图理念论的作用

叔本华认为他的哲学深受柏拉图和康德哲学的影响,并认为"康德和柏拉图两种学说的内在旨趣完全是一个东西"。他们共同的正确的方面在于:"双方都把可见[闻]的世界认作一种现象,认为该现象本身是虚无的,只是由于把自己表出于现象中的东西(在一方是自在之物,另一方是理念)才有意义和假借而来的实在性"。他们共同的错误是:都认为现象的一切形式与那真正存在的东西"无关",只是在表现方式上不同罢了。对柏拉图来说,"由于否定他的理念具有那些唯有通过这些形式才可能的东西,亦即同类中[个体]的杂多性以及生与灭,而把这些形式间接地从他的理念上剥落下来的";对康德来说,他把时空和因果性作为现象的形式,而并不属于自在之物或者意志的。①因此,只有叔本华自己才解决了两个世界的衔接问题。即理念既不像康德那样只是作为时空和因果性的形式而属于现象或表象世界,它是意志在表象世界的直接

---

① 叔本华:《作为意志和表象的世界》,石冲白译、杨一之校,北京:商务印书馆,2014年,第240页。

客体化,并不进入时空和因果性之中;也不像柏拉图的理念那样作为一切现象的"原型"然而又不在现象之中。一方面,理念只有作为表象的形式而属于表象世界,否则表象世界的来源和规定就得不到说明;另一方面,它又必须不处于时空和因果性之中,否则它作为现象的内在本质便体现为变化与生灭,而这与理念作为事物的本质和形式相矛盾。

事实上,叔本华对柏拉图和康德这样的解读是有道理的。就"理念"这个词而言,叔本华是从柏拉图所赋予的地道的和原始的意义来理解的①。在柏拉图看来,理念作为事物永恒的原型或形式,它是世界存在的根据,是个体事物的共相,其自身是"永恒不变的完善的一",具有普遍性、绝对性和必然性;现象世界分有或者模仿理念而存在。就这些方面而言,叔本华确实是柏拉图意义上使用"理念"一词的,因为叔本华的"理念"也是如此,它作为意志的客体化,是"一",是事物的共同本质,它存在于表象世界中的一切表象之中,是表象世界中个体事物存在的依据和根源。赫尔德·海因指出"(特别是在艺术理论中)柏拉图的理念论在叔本华的哲学中发挥了主要作用"②,他同时指出,柏拉图与叔本华在理念方面的区别主要表现在对待理念的适用范围和认识渠道等方面:柏拉图否定艺术对于理念的认识能力,艺术也不是理念的产物,而叔本华却恰恰相反。然而,柏拉图后来又否认现象世界"分有"和"模仿"理念的可能性,强调对"理念"知识的获得要通过"回忆"的方式,叔

---

① 叔本华:《作为意志和表象的世界》,石冲白译、杨一之校,北京:商务印书馆,2014年,第189页。

② Hilde Hein: *Schopenhauer and Platonic Ideas*, in: *journal of the History of Philosophy*, Apr., 1996, p. 134.

本华指责他的"回忆说"在实质上将理念从个体事物中分离开来，使得理念脱离了整个表象世界。下面，我们对照柏拉图的"理念"与康德的自在之物来进一步认识叔本华的理念。

首先，关于叔本华的"理念"与柏拉图的"理念"之间的关系，一般都赞成罗素的观点，即认为它们之间没有任何关系。罗素在《西方哲学史》中说叔本华的思想并不像他所标榜的那样与柏拉图有密切联系，其所指的主要就是叔本华的理念与柏拉图的理念没有多大关联。D. W. 海姆伦虽然承认叔本华"对柏拉图理念的创新是其体系的一个极其重要的(essential)部分"。但"叔本华以唐突而令人惊诧的方式引入理念这个概念"，并且认为叔本华的理念事实上在很大程度上就是柏拉图的理念是很困难的。①勃里安·马吉甚至说，叔本华直到第三部分(即《作为意志和表象的世界》的第三部分)才引入柏拉图的理念论，"声称在其整个阐释的框架中起着关键的作用，显得唐突贸然，令人困惑不已"；因为"理念仅在于表象世界之中，存在于现象中或者通过一种特殊的现象而存在，根本就不是别的任何存在"，同时，"在音乐这种最重要的艺术形式中也没有发生任何作用"②。但也有不同的观点，如克里斯托弗·詹纳威就主张，叔本华的理念与柏拉图的理念论有较为密切的关系。他认为叔本华的理念与柏拉图的理念的区别主要有两个方面：①叔本华的理念是通过感性(即他所谓直观)获得的，这是柏拉图所否定的；②叔本华并不把理念等同于自在之物，而柏拉图的理念却是

---

① D. W. Hamlyn：*Schopenhauer*，London and New York：Rutledge & Kegan Paul Press，p. 103.

② Bryan Magee：*The Philosophy of Schopenhauer*，New York：Oxford University Press，1983，p. 239-240.

"终极实体"。然而，就经验知识与超时空的知识的划分而言，就受意志支配和摆脱意志支配两个世界而言，两人却是相同的。至于其理念论与其整个体系的协调问题，詹纳威认为如果站在康德的立场上，的确有问题；但在叔本华的体系中，理念作为表象世界的知识的一种，即作为可以通过直观感性获得的纯形式的知识，是与叔本华自身的体系相融洽的。①笔者认为，虽然叔本华的理念较之柏拉图有很大差别，但如果离开柏拉图的理念论，很难说叔本华能够用理念的方式来处理美学的问题：毕竟在理念为"相型"或者"形式"及美的对象等基本立场上，两人是一致的。柏拉图讨厌艺术的一个主要原因在于它不能提供普遍的知识，视艺术为一种让人获得尊重或使人感到重要的活动，这是叔本华竭力反对的。

其次，叔本华的理念相对于康德的"理念"来说，更像康德意义上的自在之物②。康德认为，"一个出自 Notio［知性概念］而超越经验可能性的概念就是理念或者理性概念"③，这意味着，康德把理念理解为一个必然的理性概念。它自身具有四种特性：第一，感官中不能给予任何与之相重合的对象；第二，是纯粹理性的概念；第三，是与全部知性运用相关的从理性本身出发构建出来的；第四，在感官中没有对象，是超验的。④叔本华的"理念"却完全是意志的客体化，因此可以说是完全非理性的存在；它并不由认识主体所建构，

① Christopher Janaway: *Schopenhauer and Tranquility*: *Schopenhauer on the value of art*, In: *Schopenhauer*, *Philosophy*, *and the arts*, Cambridge University Press, 1996, p. 39-43.

② Hilde Hein: *Schopenhauer and Platonic Ideas*, in: *journal of the History of Philosophy*, Apr. 1996, p. 134.

③ 康德:《纯粹理性批判》，邓晓芒译、杨祖陶校，北京：人民出版社，2004 年，第 275 页。

④ 同上，第 278-279 页。

它也不是超验的,感官中的任何对象都"分有"理念的本质。不仅如此,康德还把理念和直观、概念一起视为"先天知识的来源",认为人的知识从"直观开始,从那里进到概念,而以理念结束"①;对叔本华而言,"理念"是属于"是什么"的问题,它是寓于一切事物中的意志的客体化,是属于该事物的本质的东西。最后,康德把心理学、宇宙论、神学视为先验理念的三类,而叔本华的理念是与艺术紧密联系着的。因此在对"理念"的规定方面,叔本华与康德是不同的,甚至有些方面是完全对立的。然而,我们的确能够看到康德的"自在之物"与叔本华的"理念"之间的类似关系,当然这从根本上说是与叔本华把康德所谓不可知的"自在之物"规定为可知的"意志",而把"理念"规定为自在之物的直接性、客体性有关的。

二、理念与艺术、天才

叔本华把理念置于一切现象之上的意志的直接客体化时,他就把一切现象都置于理念的辖制之下了,知性和理性是我们遵循因果律的认识方式,其认识对象是各种具体的现象,而理念作为非知性和理性的认识对象,我们如何获得对它的认识呢? 叔本华说道:

> 一切以科学为共同名称的[学术]都在根据律的各形态中遵循这个定律前进,而它们的课题始终是现象,是现象的规律与联系和由此发生的关系。——然则在考察那不在一切关系

---

① 康德:《纯粹理性批判》,邓晓芒译、杨祖陶校,北京:人民出版社,2004 年,第 544-545 页。

中，不依赖一切关系的，这世界唯一真正本质的东西，世界各现象的真正内蕴，考察那不在变化之中因而在任何时候都以同等真实性而被认识的东西，一句话在考察理念，考察自在之物的，也就是意志的直接而恰如其分的客体性时，又是哪一种知识或认识方式呢？这就是艺术，就是天才的任务。[①]

从这段话中，我们至少可以获得两点信息：第一，一切科学的学术是研究现象的，遵循根据律，但不能考察"理念"；第二，对理念的考察要依靠"艺术"，并且依赖于"天才"。当然还可以得出艺术高于科学这样的一个总结论，尼采关于艺术和真理的名言，"我们拥有艺术，借此真理不会陨亡"在这里呼之欲出。

我们首先需要把理念与艺术的关系搞清楚：为什么理念的认识要通过艺术？艺术又以怎样的方式展示理念？这两个问题的解决又依赖于对艺术的认识。叔本华对艺术进行了这样的规定："艺术复制着由纯粹观审而掌握的永恒理念，复制着世界一切现象中本质的和常住的东西；而各按用以复制的材料[是什么]，可以是造型艺术，是文艺或音乐"[②]。因此，艺术是谛观理念自身的产物，它是认识主体自失于对象之中，忘记其意志，忽视了自我作为纯粹"客体的镜子"时的创造，它反映着客体世界中超越时空的永恒的、不变的东西，这东西就是理念自身。因此，艺术在根本上就是理念自身在主体的反应形式：对理念自身的认识，就是对艺术的认识。相对于科学的无休无止的因果律考察，艺术把它的考察对象从现

---

① 叔本华：《作为意志和表象的世界》，石冲白译、杨一之校，北京：商务印书馆，2014年，第257页。

② 同上。

象的"洪流中拔了出来",使其孤立地存在其前,因此,它"在任何地方都到达了[它的]目的地"。因此,艺术对理念的考察没有错误,没有虚假,也没有含糊,而理性的考察却往往会在含糊、虚假和错误中蹒跚踟蹰,踽踽独行。在艺术中,时间的因素消失了,它守着个体的东西,所展现的"只有本质的东西,理念",即艺术的对象。①

　　然而,对于艺术的考察方式,并不是人人都能创造,它依赖于"不带意志的主体",或者说"认识着的纯粹主体"②,换言之,就是要依靠天才;天才就是这认识着的纯粹主体。什么样的人才能被称为天才呢?天才就是那些对理念的知识"有着超凡卓越能力的人,借助于他们,一切真正的艺术的、诗歌的甚至哲学的作品得以产生"③。因此,天才的本质就在于他"完全浸沉于对象的纯粹观审"的"卓越能力"。天才能把"现象中徜恍不定的东西拴牢在永恒的思想中"④。天才之所以为天才,不在于他具有优秀的逻辑思维能力,也不在于他具有与众不同的实践能力,而在于他具有非凡的"想象力"⑤。因此,想象力有时候是和天才的性能等同的。想象力的优势在于它能穿透现实的事物并从中攫取"理念"的标本;想象力所产生的"想象之物就是认识理念的一种手段,而表达这理念的

---

① 叔本华:《作为意志和表象的世界》,石冲白译、杨一之校,北京:商务印书馆,2014年,第257-258页。

② 同上,第258-259页。

③ Schopenhauer: *Werke in fünf Bänden*: *nach den Ausgaben letzter Hand*, Bd. Ⅱ, Ludger Lütkehaus (Hrsg.), Zurich: Haffmans Verlag, 1988, S. 437.

④ 叔本华:《作为意志和表象的世界》,石冲白译、杨一之校,北京:商务印书馆,2014年,第258页。

⑤ 想象力,叔本华用的 die Phantasie 一词,而不是 die Einbildungskraft。参见:Schopenhauer: *Werke in fünf Bänden*: *nach den Ausgaben letzter Hand*, Bd. I, Ludger Lütkehaus (Hrsg.), Zurich: Haffmans Verlag, 1988, S. 253-255.

就是艺术"①。然而，仅有天才的想象力才能达到这样的境界，才能产生艺术，因为天才所考察的客体是纯粹客观的理念自身；一般人是在他本人意志的参与之下使用想象力的：这就是幻想家，他们的作品不是艺术，而是"庸俗小说"。——天才区别于一般人就在于他们的意志和理智所占的份额不同。如果说一般人是三分之二的意志加三分之一的理智所构成的话，那么天才恰恰相反，他是由三分之二的理智加上三分之一的意志构成的。②

　　艺术作为理念的表现方式，超乎时空，它自身并不在因果律的范畴之内运行；创作艺术作品的天才们也不以逻辑作为他们的思维方式，而是凭借"想象力"来创作艺术作品。这意味着艺术需要不同于知性和理性认识的主体，需要不依靠因果律来认识或者欣赏艺术品的其他主体。为此，我们有必要对天才作为艺术创作的主体做出专门的分析。

第二节　天才作为艺术创作的主体与"美"的种类

　　天才作为艺术创作主体，是认识着的纯粹主体，其认识和艺术

---

①　叔本华：《作为意志和表象的世界》，石冲白译、杨一之校，北京：商务印书馆，2014年，第260页。

②　Schopenhauer: *Werke in fünf Bänden: nach den Ausgaben letzter Hand*, Bd. Ⅱ, Ludger Lütkehaus（Hrsg.）, Zurich: Haffmans Verlag, 1988, S. 439.

所表现的对象为理念自身。天才之所以为天才，从主体来说，在于他摆脱了为意志服务或受意志支配的地位；从客体来说，在于他受到了由其关注对象即永恒的理念的限制。"天才作为天才，他的对象就是永恒的理念，是这世界及其一切现象恒存的，基本的形式，而认识理念却又必然是直观的而不是抽象的。"①正如克里斯托弗·詹纳威所指出的那样，"叔本华把天才作为艺术存在的一个必要条件"②。

现在面临的问题是，天才作为艺术创作的主体，作为为一般人们认识理念打开一条通途的纯粹主体，他们具备什么样的素质？他们如何创作艺术？他们创作的表现理念自身的作品有什么特征？为什么天才对我们来说是必需的？天才在叔本华思想系统中占有什么样的地位？有什么意义？本节我们先解决两个问题，就是天才作为艺术创作主体的素质和表现理念的艺术作品的特征。

一、天才作为艺术创作的主体

天才作为艺术创作的主体，他从洞视杂多事物中的理念到创作艺术作品，大致需要经历两个步骤③：直观审谛、复制创作。

直观审谛是认识主体不再服务于意志的认识方式，认识主体

---

① 叔本华：《作为意志和表象的世界》，石冲白译、杨一之校，北京：商务印书馆，2014年，第259页。

② Christopher Janaway：*Schopenhauer and Tranquility*：*Schopenhauer on the value of art*，in：*Schopenhauer*，*Philosophy*，*and the arts*，Cambridge University Press，1996，p. 48.

③ 达尔·贾迪特认为，叔本华艺术创作过程有三个步骤：从本质世界中标识出柏拉图理念的感性直观；通过想象抽象达到理念的完成和完善；通过艺术的媒介以清楚明白的形式将这种非推论的表象予以表达。Dale Jacquette：*Schopenhauer's metaphysics of appearance and will in the philosophy of art*，in：*Schopenhauer*，*Philosophy*，*and the arts*，New York：Cambridge University Press 1996. p. 14.

在直观中把自身变为纯粹的认识主体，不带有受意志支配的知性主体和理性主体的特征，它完全地忘却和失去自我，颇似庄子的"坐忘"，不同的是他仍然在认识之中。然而这种认识似乎已经没有了主体，是一种单纯的认识，自我的一切在其中都消失了，没有了，所存在的只是"认识"自身：直观审谛。叔本华说，直观审谛的能力是有别于普通人的一般认识能力的，"一个人的认识能力，在普通人是照亮他生活道路的提灯；在天才人物，却是普照世界的太阳。"①在这里，叔本华把知性认识和理性认识的方式，比作照亮自身并为自身服务的"提灯"，把天才的认识能力或直观审谛的认识方式比喻为"太阳"，可见他对后者之推崇。他甚至还从身体特征上来区分天才人物，说道："如果天才的影像在一个人的脑子里存在并现实地发生作用，那么这个人的眼神就很容易把天才标志出来，因为眼神既活泼同时又坚定，明显带有静观、审谛（观审）的特征。"②

　　直观审谛的认识考察活动自身，就认识现象来说，它要求认识主体摆脱个体的束缚而浸沉于对自然的直观中，这个"个体"既指认识主体自身，即是说他除了作为认识者以外就再也不具有其他任何的存在属性，又指他所认识着的客体，即那处于时空中的对象；在单纯的"直观"中体会到客体中的"理念"，完成对客体对象中的单纯本质的认识，而不顾及其他。换言之，"把对象不当作个体事物而当作柏拉图的理念予以认识，亦即当作事物全类的常驻的形式予以认识；然后把认识着的主体不当作个体而当作认识的纯

---

① 叔本华：《作为意志和表象的世界》，石冲白译、杨一之校，北京：商务印书馆，2014年，第261页。
② 同上，第261页。译文有改动。

粹而无意志的主体之自意识"①,这就是"直观审谛"的认识。它摆脱时空的束缚,摆脱因果律的束缚,即主体和客体同时都超越时空和因果律时所进行的纯粹主体对纯粹客体(即理念)的认识,这就是"直观审谛"②;其中,认识主体的整个意识都只是认识对象的最鲜明的写照之外,别无他有。

因此,直观审谛在根本上就要求脱离时空、脱离物质性来考察其对象,也就是说它是既不在时间和空间的限制中,又不在因果律的规定中来考察理念的一种认识方式。天才意味着具有直接认识"理念"的能力,他在认识中"不遵循根据律",缺少逻辑思维能力,表现在现实中就是对数学的讨厌。如果把逻辑视为科学的内在核心的话,那么叔本华实际上是赞成通过艺术的途径,也就是非根据律的途径,或者说在很大程度上就是直观审谛与想象力相结合的途径,而不是通过科学的途径来认识世界的本质的。

在直观审谛中,天才从认识理念获得肯定,"如果意志获得客体性,成为表象,那就一举而肯定了主体,又肯定了客体;而这客体性如果纯粹地,完美地是意志的恰如其分的客体性,那就肯定了这客体是理念,摆脱了根据律的那些形式;也肯定了主体是'认识'的

---

① 叔本华:《作为意志和表象的世界》,石冲白译、杨一之校,北京:商务印书馆,2014年,第271页。译文有改动。

② 约翰·E.阿特威认为,叔本华的主体在审美中从意志中解放出来事实上有两条途径:一是主体仅仅作为纯粹的认识主体认识理念,这就是说它摆脱了它作为意志的主体(the subject of willing),另一条途径就是纯粹的认识主体摆脱了充足理由律的支配,脱离的实在(笔者注:依据《充足理由律的四重根》,叔本华的实在即因果性)。鲁道夫·马特尔认为,这两条途径实际上是"同义的"(synonymous)。参见:*Schopenhauer, Philosophy, and the arts*, Dale Jacquette(ed.), New York: Cambridge University Press, 1996, p. 84 & 105.

纯粹主体，摆脱了个性和为意志服务的可能性"①。而要把直观审谛到的"理念"展示出来，并使得一般大众能够通过天才的眼睛来看世界，天才需要对理念进行复制，其复制品就是艺术品。对此，卢西安·克罗考斯特认为，相对于康德和黑格尔等人，叔本华把创造过程作为美学的一个主题，是其对艺术创造研究的贡献。基于此，他把叔本华的美学视为从康德到尼采之间那集中讨论的一部分，尽管有许多不同，但是他们"都把艺术和其创造过程作为其哲学系统之实用的部分（functional Parts）"②。

在天才对理念的复制过程中，想象力尤为重要，它是"天才性能的基本构成部分"③。正是通过想象力，天才改变了用根据律来处理各种表象的方式，将"理念"的各种纯形式用一种特别的方式联系起来，并用艺术的各种形式将其展示出来，这就是艺术创作。

艺术作为表象理念的载体，需要不同于知性和理性的认识方式。人们欣赏艺术品的方式或途径是美感的认识方式或者美感的考察方式，因为在对艺术品的认识过程中，我们摆脱了根据律的认识方式，而美感的认识或考察方式作为专门的认识方式，简言之，就是审美。因为艺术给人带来的是美感，在美的感受中，主体获得愉悦或安宁，这就使人们得以摆脱意志欲求的控制之苦，获得了暂时的慰藉。

在这里我们可以看到，理念作为客体事物本质的"是什么"表

---

① 叔本华：《作为意志和表象的世界》，石冲白译、杨一之校，北京：商务印书馆，2014年，第251页。

② Lucian Krukowsowski：*Schopenhauer and the Aesthetics of Creativity*，in：*Schopenhauer，Philosophy，and the arts*，New York：Cambridge University Press 1996，p. 62 & 78.

③ 叔本华：《作为意志和表象的世界》，石冲白译、杨一之校，北京：商务印书馆，2014年，第259页。

现在艺术中就是"美"自身。叔本华强调,审美是把客体当作"柏拉图的理念"进行认识的①,也就是说,对叔本华而言,柏拉图的理念就是"美"自身。

叔本华认为,审美活动的实质是利用外来的美的因素,调动认识主体内在的情调,使其认识摆脱意志服务的枷锁,不计较利害,没有主观因素掺杂而纯粹地去观察事物。

因此,天才的艺术创作在本质上是通过展示理念作为"美"的形式,让审美者在获得美感的过程中,脱离意志的主宰而成为一个纯粹的认识者。"理念"和"美"的统一,是天才首先认识并把握的东西,也是其在艺术创作中予以展示的东西。

叔本华在这里面临的问题是:一方面,天才作为个体的人属于现象界,从根本上说,他也是意志客体化的一个部分,他怎么能够摆脱意志的控制? 或者说,天才究竟是如何诞生的? 是通过"知性性格"还是通过"验知性格"而成就的? 天才对自然事物的考察,本质上是"意志客体化理念"的高级形式"人"对于"理念"的其他形式的考察,天才是如何获得这种权利的? 例如早在 20 世纪 20 年代,汤用彤先生在其《叔本华天才哲学述评》一文中指出:天才"身为个人之主体(the individual subject)者,必为意志"②,如何能独立于意志之外? 但是,如果我们依照叔本华把天才视为认识主体中的那个"我",且在这个"我"中,那个不可认识的纯粹的认识着的那个"我"的成分要多一点,而那个受意志支配的"我"的成分要少一

---

① 叔本华:《作为意志和表象的世界》,石冲白译、杨一之校,北京:商务印书馆,2014年,第 271 页。

② 汤用彤:《叔本华天才哲学述评》,赵建永译,载《世界哲学》,2007 年第 4 期,第 84 页。

点;即是说那个先验的"我"而非表象的"我"占主导地位的话,那么天才就成其为天才。天才的"身体"也不过是这个认识着的我的表象而已,它自己并非"天才"自身。因此,我们就不能说天才是意志的产物,虽然它夹杂有意志的成分。因此,理查德·E.阿奎拉认为叔本华的认识主体不具有个体性(no individual),或者说它至少是任何人都不能视为一种"特殊现象"的东西,强调叔本华认识主体"在每一种表象事物那里是完整的和不可分割的",即是说每个认识者仅是它(认识主体)的一个"承载者"①。天才的身体也是这样,不过是天才的一个"承载者"而已,而并非天才自身。同时,汤用彤先生还说,天才之直观审谛如不需要意志予以支持,"这是否可能,我很怀疑",且其直观审谛本身,如若是纯粹"自发"而无思维活动参与其中,那么"天才的直观与愚氓之感觉又有什么区别呢?"②然而,当我们想到禅宗青原行思大师修禅的三重境界,即参禅之初,看山是山,看水是水;禅有悟时,看山不是山,看水不是水;禅中彻悟,看山仍然是山,看水仍然是水。似乎我们对叔本华的静观审谛的这种直观还是能够理解的。

二、理念作为美的感受:壮美和优美

任何艺术的目的都是传达艺术家所领会的理念,而对这种理念的领会要靠审美才能实现。审美是一种主观感受的行为,虽然对我们起作用的"只是美",但是却能激起我们的"美感",因此,审

---

① Richard E. Aquila: *on the "subjects" of Knowing and willing and the "I" in Schopenhauer*, in: *History of Philosophy Quarterly*, Vol. 10, Jul. 1933, p. 241.

② 汤用彤:《叔本华天才哲学述评》,赵建永译,载《世界哲学》,2007年第4期,第84页。

美是为了突出"快感的主观方面",这种感受在叔本华看来可以大致分为两种,即壮美和优美。

首先,单纯的审美活动不局限于艺术。例如自然风景,它可以令"感应最迟钝的人们"也能产生"一点飘忽的审美快感"。但这绝不是因为其物质性的存在,而是因为它作为审美对象"迎合纯粹直观,即是说由于这些对象的复杂而同时又固定的、清晰的形态很容易成为它们的理念的代表,而就客观意义说,美即存在于这些理念中"①。不过,它摆不脱人作为审美主体的"艺术胸襟",并由此而使人产生美的感受。

叔本华认为,这种从自然之美而获致的感受就是优美。在这里纯粹认识或者说审美活动不需要太多的"谛观",就可以认识到客体的美;或者说"客体使理念的认识更为容易的那种本性,无阻碍地,因而不动声色地就把意志和为意志服役的,对于关系的认识推出意志之外了,使意识剩下来作为'认识'的纯粹主体,以致对于意志的任何回忆都没留下来了"②。审美活动,或者说"直观审谛"的认识活动,在叔本华看来,是只关心"是什么",而不关心"为什么":而为什么则是涉及"关系"的。因此,单纯地体察是什么,就是审美活动。然而,审美活动中的"是什么",除了"形式"以外,在根本上就是"理念"或者说人们的"美的感受"。在自然界的风景那里,审美活动能够相对轻松地进行,其原因就在于审美对象已经具有了这种"迎合纯粹直观"的性质。

其次,是与自然之美相对应的壮美。当审美主体"要先通过有

---

① 叔本华:《作为意志和表象的世界》,石冲白译、杨一之校,北京:商务印书馆,2014年,第279页。
② 同上,第280页。

意地,强力地挣脱该客体对意志那些被认为不利的关系,通过自由的,有意识相伴的超越于意志以及与意志攸关的认识之上"时,他就可以获得"壮美的"美感。[1]因此,较之于优美的审美感受,壮美的获得要求审美主体具有更高的直观审谛能力。

　　壮美和优美的共同之处在于,它们都是认识主体对理念的认识,都获得了美的感受,摆脱了根据律的认识方式,超越了为意志服务的一般表象主体的局限。从客体的角度看,"优美与壮美在本质上并没有区别";其不同仅仅在于"超脱那被认识了的,正在观审中的对象对于意志的根本敌对关系,才和优美感有所区别",这种"敌对关系"是相对的而不是绝对的,因其强弱程度就有"壮美的各级程度,优美到壮美的过渡"。壮美往往存在于"可怖的环境和宁静的心境两者之间的"[2]对照之中。因此,越是壮美越是对意志的不屈抗争,越是不屈的抗争越是彰显着人作为审美主体的艺术胸襟。荒谬与疯癫,作为对意志力的非理性的对抗,正与天才一样是具有意义的,这就是叔本华要引经据典地论证天才和疯癫之间具有亲缘关系的原因所在。[3]

　　赋予审美有决定性意义的正是壮美。在壮美的理念与心境的对照中,我们这个审美个体,作为一个无关紧要的意志现象与作为认识的纯粹主体两方面的对抗程度,直接反映了我们作为主体独立于意志的程度。因此,从伦理的角度说,崇高的品德就是审美中

[1]　叔本华:《作为意志和表象的世界》,石冲白译、杨一之校,北京:商务印书馆,2014年,第281页。

[2]　同上,第282页。

[3]　Lucian Krukowsowski: *Schopenhauer and the Aesthetics of Creativity*, Schopenhauer, Philosophy, and the arts, New York: Cambridge University Press 1996, p. 66-67.

较高层次的壮美感受。

叔本华还谈到了与壮美相对立的"媚美"。"媚美"不仅不属于直观审谛中的"理念"的展示物，反倒是直接对意志自荐，许以满足而激动意志的东西，它不但不会把审美主体从意志中独立出来，而且还会将人们带入意志的欲求之中去。在艺术领域中——严格地说，它们并不是艺术——只有两种类型的媚美，一种是积极的媚美，如鄙陋的食物写生画或者裸体的人体雕像；前者激起人们的食欲，后者挑逗人们的性欲。另一种是消极的媚美，即那些"令人厌恶作呕的东西"。它们的共同性在于"唤起鉴赏者的意志因而摧毁了纯粹的审美观赏"①。因此，严格地说，媚美并不属于审美的范围，也不能把它归于审美感受的任何一方。

因此，在叔本华的美的感受中，我们可以看到：媚美（为意志服务）→优美（不为意志服务）→壮美（与意志抗争）的美感层级，而媚美是被排除在审美之外的。

第三节　审美与意志的和解

艺术作为理念的载体，作为人审美的对象，按照其能在人能激起的美感强烈程度，表现为不同的层级。不同的艺术形式所能激

---

① 叔本华：《作为意志和表象的世界》，石冲白译、杨一之校，北京：商务印书馆，2014年，第289页。

起的人的审美感受也是不一样的,基于此,叔本华考察了对造型艺术(建筑术、园艺和雕刻、故事画和人物雕刻、寓意画)、文艺(诗歌、悲剧)和音乐的审美活动。我们可以从视觉审美和听觉审美来予以探究。

作为审美的对象,并不一定是天才的艺术作品,当审美活动的两个条件具备时,即作为纯粹而无意志的认识的主体与作为理念而展示的认识对象同时出现时,审美活动就得以进行了。这表明任何现成事物都可以在一切关系之外加以观察,因为意志"在每一事物中显现于其客体性的某一级别上,从而该事物就是一个理念的表现",所以也"可以说任何一事物都是美的"①。因此,一切事物都可以成为审美对象,不过其中所表现的理念的级别有所不同:这其中人自身所表现出的理念是最高的,所以"人要比其他一切都要美,而显示人的本质就是艺术的最高的目的"。这就决定了不论是造型艺术还是文艺都要以展示人的"理念"为最高的艺术,人的"美"是最极致的美、最高贵的美。就造型来说,"人的体态,人的表情是造型艺术最重要的对象",就人的行为来说,"行为是文艺的最重要对象"②。不过,要考察艺术对理念的展示,叔本华认为要从最基本的艺术考察开始。

一、造型艺术:视觉审美对意志的对抗

造型艺术以向视觉展示"理念"为目标,它要依赖于光,因为视觉现象的发生唯有在光中才能进行。叔本华说:"光乃是事物中最

---

① 叔本华:《作为意志和表象的世界》,石冲白译、杨一之校,北京:商务印书馆,2014年,第291页。
② 同上,第291、292页。

令人愉悦之物,它已成为一切嘉善和福德的象征了。在所有的宗教中它都标志着永恒的福祉,而黑则标志着(无尽的)灾殃"①;在视觉中所产生的各种愉悦,"都仅仅是由于光是完美的直观认识方式的对应物和条件",物体之间"最轻易,最快速,最精微的相互作用方式,就是我们在更大程度上最完美的、最纯粹的知觉"都要归功于光。②

因此,光在造型艺术中具有双重的性质,一方面它本身就是"理念"的化身,是"最令人愉悦之物",是理念作为美感对应的客体,是造型艺术中最高的理念,故而能在认识主体那里引起最大的愉悦,或者说美感,愉悦是美感的一种表现。另一方面光是完满的直观认识方式的对应物和条件,即光的媒介作用,光能显示事物的颜色,由颜色的明暗深浅进而显示事物的形象。因此,一切造型的或者说视觉的审美都以光为前提,以光感(即引起的愉悦程度)为归宿。然而,仅有条件和归宿还不够,认识主体还需要在各种具体的造型艺术中去认识"理念",感受"美",去和意志对抗,达到审美的目的。

叔本华按照造型艺术所占据的"理念"的级别,或者说对原始的自然力的对抗能力,对造型艺术作了分类,分别是:建筑(造型)艺术(表现重力的理念)、园艺和风景画(表现植物的理念)和动物画和雕刻(表现动物的理念)、故事画和人物雕刻(表现人的理念)。其中,级别最高的和最能给人美感的是故事画和人物雕刻。

① Schopenhauer: *Werke in fünf Bänden: nach den Ausgaben letzter Hand*, Bd. Ⅰ, Ludger Lütkehaus(Hrsg.), Zurich: Haffmans Verlag, 1988, S. 270.
② 叔本华:《作为意志和表象的世界》,石冲白译、杨一之校,北京:商务印书馆,2014年,第277页。

在论及建筑艺术时，叔本华指出：个体作为理念的显现，永远是物质，物质的各种属性就是各种理念的显现，这种显现使得审美得以可能，而审美就是认识其中所表现出来的理念。物质的属性有重力、内聚力、固体性、液体性、对光的反应等。物质因这些属性而成为物质，而这些属性的理念是意志的最微弱的客体性，也是最原始、最简单意志的客体性。建筑艺术就是将这些意志的客体性的理念展示出来，因此在审美方面的"唯一题材实际上就是将重力和固体性之间的斗争，以各种方式使这一斗争完善地、明晰地显露出来就是建筑艺术的课题"①。建筑艺术作品的美，都"完整地在它每一部分一目了然的目的性中"，这种目的性是"直接为了全部结构的稳固"②，即为了自身存在而对重力的斗争。略有不同的是，在水利工程中，重力的理念和液体性同时显现，在一般建筑物那里是同固体性连带出现。因此，建筑艺术的审美价值就在于它彰显了其为自身存在而与意志进行的斗争。

园艺则是在建筑艺术的基础上，进展到植物界的审美艺术。相对于建筑艺术而言，园艺"能够掌握的材料"要少得多，因此它对自然有所依赖，虽然它表现的"理念"比建筑艺术高，但是其表现力却稍弱一点。然而，更进一步的风景画则不一样了。尽管风景画就其总效果来说与静物写生及单纯的建筑等画属于同一类型——这一类总是高于建筑自身和园艺的，因为相对于后者，它们关键不在于直接把握其所展示的理念，而在于把握理念的主观对应物：纯粹而无意识的认识。因此风景画所展示的理念级别更高级，意义

---

① 叔本华：《作为意志和表象的世界》，石冲白译、杨一之校，北京：商务印书馆，2014年，第296页。
② 同上，第297页。

更丰富,表现力更强。

比园艺和风景画更高一个级别的是动物画和动物雕刻,它们所表现的美感非常强烈,认识理念的认识主体"把自己的意志镇压下去了",可是在鉴赏时的心情会被"那意志的不安和激动所占据","并构成我们本质的那一欲求"①,人们从中所获得的美感是一种深刻的直接认识,这就是古印度婆罗门教所谓的"凡此有情,无非即汝"②。它表明了叔本华的这样一个思想:在艺术创作中,天才所赋予其艺术作品中的"本质"是基于他的理解,所展示的人的无非都是"人的理念",故此,我们从对它们的审美中看到的是"构成我们本质的那一欲求"。后来,叔本华论及自由与道德时,又用此来表明人类在本质是有自由的③,并在一定程度上构成了其道德伦理学的基础。

最高级最复杂的视觉审美艺术是故事画和人物雕像,它们直观地、直接地表达出意志在艺术中的最高度客体化的理念。在动物画或雕塑那里,所表现的只有"族类特征而没有个别的特征",人的族类特征和个体特征也被分开了。④但是在故事画和人物雕像

---

① 叔本华:《作为意志和表象的世界》,石冲白译、杨一之校,北京:商务印书馆,2014年,第303页。

② 叔本华引用的是印度典籍《五十奥义书》中《唱赞奥义》第8-11章,都说到 Tat tvam asi,石冲白先生译为"凡此有情,无非即汝",徐梵澄先生译为"彼为尔"(徐梵澄译《五十奥义书》第206-209页。原句为:"是彼为至精微者,此宇宙万有以彼为自性也。彼为'真',彼为'自我',施伟多凯也徒,彼为尔矣。")。奥义书中以此来指明人即为宇宙中之"自性",之"真",或者说根本上就是"梵我同一"。

③ 屈理兵,《审美对人自由本质的实现——叔本华审美的形而上学意义》,《四川师范大学学报(社会科学版)》,2019年第5期,第143页。

④ 叔本华:《作为意志和表象的世界》,石冲白译、杨一之校,北京:商务印书馆,2014年,第304页。

中,人的族类特征和个体特征得到了较好的融合,不仅如此,作为艺术表现对象的人自身就与其他一般艺术表现对象有着根本上的不同。

首先,作为意志客体化的最高级别的人(区别于直接客体化的理念),他的美是一种客观的表现,它"标志着意志在其可被认识的最高级别上,最完美的客体化上,根本是人的理念完全表出于直观看得到的形式中"①。换言之,人自身就是审美的"艺术"对象,人的美在于是意志的最完美的客体化,"当意志把自己客体化于一个个体中时,由于幸运的情况和自己的力量[它]完全战胜了一切障碍和阻力"②,或者说,从审美的角度看,人的产生本身就是战胜意志力的结果。

其次,天才的艺术家在创作这类艺术作品时,他们对表现人体的美有着"理想典型"的预期,这是展示意志的最高直接性的理念的预期。虽然人的美与其他各种造型艺术的美一样,以空间的形式予以表现,和时间没有必然联系,"意志由于单纯的空间现象而恰如其分的客体化便是客观意义上的美"③,但是人的意志往往会表现在他的动作行为之中,这就与"目前"产生了联系,或者说意志表现出了在"时间上的客体化":人的行为。行为所展示出来的美的理念就是"仪态"。当身体的动作以同本人最相称的、最合目的的、最轻便的方式来完成的时候,这就是优雅。仪态中的优雅既是人体美的客观现实,也是人体塑像所追求的艺术行为。

---

① 叔本华:《作为意志和表象的世界》,石冲白译、杨一之校,北京:商务印书馆,2014年,第305页。
② 同上。
③ 同上,第309页。

最后，人作为意志客体化的最高级别的产物，他的每一个个体"在一定范围内都表现出一种特殊的理念"①，这也就是"性格"，也是人特有的一种尊严。在艺术作品中，艺术家总是用"理想的典型"来表现人物的"性格"，把它作为"人的理念"彰显在人物雕塑或绘画中的面部表情和行为举止之中。因此，在创作中，既不能以性格来取消仪态的美，也不能以仪态美来取消性格。就人体雕刻来说，既要仪态优雅，又要性格张扬，这就要求艺术家们抓住人物心理的特征的同时，要更多地把它表现在自己的艺术作品之中。以拉奥孔的惊呼为例，"人们不可能从大理石中塑造一个惊呼着的拉奥孔，而只雕出一个张着嘴的、欲呼不能的拉奥孔，一个声音在喉头就停住了的拉奥孔。惊呼的本质，从而惊呼对于观众的效果也就完全只在于[惊呼]之声"②。在这个惊呼之中，"呼喊的理念同呼喊的表达形式"衔接起来了③。

与人体雕像不同，故事画的重点在于表现人的"性格"。人的理念或者说"性格"是在"个体一切行为中"，通过其行动而逐渐展开的，因此，绝对没有一种生活过程是可以被排斥于绘画之外的。相对于建筑艺术、风景画和人体雕刻而言，故事画除了对理念的体会这一共有的意义以外，它还必须要求"一个行为对于实际世界的，在实际世界中的后果来说的重要性，所以是按根据律[来决定]

---

① 叔本华：《作为意志和表象的世界》，石冲白译、杨一之校，北京：商务印书馆，2014年，第310页。
② 同上，第314页。
③ 阿·古雷加、伊·安德烈耶娃：《他们发现了我——叔本华》，冯申译，北京：人民出版社，2007年，第185页。

的"①。这是它的外在意义。它之所以被称为故事画，就在于它具有的历史性，甚至具有"历史意义"。"日常生活中的[任何]一幕，如果个体的人以及人的作为、人的欲求，直到最隐蔽的细微末节都能够在这一幕中毫发毕露，也可能有很大的内在意义。"②故事画把个体人的个别的东西提升为其族类的理念，就是其艺术成就。这类艺术最典型的成就就是历史画和宗教画，特别是能直观基督教伦理精神的宗教画，它们和古印度的宗教画一样，透过画中那些聚集在一起的神圣人物的面部表情和眼神，观赏者们就能够完全把握宇宙和人生的全部本质，他们的认识也就能够转变为取消一切欲求的清静剂，"产生一切欲求的放弃，意志的收敛，意志的取消，随意志的取消也就可以产生最后的解脱。"③

　　正如优美、壮美有媚美与之相对应一样，在绘画和雕塑领域也有寓意画、象征雕塑与风景画、故事画、动物雕塑以及人像雕塑相对应。这类寓意画、象征雕塑，叔本华称为寓意的艺术造型。它们在根本上是从概念出发，以绘画和雕刻的方式去做文字工作；它们实际上并不是什么艺术，而是"象形文字"。寓意的艺术造型所表现的主题并不是直观的理念，而是思维所把握的抽象表象，它们使得艺术作品，从理念转移到概念。这是一种堕落，所导致的结果无非是把人们的精神引到一种不同于一般表象的抽象概念中去。在表现形式上，与一般的理性思维不同的是，象征雕塑不通过概念或观念的联合来传递思想，而是用"符号和符号所暗示的东西"进行

---

①　叔本华：《作为意志和表象的世界》，石冲白译、杨一之校，北京：商务印书馆，2014年，第318页。

②　同上。

③　同上，第321页。

象征、比拟；其中有些比喻暗示并不恰当，甚至荒谬可笑，如以乌龟寓意深居简出的妇女等。然而寓意的艺术造型仍然还有其存在的价值。就其实用性来说，它们仍然能满足人们在生活上的某些需要，但是它们在艺术上的价值与这毫不相干，而是其无意中所彰显出来的理念。换言之，在我们欣赏艺术作品的时候，要作出它们作为艺术品的"实物意义"和"名称意义"的区别：名称意义即是它们所寓意的东西，而实物意义才是它们本有的艺术价值。

基于此，叔本华主张把人们对于美的感受——一种洞悉生命自身的直接体验①——和判断独立于理性的判断之外，并强调不要试图"为美和艺术的本质提出抽象的、真正哲学上的解释"②，因为它们分属于两个不同的领域，即主体的直观感受领域和理性思维领域。

但是，这并不能否定理性领域仍然能为感性审美领域提供素材的可能性：这就是文艺领域，或者说诗歌和音乐。

二、文艺和诗歌对意志的对抗

视觉艺术以建筑、雕刻和绘画为手段，来表现"理念"对意志的抗争，从与初级的重力的抗争到优美、壮美的升级，代表着艺术美的不同层次。不表现理念的寓意的造型艺术，它们本身不具有艺术价值，然而当艺术作品从造型艺术转向文艺时，或者说以"概念为材料"来创造艺术作品时，情况就完全相反了。也就是说，寓意

---

① 彼得·刘易斯：《叔本华评传》，沈占春译、沙明校，桂林：漓江出版社，2015 年，第 121 页。

② 叔本华：《作为意志和表象的世界》，石冲白译、杨一之校，北京：商务印书馆，2014 年，第 330-331 页。

的造型艺术虽然在视觉领域不具有艺术价值，然而对文艺而言却是最基础的艺术形式，所起到的作用也恰恰相反，它们使抽象的思想转向艺术的真正对象。究竟是如何处理的呢？以诗歌为例，它通过修饰的方式对概念材料进行限定，那些被使用的概念由这些修饰语缩小了范围，一缩再缩，直到直观的明确性。

因此，文艺的宗旨与建筑、雕塑以及绘画一样，在于揭示理念。文艺相对于绘画和雕塑而言的特殊性在于它以"节奏和韵律"作为其辅助工具。同时，因为文艺"用以传达理念的材料的普遍性，亦即概念的普遍性，文艺领域的范围就很广阔了。整个自然界，一切级别上的理念都可以由文艺表出"[①]；然而，其主要的题材确是"人"，并在表现"人的理念"方面拥有造型艺术所不能比拟的优势。文艺的方式就主要的类别来说，可以划分为小说、诗歌和悲剧。其中，小说作为文艺中较为低级的部分，叔本华基本上是存而不论的。因此，文艺的重要手段就是诗歌（文学）和悲剧。

（一）诗歌（文学）

诗歌（文学）是诗人[②]表现人的理念的艺术形式。对作为创造主体的诗人，叔本华强调"在任何地方都是专指少数伟大的，地道的诗人而言，而绝不是指那肤浅的、平凡的一群诗匠、打油诗的作

---

① 叔本华：《作为意志和表象的世界》，石冲白译、杨一之校，北京：商务印书馆，2014年，第336页。

② 在德语中，诗人（der Dichter）一词，具有诗人、作家、文艺创作者等意思，这与汉语中的"诗人"是有区别的，叔本华甚至可能是在柏拉图意义上使用"诗人"一词的，不同的是，他对诗人及文艺的态度则截然相反。

者和童话杜撰人"①。他认为这后一类人非但不是诗人,还是对天才艺术家的创作进行玷污的群体,他们的作品破坏了人的鉴赏能力,阻碍人对理念认识的进步。他主张对他们予以批判、讽刺、鞭挞。他认为诗歌在本质上是诗人在超越于一切现象的关系之外,用永恒的眼光来把握人作为自在之物那最高级别的客体性的理念的艺术形式,诗人的使命是在人类的精神中展示理念。在表现方式上,诗人"从某一特定的、正待表出的方面把握人的理念,在这理念中对于他是客体化了的东西就是他本人自己的本质"②。诗人的职责是在其艺术创作中"逼真而忠实地"展示"人物性格",并把人物放在"特定的情况之中",使其性格特征能够鲜明起来。这些情况就是关键性的"情境",情境正是文艺(小说、史诗、戏剧)和实际生活的区别。

在诗歌中,诗人往往通过两种方式来表现人的理念。一种是诗人自己写自己,被写的与从事写作的是同一个人,这主要反映在抒情诗和正规的歌咏诗那里;另外一种是诗人写别人,田园诗和民歌就属于这一类。③在抒情诗和歌咏诗那里,艺术的主观性成分重。就抒情诗而言,诗人抓住激动人心的那一瞬间的生动直观的心境,用诗歌形式表现出来,而这种心境在其他所有人相同的境遇中往往往会重现,甚至在整个人类都总能被唤起,借此,超越时空的限制,使它所表现的内容历久弥新,这内容就是"理念"自身,也即是其(心境)与意志(境遇)抗争的审美感受。就歌咏诗而言,意志的主

---

① 叔本华:《作为意志和表象的世界》,石冲白译、杨一之校,北京:商务印书馆,2014年,第339页。
② 同上,第338页。
③ 同上,第343页。

体充满了歌咏诗的意识,就是说,他本人的意欲往往是被作为那被释放了、满足了的意欲,作为感动、激情和心境而展示出来。同时,歌咏者作为"非欲求的、纯粹认识主体"与其作为欲求主体之间形成对照,这种对照正是歌咏诗所要表现的,这也构成抒情的内在实质。因此,在抒情诗和歌咏诗歌那里,"欲求(对个人目的的兴趣)和对(不期而)自来的环境的纯粹欣赏互相混合"[1],这种混合的张力就是美的感受。

在民歌和田园诗中,甚至在更广泛的小说、史诗和戏剧中,诗人通过"正确而深刻地写出有意义的人物性格"和构思一些情境,于情境中展现人物的性格。相对于抒情诗和歌咏诗而言,它们具有较少的主观性而具有较多的客观性。这里有必要把这些文艺形式和历史作一个比较:两者都导致我们去认识人,都以"个人自己的经验"作为理解的必要条件,然而途径却完全不一样。历史是以经验或对过去事实的记录,通过现象间的外在联系去理解事物,而文艺是按照理念、内在本质来把握事物;历史所具有的只有"现象的真实性"而没有"理念的真实性",文艺忽视现象而直接把握理念的真实性;历史的考察要依据根据律进行,而文艺的展开却依赖于直觉。

事实上,叔本华本人的著作就堪称文学的典范。尼采在《作为教育者的叔本华》中写道:"叔本华自己的表达方式时不时让我想起一点歌德的东西,但又并不是德国人的范式,因为他懂得如何运用简洁质朴的方式去表达艰深晦涩的内容,离诸修辞而感人至深,

---

[1]　叔本华:《作为意志和表象的世界》,石冲白译、杨一之校,北京:商务印书馆,2014年,第345页。

无有说教而严谨科学：他能从德国人（的表达）中学到这么？"①克里斯托弗·詹纳威也说，叔本华是"如此富有文采和修辞的作者，以至于太倾向于象征性表达和论断，而太少运用严密而切实的证据"②。

（二）悲剧

文艺作为直观到的理念的表现方式，在悲剧中达到其顶峰。悲剧以表现出人的可怕的一面为目的，以展现丑陋、邪恶、肮脏的事物对正直、聪明和善良甚至无辜者的胜利为手段，表达人的痛苦和悲伤，喻示宇宙与人生的本性，即意志和其自身的矛盾斗争。在悲剧中，这种矛盾斗争亦即理念对意志的反抗达到了顶点。

实际上，就整个表象世界而言，意志客体化为各种现象，并在各种现象中都彰显着意志客体化的"理念"，各种现象中的"理念"都要与不同于自己的其他现象中的"理念"或者说意志力进行斗争，因此世界在根本上就是冲突的。人作为意志的最高客体化存在者，他的痛苦也因此是必不可免的。人的痛苦，一些是因偶然与错误而产生的，即因人作为自然界的统治者与其他被统治者之间的斗争而产生的，这类悲剧的根源在于盲目的命运；另一些是来自人类的互相斗争，因为人作为个体的意欲是互相交叉的，彼此难免会有冲突，这使得意志的各个现象之间互相斗争，甚至激烈屠杀。因此，人生真实的生存态就是痛苦和悲伤，或者说不幸。悲剧的唯

---

① Friedrich Nietzsche: *Schopenhauer as Educator*, *Untimely Meditations*, R. J. Hollindal (trans.), Cambridge University Press, 1983, p. 134.

② *The Cambridge Companion to Schopenhauer*, Christopher Janaway(ed.), Cambridge University Press, 1999. p. 2.

一任务就是写成这种不幸,而悲剧的真正意义也仅仅在于对这种"生存本身之罪"的深刻认识。

悲剧在揭示人生存的本真状态的过程中,给人们带来了对这个世界本质的完整认识。悲剧的主角作为意欲的清醒剂而"清心寡欲",他们放弃生命,甚至对整个生命意志都予以放弃,就是说他们是"经过苦难的净化而死,即是说他们的生命意志已消逝于先,然后死的"[①]。表现跟命运或者跟偶然和错误而作斗争的"人的理念"的悲剧在古希腊较多,如《俄狄浦斯王》等;表现人与人之间斗争的悲剧在近代较多,如《哈姆雷特》等。

到目前为止,我们所考察的各种艺术形式中,悲剧是"在意志客体化的最高级别上使我们在可怕的规模和明确性中看到意志和他自己的分裂"[②],因此,它是最高的文艺形式。

(三)音乐:纯粹旋律的理念

在所有艺术形式中,音乐是不同于其他一切艺术的特殊艺术,它不能被视为任何事物的任何理念的复制,而是能给人以震撼的独立的伟大而绝妙的艺术。叔本华认为,音乐是人作为认识主体能够"完整地""深刻地"所领会的绝对普遍的艺术,它在明晰程度上是超过任何文字性语言的,因为它所标识的就是世界的本质。相对于其他艺术而言,音乐具有"更严肃的更深刻的,和这世界,和我们自己的内在本质有关的一种意义"[③]。

[①]　叔本华:《作为意志和表象的世界》,石冲白译、杨一之校,北京:商务印书馆,2014年,第349-350页。

[②]　同上,第352页。

[③]　同上,第353页。

就音乐的表现形式而言,它可化为"数量关系",以此莱布尼茨把音乐称为"算术练习",这是因为他只看到了音乐的外壳,即只看到了这种数量关系,而没有认识到这数量关系本身仍然只是"符号本身"。音乐的意义不在这符号之中,而一方面在于它与其他艺术一样是"理念"的表出,并且是"极为内在的、无限真实的、恰到好处的"表出;另一方面在于音乐使"放弃抽象思维"而"直接领悟"世界成为可能。音乐之所以能够如此,就其深层次原因来说,在于:

> 音乐乃是全部意志的直接客体化和写照,犹如世界自身,犹如理念之为这种客体化和写照一样;而理念分化为杂多之后的现象便构成个别事物的世界。……音乐不同于其他艺术,绝不是理念的写照,而是意志自身的写照,(尽管)这理念也是意志的客体性。……其他艺术所说的只是阴影,而音乐所说的却是本质。[1]

建筑艺术、雕刻和绘画以及文艺的各种形式,都只是用"个别事物"的形式来引发人们对理念进行认识,或者说通过"个体化原理"间接地彰显理念,而音乐却"跳过理念",简直就无视表象世界的存在,更别说对表象世界的依赖了。因此,音乐乃是"理念"直接表出,是意志自身的写照,而不像其他艺术那样只是理念的"写照"。

不仅如此,音乐还有一种专属的"普遍性",这就是音乐总是只

---

[1] 叔本华:《作为意志和表象的世界》,石冲白译、杨一之校,北京:商务印书馆,2014年,第355页。

表现生活以及生活过程的精华,而不顾及生活和其过程本身。这使得音乐能够成为治疗我们痛苦的"万应仙丹"。对音乐"作为意志的直接客体化"能在被直观审谛中让主体获得宁静和摆脱意志的控制,保尔·古耶尔质疑道:一个认识主体,"如何能够通过对一个由意志自身所产生的复制品的经验——这种经验在所有的美的经验中(都是)唯一的欢愉之源——的体验中,摆脱这个意志呢?"①古耶尔的这个问题带有普遍性,例如,约翰·E.阿特威也曾质疑:"一个认知的主体或者认知者如何把他自己从为意志服务(的状态)中分离出来?"②其实质都是对艺术作品中的"理念"作为意志客体化的东西(音乐作为意志的自我复制品),如何违背意志而成为解脱主体的"直观对象"进行质疑。然而,我们看到这样的质疑似乎忽略掉了一个事实:意志客体化的表象分为两种:一种是服从因果律的表象,它们是受意志支配和奴役的;另一种是纯粹"形式"的表象,它们是静止的"图片",是"范式",不在因果的序列,不具有"运动"的特性,它们只是静静地展示自己的作为意志客体化后或者复制后的形式或者本质。当认识主体沉浸在遵循因果律的表象中时,它就必然受到表象的奴役,从这个角度说,意志是一切痛苦或苦难的根源;然而当认识主体直观纯粹的"形式"时,它就不受因果律的支配,没有原因,也没有结果,只有纯粹的形式,它就获得安宁。我们不能因为叔本华说意志是苦难的根源,就否定

---

① Paul guyer: *Pleasure and Knowledge in Schopenhauer's Aesthetics*, In: *Schopenhauer*, *Philosophy*, *and the arts*, New York: Cambridge University Press, 1996, p. 110.

② John E. Atwell: *Art as liberation*: *a Central Theme of Schopenhauer's Philosophy*, in: *Schopenhauer*, *Philosophy*, *and the Arts*, New York: Cambridge University Press, 1996, p. 88.

意志在客体化过程中还有其不介入因果的一面:事实上,正是对这不涉及因果序列的"纯形式"的直观,认识主体才认识到意志那作为"纯粹的本质"的那一面,这正是叔本华审美所强调的。

音乐在表现形式上使用的是一种"最普遍的语言",使用的材料不同于雕塑的各种材质、绘画的各种颜料以及文艺的概念,而是声音。声音的优势在于它能用最大的明确性和真实性表达出世界的内在本质、世界的自在。然而在音乐是否具有物质性的问题上,叔本华似乎面临着尴尬的境地。我们知道声音在本质上是物质在空间中运动的波,然而叔本华因把物质规定为因果性,于是他就被迫强调"音乐仅仅只在时间中,通过时间,完全除开了空间,也没有因果知识的干扰,亦即没有知性的干扰"①,让人获得美感。前文我们曾说到叔本华将自在之物等同于意志,等同于"力",而对物质做了因果性的解释,当我们说"声音是物质运动的波"的时候,这里的物质实际上是不同于叔本华的"物质"的,它甚至也不能算是意志,而是一种根本不介入意志和表象世界的不可知者,或者说叔本华根本就没有给予它在世界中的位置。这使得音乐作为艺术形式缺乏了某种载体,成了"无本之木"。但是叔本华却又明确地把音乐归之于表象世界。"我们可以把这显现着的世界或大自然和音乐看作同一类事物的两种不同表现。"②音乐的地位居然与大自然相提并论,而不是大自然中的一种。

尽管如此,叔本华还是认为,如果把音乐看作世界的表现,那么它是普遍程度最高的语言,而且这种普遍性是和明晰的、彻底的

---

① 叔本华:《作为意志和表象的世界》,石冲白译、杨一之校,北京:商务印书馆,2014年,第367页。译文有改动。

② 同上,第361页。

规定相联系的，优越于理性概念那种空洞的普遍性。尽管概念与音乐的表现手法都是对现实的抽象——这里的"现实"是指"个别事物的世界"，然而它们在本质上是有所不同的，概念只含有从直观抽象中得出的形式，所获得的只是事物的"外壳"；而音乐所表现的才是事物最为内在的、先于一切形态的本质或事物的内核，是高于现实的。叔本华对概念、现实、音乐在表现普遍性方面作了一个比较，认为音乐所表现的是先于事物的普遍性，现实存在的是事物所具有的普遍性，概念是从事物中概括的普遍性。因此，音乐很类似"先天而天弗违"的这类高于现实的存在。

就音乐的欣赏者来说，音乐的艺术力量在于表现人各种各样的情绪感受。音乐所表现的不是忧郁、苦闷、痛苦、悲伤、快乐、愉悦、幸福等个别的感受，而是直接表现出这些情绪感受的"自身"，它不沾染这些情感的任何动机，而在一定程度上以抽象的方式表达出这些情感的"本质的东西"。就是在这样的意义上，它被称为治疗我们痛苦的"万应仙丹"。

音乐在叔本华整个哲学体系具有重要的位置：

> 假定［我们］对于音乐所作的充分正确的、完备的、深入细节的说明成功了，即是说把音乐所表示的又在概念中予以一个详尽的复述成功了，那么，这同时也就会是在概念中充分地复述和说明了这世界，或是和这种说明完全是同一的意义，也就会是真正的哲学。①

————————————

① 叔本华：《作为意志和表象的世界》，石冲白译、杨一之校，北京：商务印书馆，2014年，第364页。

至此，叔本华对所有艺术的形式都进行了探讨，也对它们在人作为纯粹认识主体中对于意志之"奴役"的对抗的层级作了详尽的说明。叔本华通常所面临的责难是：人们通过审美从意志中获得解脱，或者说与意志达成某种和解，实际上需要一种"力"来对抗意志；也就是需要"另一种意志"①。这意味着叔本华在艺术的欣赏中暗设了一种不同于"恶"的意志力。情况真是这样吗？笔者认为是不存在这种暗设的。从叔本华对审美认识主体的规定中就可以看出，它是不可认识的纯粹的认识主体，在审美的过程中，它自身不夹杂任何意志，也就是在主体中那作为意志的部分都消除了，使纯粹认识主体与纯粹客体之间建立的一种"镜面反射"，在这种反射中，主体自然而然地在不同层级上遗弃了自身中的"意志"。同时因为没有任何客体意志能对审美的认识发生作用，这使得那"恶"的意志根本不进入到主体的意识中来。这可以借用"抽刀断水"和"力搏虚空"这两个比喻予以说明：意志之力如"刀"如"搏"，而纯粹认识主体如"水"如"虚空"，并不需要"两刀相拼"或是"二力对搏"。用《道德经》中"夫唯不争，故莫能与之争"来阐释似乎很贴切，纯粹认识主体在审美活动中对意志的态度也是这样。

尽管如此，还是有人质疑，人如何能摆脱意志的束缚？人的理智又如何对不受根据律支配的理念发生作用？大卫·哈姆林的问题很具有代表性："叔本华这里有明显的问题，即是说一个人如何可能免于意志的支配获得自由使得他自己或者他的理智去审谛理念——而这个理念本身却又不在充足理由律的支配之下。"②也就

---

①　汤用彤：《叔本华天才哲学述评》，赵建永译，载《世界哲学》，2007年第4期，第84页。

②　David Hamlyn：*Schopenhauer*，London：Routledge and Kegan Paul，1980，p. 109-110.

是说叔本华"自然的形而上学"与"美的形而上学"是脱节的。之所以有这样的问题，是因为对叔本华两个主体的统一性的认识不够。通过第一章我们知道，纯粹的认识主体与意志的主体具有同一性，即都是"我"。免于意志的支配在根本上是"我"对自身意志的"丧失"，成为一种完全的认识主体。因为当叔本华说自在之物是可认识的，并且把它规定为意志的时候，就是把它看作支配我们各种活动的"力"。在审美的时候，我们停止任何非审美的活动，只有"静观审谛"的纯粹认识，任何支配活动的"力"无疑都消失了。这就是叔本华所说的，当作为意志的我不存在的时候，世界也无复存在的原因。[①]然而在静观中，还有一种形式的表象，这种形式的表象作为客体与纯粹认识的主体仅仅由于主客体的互相依托而存在，此外别无存在，这使得"意志活动"的暂时性不在场，从而让认识主体获得一种摆脱意志支配的感受：这就是审美的实质。

艺术作为意志客体的"理念"在表象世界的展示，在本质上反映的是事物的"理念"与意志的抗争。这种抗争越激烈，给人的审美震撼越强烈，人们从中所获得的美的感受就越深刻越持久。然而，艺术自身在表现"理念"方面是有级别的，在视觉审美那里，人物的雕塑和故事画的级别最高；在文艺那里，悲剧达到顶峰；而音乐是整个艺术中最高的一类。因为其他艺术都只是"理念"的间接表出，而音乐是"理念"本身在表象世界的直接表出：这使它能够与那以客体化形式来支配世界的意志分庭抗礼，故能给予人以最高的美的享受。

---

① 叔本华：《作为意志和表象的世界》，石冲白译、杨一之校，北京：商务印书馆，2014年，第452页。

叔本华的艺术思想直接影响了"数量惊人的音乐家、作家和艺术家"[1]，而对哲学家影响最深的莫过于尼采。如果没有叔本华对艺术的推崇，我们很难想象尼采《悲剧的诞生》这部著作的诞生会以这样的面貌出现。

然而，在美的感受中，人们所获得的只是对世界的暂时遗忘或者对意志力支配世界的暂时"无知"，在对美的"沉浸"中获得暂时的解脱，而非永久的解脱。人作为认识主体还并不能完全"主宰"自己，他无非是通过对世界的遗忘的方式，与意志力达成了稍许的和解。人还没有真正从那与客体对立的主体中解脱出来，成为纯粹的认识主体，而这正是宗教和哲学的任务。[2]

---

[1]　根据达尔·贾遗特的考证，叔本华所影响的人物中，著名的包括 Richard Wagner、Thomas Hardy、Emile Zola、Edgar Allan Poe、Joseph Conrad、Eugene Delacroix、Thomas Mann、Marcel Proust，以 William Butler Yeats 等人。他认为之所以能有这样的影响的部分原因是："叔本华鼓励我们去把艺术视为艺术家人性中所涌现出来的那种意志的深层次冲突和痛苦的产物——在其中经常充斥着自我表达的激情四射的痛苦的努力，并（鼓励我们从中）去期待那些较之于伟大艺术家们在特定环境下的心理传记更为深刻的天才的哲学性阐释。"参见：Dale Jacquette：*Schopenhauer's metaphysics of appearance and will in the philosophy of art*，in：Schopenhauer，Philosophy，and the arts，New York：Cambridge University Press，1996，p. 1-2 & 13.

[2]　人所能获得的最高认识和解脱途径是由艺术完全地揭示出来了的。宗教是没有正确认识的盲目实践，而哲学只是对这种认识和实践的阐明。参见：屈理兵，《审美对人自由本质的实现——叔本华审美的形而上学意义》，《四川师范大学学报（社会科学版）》，2019 年第 5 期，第 149 页。

第四章
作为自由、道德与"虚无"的主体

在前面三章中,我们把握了表象世界的必然性、虚幻性和意志的自由性、真实性的差别,了解了认识主体如何在表象世界遵循必然性、如何通过审美达到与这种必然性的和解。这种和解的实质就是对意志力的遗忘,过此则无能为力。认识主体,特别是作为人这样的认识主体,是否能够超越这种遗忘去进一步战胜意志的客体化而实现他的自由呢? 这是一个"重要、严肃而困难的问题"①,它之所以重要,是因为如果人没有自由,那么他所有的一切活动皆为必然性所支配。这意味着人除了作为某种规律或者"神"所支配的工具之外,没有任何别的价值,一切探讨、认识和行为,都不过是在践行非人所支配的某种规范;换言之,工具的价值是人的唯一价值。之所以说它"严肃",是因为它涉及"人的行为"和"人生有无

---

① 叔本华:《伦理学的两个基本问题》,任立、孟庆时译,北京:商务印书馆,1996 年,第34 页。

价值",是"得救或是沉沦"的关键问题。① 之所以说它困难,是因为自由是与自在之物相关联的问题,因而它是"神秘的"②。因此,要探讨伦理学上的一切问题,都得以自由的前提为出发点。

第一节　自由的可能：身体作为
主体和意志的同一

叔本华认为,在表象世界无所谓自由,在这里发生的一切都以必然性为依据,遵循根据律;而意志则无所谓必然性,其活动(而不是其客体化)都是自由的。因此,如果人具有自由,那么他就必然地与意志具有某种内在的同一性。唯有通过与意志的同一性才能使人的自由成为可能。因此,叔本华首要的任务便是在人和自在之物之间寻找这种内在的同一的东西。

一、生命意志与作为主体的人

叔本华寻求作为主体的人与意志的同一性的办法是,强调意志作为自在之物的持续存在性,即强调意志是"生命意志"这一本质,而不再单纯强调它作为"力"的这一方面。

---

① 叔本华:《作为意志和表象的世界》,石冲白译、杨一之校,北京:商务印书馆,2014年,第369-370页。

② 叔本华:《伦理学的两个基本问题》,任立、孟庆时译,北京:商务印书馆,1996年,第33页。

意志既然是自在之物，是这世界内在的涵蕴和本质的东西；而生命，这可见的世界，现象，又都只是反映意志的镜子；那么现象就会不可分离地随伴意志，如影不离形；并且是哪儿有意志，哪儿就会有生命，有世界。①

就意志自身来看，它只是不可遏制的盲目冲动，整个自然界都只是意志现象的冲动。当整个自然界借由意志客体化为表象世界之后，我们才从表象世界中认识到意志欲求着，并且它欲求的对象就是这个世界。这意味着，表象世界就是意志的客体性世界。因此，从根本上来讲，意志的欲求就是意志永无止境的客体化。在这欲求的过程中，生命不是别的，而只是它的欲求在表象上的体现，在此意义上，叔本华把意志称为"生命意志"。整个现象界都是意志的客体化。因此，所有的表象世界都是"生命意志"所表现的世界。在此，我们不能从一般意义上的无机物或有机物来诠释生命，而是要把整个自然界都视为生命意志所表现出来的结果。

生命意志就是意志，它所强调的重点在于其客体化的趋势，或者说"生命性"，只是这个生命性本身不在时空和因果律之中。生命个体的诞生和死亡属于生命，也属于意志显现出来的现象。但这些现象绝不是生命意志，因为生命意志不是生命现象所能触及的。生命意志显现为整个大自然，或者说自然全体，因此自然是生命意志的内涵。时空及时空中的个体都是意志个体化原理的产物。个体的诞生就注定了它的死亡，其死亡是大自然趋于生命之

---

① 叔本华：《作为意志和表象的世界》，石冲白译、杨一之校，北京：商务印书馆，2014年，第375页。

必要,或者说一个部分,正如人体中的新陈代谢一样。但在个体的生死中,必然会表现出某种永恒性的东西,这就是理念,或者说意志的客体性。理念具有实在性,大自然作为意志的客体化,作为客体化的生命意志,也就是作为理念而存在的。

在第三章中,我们看到,理念所表明的是意志在一定级别上的客体化,人是意志最为完美的客体化,因此,人就是意志客体化"理念"的最完美的存在。这样,通过理念,叔本华把人与大自然相联系,认为人就是"大自然本身",他"在大自然最高度的自我意识中,而大自然又只是客体化了的生命意志"①,因此,叔本华在这里设立了这样一个公式:

$$人 = 大自然 = 客体化的生命意志$$

叔本华在此把人等于大自然与这之前把人等于小宇宙的命题是一样的。就其本质来说,世界是彻头彻尾的表象的同时,又是彻头彻尾的意志。紧接着,叔本华说道:

> 任何人都能看到自己就是这意志,世界的内在本质就在这意志中。同时,任何人也能看到自己就是认识着的主体,主体[所有]的表象即整个世界;而表象只是在人的意识作为表象不可少的支柱这一点上,才有它的存在。所以在这两重观点之下,每人自己就是这全世界,就是小宇宙,并看到这世界

---

① 叔本华:《作为意志和表象的世界》,石冲白译、杨一之校,北京:商务印书馆,2014年,第377页。

的两方面都完整无遗地皆备于我。而每人这样认作自己固有的本质的东西，这东西也就囊括了整个世界的、大宇宙的本质。所以世界和人自己一样，彻头彻尾是意志，又彻头彻尾是表象，此外再没有剩下什么东西了。[①]

这里叔本华所设立的公式是：

作为主体的人＝小宇宙＝意志＋表象

结合前面的公式，我们可以自然而然地推导出，人与宇宙一样，既有作为自在之物的一面，又有作为表象的一面。这作为自在之物的一面就是指人作为意志或者作为生命意志自身，而作为表象的一面就是指人作为客体化的生命意志或者人作为"理念"最高级别的生命现象。通过这两个公式的设立，叔本华认为人既有服从根据律的一面，因为就生命现象而言，他是彻头彻尾的表象；又有自由的一面，因为他自身就实质而言是自在之物。因此，自由和必然的统一在人这里得到实现。

就人与大宇宙的关系而言，这两个命题与"梵我同一"的哲学命题是相容的，却与叔本华"世界是我的表象和世界"的总命题有不协调的地方。因为"梵我同一"所表达的哲学内涵就是我与世界的同一性，即表象世界、意志和我本身是一不是二，也就是说，"我"二元化为"表象"和"世界"，世界是二重的，但终究是"我"。就现

[①] 叔本华：《作为意志和表象的世界》，石冲白译、杨一之校，北京：商务印书馆，2014年，第231页。

象上来说,也就是就表象世界而言,大宇宙与小宇宙的划分,当然是可以的。因为它所表现的是表象的一些层次。但事实上,叔本华却是把它作为"存在的全体"来看待的,即一个大的存在全体和一个小的存在全体,并且小的存在全体与大的存在全体并无实质上的差异。这是否意味着,有一个"大我"存在并与"小我"相区别呢?然而"我"是同一的,世界作为表象和意志也应该是同一的,也就是说,不存在着大宇宙和小宇宙、大世界和小世界的区别。

但是,主体的人作为意志和表象的统一,并不是含混的,而是通过其理念和作为自在之物的人的"特性(Charakter)"来展示的,它们分别是验知性格(empirischer Charakter)和理智性格(intelligibler Charakter)。①叔本华之所以要用性格来阐释人的各种活动,是因为他认为人并不具有传统意义上的自由,人总是按照其意志所决定的性格来从事各种活动的。在了解这两种性格之前,我们有必要先了解一下产生这两种性格的"意志"是否具有自由。

二、意志是否自由

当叔本华把人视为生命意志自身和表象世界的二重化世界的统一体时,他在赋予人以必然性(作为表象)的同时也赋予了人以自由(作为自在之物)。在这里,叔本华设定了一个前提,即意志是自由的。然而,在讨论意志自由时,叔本华有时说意志是自由的,有时又说意志是不自由的,例如,当他把意志视作自在之物时,他说意志是自由的;而当他在讨论伦理问题的基础时,他又说意志是

① Schopenhauer: *Werke in fünf Bänden: nach den Ausgaben letzter Hand*, Bd. I, Ludger Lütkehaus(Hrsg.), Zurich: Haffmans Verlag, 1988, S. 377.

不自由的。这向我们表明,就叔本华的意志是否自由做一个深入的探究是必要的。

在探讨这个问题之前,我们对叔本华关于"自由"的观点作一个简单的介绍。叔本华认为,自由是一个消极的概念,说它是"一切障碍的消除"①。什么样的障碍被消除,我们就具有什么样的自由。叔本华将自由分成三个层次:物质障碍不存在的自然的自由、思维上自愿而不被胁迫的自由、道德的自由②。这三种自由实际上是对必然性的否定,即对物理的现实的必然性和数学关系的必然性、逻辑的必然性和道德的必然性的否定③,换句话说,自由就是不存在必然性。

而必然性的不存在就意味着"一个决定的、充足的理由的不存在",这就是偶然性。④如果说必然意味着其反面是不可能的,那么,偶然就意味着其反面是可能的。因此,自由也就意味着偶然性的存在。因此,我们甚至可以说,"自由就是绝对的偶然性"⑤,即便在某种意义上来讲,绝对的偶然性本身就意味着某种必然性,但它却实实在在地和自由的概念相吻合。

这种偶然性或自由,不能在表象世界中予以寻求,因为它们不遵循根据律或者说本身就是对根据律的否定。因此,它们只能在

---

① 叔本华:《伦理学的两个基本问题》,任立、孟庆时译,北京:商务印书馆,1996 年,第 34 页。

② 同上,第 34-36 页。

③ 叔本华:《充足理由律的四重根》,陈晓希译、洪汉鼎校,北京:商务印书馆,1996 年,第 159 页。

④ 叔本华:《伦理学的两个基本问题》,任立、孟庆时译,北京:商务印书馆,1996 年,第 38 页。

⑤ 同上,第 39 页。

意志中去寻求。然而,我们说意志是不可认识的,这是否意味着自由也是不能认识的呢?事实并非如此,因为我们完全可以从我们自己入手来分析。依据前面的公式:作为主体的人＝小宇宙＝意志+表象。当我们说"世界是我的表象""世界是我的意志"的时候,我们应该要注意到这个"我",在排除"表象""意志"之后,"我"所表示的就是一个支持"表象"和"意志"存在的一个纯粹主体。就知性和理性而言,这个纯粹的认识主体就是自我意识和他物意识。因此,当我们从理智的角度对人的自由予以探讨时,唯有在这两种意识中进行。

(一)自我意识中不存在意志自由

什么是自我意识? 就是(我们)自己所固有的意识(das Bewusßtsein des eigenen seblst)①,叔本华认为,在我们全部的意识中存在有两种意识:自我意识和他物意识。②他物意识是指我们的认识能力,即知性、理性和审美的能力。自我意识是指除去他物意识之外的意识,它既不是"良心"(Conscientia)——康德在这里就犯了错误,也不是西塞罗、奥古斯丁、笛卡尔和洛克等人所谓的"内在感觉"。既然如此,那什么是人的自我意识呢? 叔本华说人的存在"完全是作为一个想要的人(Wollender)"③的存在(笔者注:在德语中,Wille 即意志的形容词形式是 wollend;而 Wollender 是 wollend

---

① Schopenhauer: *Werke in fünf Bänden: nach den Ausgaben letzter Hand*, Bd. Ⅲ, Ludger Lütkehaus (Hrsg.), Zurich: Haffmans Verlag, 1988, S. 367.

② 叔本华:《伦理学的两个基本问题》,任立、孟庆时译,北京:商务印书馆,1996 年,第 41 页。

③ Schopenhauer: *Werke in fünf Bänden: nach den Ausgaben letzter Hand*, Bd. Ⅲ, Ludger Lütkehaus (Hrsg.), Zurich: Haffmans Verlag, 1988, S. 369.

变化而来的）。因此，自我意识包含着一个想要的对象，这对象"始终就是那个固有的想要"①。对我们而言，这个想要表现为各种情绪和热情。至于它是否得到满足，这完全可以通过我们的各种感受得到体现。

这样一来，自由的问题又通过自我意识转化为"想要"（wollen）的问题。现在，需要了解的是"想要本身可能是自由的吗？"②，或者说意志是否遵循自身？ 表面上看来，意志遵循自身是自由的，但实际上这个说法蕴含着一个悖论，即我能想要我想要的，意志能遵循自身，就意味着这"想要""遵循"是被决定的，即那自由的在实际上是不自由的。因此意志自由"根本就不可能存在于直接的自我意识之中"③。据此，叔本华否定了自我意识中的意志自由。这就是说，在自我意识中，意志没有自由。

叔本华是否也因此否定了自由的存在呢？ 我们知道，叔本华一再强调自由是消极的、否定的、神秘的，并且是作为必然的反面而出现的。这意味着叔本华并没有否定自由的存在；相反，当他把客体世界或者表象的世界视为积极的、肯定的、必然的、虚幻的世界的时候，也就把作为自在之物的意志或者主体视为消极的、否定的、自由的、真实的存在。也即是说，他设定了意志作为自在之物是自由的。不过在这里，通过对自我意识的分析，即通过对意识中他物意识（即认识能力）的遵循必然性的否定分析，以及对自我意

---

① Schopenhauer: *Werke in fünf Bänden: nach den Ausgaben letzter Hand*, Bd. Ⅲ, Ludger Lütkehaus（Hrsg.）, Zurich: Haffmans Verlag, 1988, S. 369.

② 叔本华：《伦理学的两个基本问题》，任立、孟庆时译，北京：商务印书馆，1996 年，第 37 页。

③ 同上，第 53 页。

识总是趋向一个"想要"的对象,并遵循这个想要自身的分析,叔本华否定了自由的存在。

那么,这是否意味着,人没有自由? 并非如此,人是具有自由的。只不过叔本华十分隐晦地表达了人的自由属性。这首先体现在这个公式之中:作为主体的人=小宇宙=意志+表象。在这个公式中,"意志"指自在之物;表象指作为自在之物的人的客体化。这个公式表明,人是自由与必然的统一体,人既有不自由的、肯定的、虚幻的一面,也有自由的、否定的、本质的一面。因此,前文所否定的仅仅是自我意识和他物意识中的意志不自由,并不是自在之物中的意志。从根本上说,自我意识、他物意识中的意志并不是作为自在之物的意志,而是作为自在之物的意志所客体化的意志,即是说,它们仅仅属于"理念"性的意志。这"理念"性的意志实质就是人的"理智性格"。因此,它们是不自由的。

其次,在《充足理由律的四重根》中,叔本华指出,他所否定的意志的自由实际上就是这个"想要"在人这个主体之中作为动机的活动方式以及它所遵循的必然性,[①]对纯粹的认识主体而言,它是可以认识的。然而,作为纯粹的认识主体,人是不可认识的。因为一旦成为认识对象,意味着它属于认识客体,而不是认识主体自身。这里,叔本华所提到的不自由的意志主体或一般意识与作为认识的主体具有同一性。也就是说,叔本华并未否定那纯粹的认识主体自身是具有自由的。

再次,叔本华在否定意志自由的时候,还间接地指出了自由存

---

① 叔本华:《充足理由律的四重根》,陈晓希译、洪汉鼎校,北京:商务印书馆,1996年,第150-151页。

在于"想要"与"不想要"这个意志形成之前。每个人的自我意识都认为他能做他要做的事，这同时也意味着他认为他能做他不想做的事；实际上，他不想做的事情也可以成为他想要做的事情，所以"在两种相反的行为中，如果他想要这一种，他就能做这一种；如果他想要那一种，他同样也可以做它"①。这看似自由，实则不自由。我们在后文中会看到这实际上是被人的性格决定了的，我想要做什么总是受制于自我的验知性格，并且只能想要其中的一种。与此同时，叔本华还否定"意志自由"是人们通常认为的，在某种特殊的情况下"能否既想要这一种，又可以想要那一种"②的观点，因为凭"我能做我想要的"这个命题，不能断定意志是自由的。如果意志自由存在于人的某一既定性格那里，他的每一意志活动，在不同的时间段，在排除外部环境因素的影响之后，会产生不同的结果。但这显然是不可能的。因为这就意味着"意志不必要遵循自身"。显然，意志客体化为"性格"后，作为理念或者表象世界的高级存在，它不可能不遵循自身。因此，否定意志自由并不意味着否定自由。实际上，自由作为意志"想要"的决策，或者"想要"的形成中的判断或状态，在形成意欲之前，它受制于性格，不具有自由；形成之后，意味着想要的力已经产生，它也不具有任何改变性，即就没有了自由。

（二）他物意识中也不存在意志自由

他物意识（das Bewusstsein anderer Dinge）亦即使客体认识成为

---

① 叔本华：《伦理学的两个基本问题》，任立、孟庆时译，北京：商务印书馆，1996 年，第52 页。

② 同上，第52 页。

可能之意识。①如果说前面的考察只是在自我意识中或者说"只向内在感官显现的"意志本身中进行，那么他物意识在这里要考察的就是那些同样为"意志所驱动的、外部感官对象的生物"是否具有意志自由。②同时，相对于自我意识考察工具的幽深、片面，这里的工具要相对完善得多，这里的工具就是知性。

知性最普遍最根本的形式是因果律。因果律通过原因与结果间的必然性成为认识的根据律。在（客观的）现实世界中，因果律表现为因果性；在思想世界中，它表现为逻辑规则。因为，在现实世界中一切变化都要遵循因果律。这意味着凡是发生着的事情都必然地要发生。简言之，现实容不下偶然。因此，需要对现实世界这些必然发生的事物的原因进行一个探讨。这实际上是探讨：在这必然存在之先是否有偶然存在？如果有，自由就是存在的；如果没有，自由就是不存在的。

叔本华把现实世界分为三个层次，即无机体、植物和动物；它们变化的因果性也分为三种形式，"即狭义的原因、刺激或动机"③。狭义的原因是指物理和化学变化发生的原因，刺激是植物生长或变化的原因，而动机是动物基于认识而引起的因果变化的原因。对动机的感受性，就是智力，或者说是表象能力。在意识中，各种动机所引发的内在动力就是通常被我们称为意志的东西。

在这里有三个方面的问题我们要加以注意：

---

① Schopenhauer: *Werke in fünf Bänden*: *nach den Ausgaben letzter Hand*, Bd. Ⅲ, Ludger Lütkehaus（Hrsg.）, Zurich: Haffmans Verlag, 1988, S. 383.

② 叔本华：《伦理学的两个基本问题》，任立、孟庆时译，北京：商务印书馆，1996 年，第 55 页。

③ 同上，第 58 页。

首先,叔本华说动机是"由于认识而引起的因果关系","作为动机起作用的客体只需要被知觉,被认识"①。这里的客体就是动物的身体,也就是通常意义上的行为主体。动机通过认识引发的内在动力就是意志,意志构成动物的生命力。在这里,我们看到这样的公式:动物的生命力=意志=动机+认识。因此,意志自由与否的话题,只对动物有效。

其次,狭义的原因、刺激都是外在于受作用物的,它们从外部引起事物变化的发生。相反,动机却是从动物的内部或者自身引起变化或运动的。因此,相对于物理的、化学的变化,动物的运动具有明显的主动性。这看似有突破自然障碍的自由,但实际上受制于意志的支配。换言之,动物受制于其生命力本身。

最后,关于认识和动机、意志的关系。动机从变化或行为的发生来说,它是"为什么"的问题。严格地说,动机属于因果律的一种形式。②因此,动机是可以被认识知觉的,它既是认识的方式也是认识的内容。认识与动机之间有一种包含关系,即认识包括动机,它在逻辑上先于并优于动机。在一般动物那里,动机及其认识构成意志,即生命力。这意味着意志中已经包含有认识的成分了。因此,认识也是隶属于意志,当我们否定意志自由时,也就否定了认识的自由。人的情况又是怎样的呢?

人优越于动物的地方在于其理性。理性是相对于感性和知性而言的。理性既是错谬的根源,也是思维和反省表象的能力。人

---

① 叔本华:《伦理学的两个基本问题》,任立、孟庆时译,北京:商务印书馆,1996 年,第60 页。

② 叔本华:《充足理由律的四重根》,陈晓希译、洪汉鼎校,北京:商务印书馆,1996 年,第149 页。

依靠其理性的思考能力,在考虑动机的时候,比动物有更为广泛的选择。依据理性,人可以摆脱直观的、当前的认识的支配,按照他的动机来作出决定,这使得他较动物而言拥有"相比较的自由"①。但是,从根本上说,引入理性的工具并不表示人能够扬弃掉动机带来的因果性以及由此而确立的必然性。因此,理性并不能使意志获得自由。理性在此的功用在于,在意志的形成过程中,使得动机形成意志的"选择"要相对广泛一点。

叔本华对他物意识中意志自由的否定,是基于意志的形成过程、意志的活动所必须遵循的因果律,或者说表象世界本身所具有的必然性之上的,他同样也没有否定人的自由。因为人作为理性的存在者,他的出发点往往不是确定的知性,而是能产生谬误、具有模糊性的理性,这就使得他的意志在形成的过程中,拥有超越因果性的一面,而这一面正是认识的自由。

从上我们可以看出,不论就自我意识而言,还是就他物意识而言,叔本华都否定意志自由。不仅如此,他还把意志自由的问题视为用以区别深刻的思想家与浅薄之士的"试金石"②。但是在叔本华的二重化世界中,意志却是"单一的""无根据的""自由的""独立[无所待]的"自在之物。③然而,在否定意志自由的同时,叔本华并没有否定人拥有自由,并通过隐晦的方式表达出人具有自由。至少自由存在于作为纯粹的认识主体的人那里。但是,作为生命

---

① 叔本华:《伦理学的两个基本问题》,任立、孟庆时译,北京:商务印书馆,1996 年,第 63-64 页。

② 同上,第 86 页。

③ 叔本华:《作为意志和表象的世界》,石冲白译、杨一之校,北京:商务印书馆,2014 年,第 167 页。

意志客体化的人,他的生命力在某种意义上就是意志力。在后文中我们将看到,普通人在通常情况下是意识不到他的自由的,也不能享用其自由。既然普通人在通常情况下是没有自由的,那么他的选择何以可能? 叔本华认为这种选择看似"自由",实则是被人的性格所决定的。因此,探讨人的性格的问题是解决人为什么"有这样的想要而不是没有这样的想要"的关键所在。

三、意志的自由获得:从理智性格、验知性格到获得性格

作为意志的客体性的"理念",在物为物性,在人为验知性格。它是人作为生命现象或作为生命意志客体化的个体所具有的特性。"大自然中每一物都有它的一些力和物性……在一定作用之下起一定的反应而构成每一物的特性。……人也有他的性格,而动机又以必然性而从这性格中导出行为。"①这性格就是人的验知性格。它之所以被称为验知性格,是因为它是非先天的,只能由经验去认识的性格。

由作为自在之物的意志的客体化而产生的人的性格,在人身上是"原初的,不变的和不可说明的",但它是"动机引起的效果的基础"。不仅如此,每个人身上都有不同的性格,也就是说"人的性格是个体的"②。所有的人都依据自己的性格而从事各种活动。由于性格的原初性、不可变动性,任何人要试图改变自身都是不可能的。性格虽然不可说明,但可以验知,换言之,"人只能从经验中去

---

① 叔本华:《作为意志和表象的世界》,石冲白译、杨一之校,北京:商务印书馆,2014年,第 392 页。

② 叔本华:《伦理学的两个基本问题》,任立、孟庆时译,北京:商务印书馆,1996 年,第 75 页。

认识它"①。在我们面临选择时,我们似乎能感受到"我能做我想做的"这种自由。实际上,这是一种"意志自由的假相",因为"总是较强的动机"的力量对意志发生作用,从而做出选择。为什么会有这种相对于其他动机而言更为强烈的动机呢? 这是因为这类更为强烈的动机在本质上是人对各种动机的认识及判断的结果,而对各种动机的认识和判断的产生要依赖于人的性格。在这选择的过程中,我们能够认识到自己的性格。当一个人没有认识到他的性格时,他的性格是一种自然主义性格(naturalisirter Charakter),当他一旦对其性格有充分的认识时,他就具有了获得性格(erworbener Charakter)②;这意味着在性格不能改变的情况下,人可以改变他的认识。

现在的问题有三:第一,为什么认识可以改变? 第二,为什么性格不能改变? 第三,认识的改变对性格会有什么影响? 或者说叔本华所强调的获得性格有什么作用?

我们首先来看第一个问题。在论及充足理由律时,叔本华讨论了意志主体,他指出,即使是在发生认识的自我意识中,也要被分为被认识的东西和进行认识的东西,而这被认识的东西就是意志。③当然,这里的"意志"并不是作为自在之物的意志,而是作为主体的"欲望"或者"想要"的代名词。作为我们性格中所要取舍的东西,意志具有标识我们性格特征的功能,"能够被认识"意味着,性

① 叔本华:《伦理学的两个基本问题》,任立、孟庆时译,北京:商务印书馆,1996 年,第76 页。

② Schopenhauer: *Werke in fünf Bänden*: *nach den Ausgaben letzter Hand*, Bd. Ⅲ, Ludger Lütkehaus(Hrsg.), Zurich: Haffmans Verlag, 1988, S. 408.

③ 叔本华:《充足理由律的四重根》,陈晓希译、洪汉鼎校,北京:商务印书馆,1996 年,第145 页。

格具有可被认识的特性。在经验抉择过程中，只要面临着同样的条件，一个人总是趋向于固定的抉择模式，这使得认识性格成为现实。

其次，人的非获得性格为什么不能改变？原因很简单，因为这种性格是天赋的。① 详细来讲，人有三种性格，即理智性格、验知性格和获得性格。但从根本上讲只有两种性格，理智性格是验知性格、获得性格的根本，也可以说理智性格客体化为验知性格，而获得性格就是理智性格获得自我的认识。人的理智性格就是生命意志自身②，它是自在之物的意志"在一定程度上出现于一定的个体中"③，因此，它在本质上同（狭义）认识主体一样是不可认识的，但却是根本的、起支配作用的事物。但是需要注意的是，理智性格并不能直接彰显自身，它只有通过客体化为验知性格，并从验知性格中显露出来。这样一来，"人就是这意志自身被决定了的现象"④。意志成就理智性格（本质的、自由的），理智性格客体化为验知性格（现象的、必然的）。因此，人的性格本自意志，故而它是天赋的，与此同时作为意志客体化的结果，它属于表象世界，是不可改变的。而性格具有知性的可知性，知性可知性就意味着它具有必然性、规律性的特点，也就是说它是由因果律所决定了的。因此当我们说

---

① 叔本华：《伦理学的两个基本问题》，任立、孟庆时译，北京：商务印书馆，1996 年，第80 页。

② 叔本华：《作为意志和表象的世界》，石冲白译、杨一之校，北京：商务印书馆，2014 年，第392 页。

③ 叔本华：《伦理学的两个基本问题》，任立、孟庆时译，北京：商务印书馆，1996 年，第120 页。

④ 叔本华：《作为意志和表象的世界》，石冲白译、杨一之校，北京：商务印书馆，2014 年，第392 页。

它是验知性格的时候,就是说它是不可改变的。

当验知性格被理智(而非知性)认识到只是意志的客体化的产物的时候,它就回归其理智性格,这就是获得性格。叔本华指出,认识主体总是相信自己是有根据去问一个"为什么?"的信念,这就是认识所以发生的理由。意志主体既不同于认识主体(不可认识),又与认识主体具有同一性,并且正是这种同一性,使得意志能够对理智认识施加影响。①意志对理智认识施加的影响的方式是:"正是个体的意志通过驱使理智按照个人的兴趣,也就是按照个体的目的,连同理智呈现的各种表象,去回想起那些按照逻辑或者类比推理,或者根据时间或空间中的近似性而与这些目的紧密相连的东西,从而使得整个机制都动起来了。"②换言之,在获得性格那里,一个人不仅知道他想要的是什么,而且还能知道他能做的是什么。获得性格是真正意义上的品格。通过获得性格,人能够"最大限度完整地认识到自己的个性"③。如果一个人不具有这种品格,那么他就认识不到自己的个性,也就是无法明白自己作为生命力究竟"想要"的什么,又如何获致这想要,从而加深他的痛苦。

通过获得性格,"意志获得它本质自身的认识,又由这认识获得一种清净剂而恰是摆脱了动机的效力",这样就出现了我们所渴望的意志的自由。④

---

① 叔本华:《伦理学的两个基本问题》,任立、孟庆时译,北京:商务印书馆,1996 年,第 151 页。
② 叔本华:《充足理由律的四重根》,陈晓希译、洪汉鼎校,北京:商务印书馆,1996,第 151 页。
③ 叔本华:《作为意志和表象的世界》,石冲白译、杨一之校,北京:商务印书馆,2014 年,第 416 页。
④ 同上,第 550 页。

如何理解获得性格拥有自由呢？如果我们把它理解为人借由反省自身经验从而修正自身行为的品格的话，那么岂不是意志在某种程度上要受制于经验，自在之物反而受制于表象了吗？同时，因为认识而产生或者改变某种意志行为，那岂不是设定了"认识"是较之意志更为根本的一种存在呢？如果把获得性格理解为借由认识而"照亮了意志"的能力，以便使人明白他"想要"的是什么，从而去满足意志的欲望的话，那么岂不是像叔本华先前所指出的一样，认识无非是理智服务于意志的一种方式，它只能更好地满足意志去实现自身。这也意味着，通过获得性格获致的自由，无非是对必然性的较为清楚的认识而已。从这个意义上讲，这还是没有自由。

但如果把获得性格理解为纯粹认识主体对纯粹意欲即自身中的意志予以照明的一种品格，并由于这种品格在意志客体化为"理念"的时候，对理念进行选择和把握，由此导致表象的方式或内容有所不同，以此实现理智对意志的支配，那么这种自由的可能性还是存在的。不过，这也就意味着，自由只是某种内在于主体自身的活动，通过这种活动主体自身在"作为纯粹认识的主体"与"作为纯粹意欲的主体"之间的关系得到某种调整，从而对自身内部意志的客体化的方式和内容予以调整，以改变意志客体化的形式和内容。这表明自由完全存在于主体内部。在前文中，我们看到意志作为表象世界的支撑，实际上就是"我"的纯粹的意欲是世界的支撑，在这里我们又看到，自由只存在于主体内部，因此，任何自由都不过是"我"的自由，具体来说，就是在"我"之内纯粹认识照明下的纯粹意欲的自由，这就是自由的本质含义。简言之，借由获得性格而导致的自由仅是"我"的自由。但这样的话，叔本华实际上完全陷入了一种"唯我论"的观点：除此之路，别无路走。

通过性格的划分来解决自由与必然的统一，叔本华认为是"康德的重大贡献"①，他不过是完全接受这种区分并用意志加以改造罢了。这是指康德在《纯粹理性批判》中的"与自然必然性的普遍规律相一致的自由的原因的可能性"与"对与普遍的自然必然性相联结的自由这个宇宙论理念的阐明"这两节的内容。在那里，康德提出了验知性格和理智性格。按照康德的说法，验知性格属于"现象中之物的品格"，依此主体的"行动作为现象就会与其他现象按照固定的自然规律而彻头彻尾的处于关联之中，并有可能从作为其条件的其他现象中被推导出来，从而与这些现象结合着而构成自然秩序的一个唯一序列的各项了"；理智性格是"自在之物本身的品格"，依此"这个主体虽然是那些作为现象的行动的原因，但这种品格本身并不从属于任何感性的条件，并且本身不是现象"②。验知性格被理智性格以思维的方式予以规定③，而验知性格却是人的"一切行动的原因"④。叔本华接过康德两种性格的划分，改造为自在之物和表象的统一"特性"，使得人的自由和必然在人的"性格"中得到体现。

这样，叔本华通过将意志理解为生命意志，并进一步将人视为一个与外部世界一样是由"意志+表象"构成的独立的存在的方式，使人获得了与外部世界的平等的地位。这意味着人在与外部世界

① 叔本华：《作为意志和表象的世界》，石冲白译、杨一之校，北京：商务印书馆，2014年，第395页。
② 康德：《纯粹理性批判》，邓晓芒译、杨祖陶校，北京：人民出版社，2004年，第437页。
③ 同上，第444页。
④ 同上，第445页。

的交往中,能够摆脱外部世界的控制。也即是说,虽然人不能超越外部世界,但是外部世界也不能完全驾驭人。如此一来,人就能够无视外部世界的存在,而一心专注于"自我的意志"这个独立存在体。这个独立存在体所具有的意志在本质上与大宇宙的意志具有同等的地位,甚至可以说它是缩小版的宇宙。因为,它客体化为人的身体和思想,践行着意志的各种欲望。然而当这意志的欲望体现为身体和思想的表象时,或者说它自身作为理智性格而被体现为验知性格时,它会有"顺应"和"弃绝"意志的两种态度:前者通向奴役、痛苦之路,后者通向自由、拯救之途。具体采用哪一种态度,取决于纯粹的主体,即理智性格。理智性格照明自由意志,自由意志是意志力形成之前的自在。自由意志一旦客体化成为意欲之后,它就进入表象世界,不再拥有自由,表象世界是必然王国。这样通过理智性格和验知性格,叔本华演绎着自由王国与必然王国之间的变通关系。

第二节 同情:主体对生命意志痛苦的担当

前文已经指出,叔本华一方面通过肯定人与自在之物具有同等地位而肯定了人的自由,另一方面又通过否定人的意志自由说明人作为生命现象不拥有自由。这是与其意志的绝对自由和表象世界的绝对不自由的主张相协调的,也是与其区分天才与普通大众的立场具有内在的统一性的。就深层次来说,这是叔本华持人生悲观痛苦论观点的内在根源，也是他持人类的拯救是可能的谨慎乐观论的支柱所在。具体地说，一般人作为自然的人，生活在大自然的必然世界之中，依照由理智性格所决定的验知性格行事，服从意志的安排，无所谓道德与否；而天才——包括艺术家、宗教虔诚人士和哲学家——洞悉意志作为自在之物的本性和生命意志作为现象的痛苦和虚幻，极力否定生命意志，饱含同情担当拯救众生之苦，并为获得终极的解脱而弃绝表象世界的一切，回归真正的自我——纯粹的认识主体。我们首先来看看，叔本华为什么说人生是悲观的、痛苦的。

一、生命痛苦的永恒和幸福的消极性质

（一）生命意志作为人生痛苦的根源

在第二章中我们看到，叔本华将自在之物规定为意志，并宣称它是自由的、单一的、永恒的存在。不过，这是"一种力"的存在，我们对世界内在本质的全部认识都蕴含在这"力"之中。意志作为表象世界的支撑、根据，它必然要把它的"力"客体化为表象世界的各种物性或者人的性格，也就是理念。理念是意志客体化的表象的固定不变的特性。在时空中，这些理念充斥着整个表象世界，以杂多性和差别性的形式，呈现于各种现象之中。为了获得自我的存在，理念在物种的个体之间进行着无休止的斗争，其斗争的目标就是争夺物质，即进入因果律。当然，不论意志客体化为自然界中的各种力，如重力、各种物理的和化学的力，植物的生长力，还是客体化为动物和人的生命力，以及人的各种性格，在根本上都是同一意志的客体化。然而，就这个意志本身而言，它不存在认识，所有的

永远都只是不能遏止的盲目冲动。从生命的理念的角度来说，这意志就是生命意志。它既生育整个自然界中的一切个体，也摧毁整个自然界中的一切个体，而它自身从不为生灭所触及。个体的存亡似乎无关紧要，生与死的交替使意志能够永恒地彰显自己客体化的理念。

值得注意的是，意志在它的各种现象中，不论是在最基本的重力中，还是在动植物的生命中，甚至在人——人与意志具有同等地位——那里，它都在为争夺物质而进行"你死我活"的残酷斗争，它"向前挣扎"，永无止境。

当这斗争体现在我们身上的时候，我们就把与我们验知性格相契合的意志现象的达成视为幸福或快乐，或者更确切地说，把"构成每一物自在的本身及其内核的挣扎和最明晰的、在最充分的意识的光辉照耀下在我们身上把自己表出的，叫作意志的东西认作是同一回事。"①这就是每个个体主体意志的达成，即我的意志的客体化。当它达到其目的时，我们就感到欢乐、幸福；当它受到阻碍、抑制或者压制时，我们就感到痛苦。然而，意志无时无刻不在客体化中，无时无刻不在盲目的冲动中，各种意志现象要获得自我的存在，必然会与不同于自身的诸意志现象作斗争，因此，作为现象的我的意志是在各种冲突和斗争中"挣扎着"维持自身。每一意志的达成都只是暂时的，而斗争中的挣扎以及由此带来的痛苦则是长久的。

达尔·贾逯特说："根据叔本华，痛苦是属于非表象的，从这个

---

① 叔本华:《作为意志和表象的世界》，石冲白译、杨一之校，北京:商务印书馆，2014年，第421-422页。

角度说,它不描述表象世界……个体的痛苦所揭示的是一种必然和它自身相斗争的力,在本质上的自我冲突。"①换言之,痛苦的感受本身所揭示的是作为"力"的意志在客体化后所经历的自我冲突。这与叔本华对自在之物作为意志的证明具有一致性,即是说,它是"我欲故我在"的另一种表述。但我们似乎不能就以此判断说,痛苦存在于非表象的世界,即在意志那里,因为这会与叔本华"意志是自由的"这个主张相矛盾。其矛盾之处在于:自由本身就意味着不会有产生痛苦的冲突存在。因此,我们虽然同意达尔·贾遴特关于"任何剧烈的痛苦都向痛苦的担当者揭示着世界作为意志"的结论,毕竟这是叔本华早期证明"意志是自在之物"的一个方面;但是这一方面并不能得出"痛苦是属于非表象的"这样一个论断。叔本华早期的论述纯粹是建立在"我的身体作为意志与表象的统一体"的基础之上的,离开了"我"这个主体,这种论述就不成立。与此同时,"痛苦"等感受作为"活动"的结果,它所说的只是意志客体化后的冲突现象,这种冲突现象唯有通过某种不可抗拒的力才能得到解释。这恰恰能间接地表明"意志是自在之物"。相反,活动作为"自明的事实",却直接地表明了意志的存在。

事实上,不仅在人身上,而且在整个自然界中,凡是具有基本认识能力(即知性)的生物都能够感受到其生命意志所带来的痛苦②,并且随着认识能力的提升,对意志现象的认识越明了,越能感

① Dale Jacquette: *Schopenhauer's metaphysics of appearance and will in the philosophy of art*, in: *Schopenhauer, Philosophy, and the arts*, New York: Cambridge University Press 1996, p. 7.
② 叔本华:《作为意志和表象的世界》,石冲白译、杨一之校,北京:商务印书馆,2014年,第422页。

受到这种痛苦。换言之,"智力愈发达,[痛苦]程度愈高。"①

相对于其他生物而言,人的情况就更为复杂,因为这个意志及其客体化世界,在人那里,"除了有一种物理的含义外,还有一种道德的含义(eine moralische Bedeutung)"②,这是人的"最为重要的、唯一本质的东西",也是我们赋予万物以"真正的意义、支点和要点的东西"③。这意味着,表象世界中的各种斗争对于意志本身来说,只不过是它的客体化,但在人这里却被赋予了关切自身的意义。

叔本华不仅从意志作为盲动的力即它不断地要客体化自身的永恒进程中,来阐释一切生命在本质上是痛苦的,而且他还从生命的个体存在、人的社会存在等方面来论证人生的痛苦。④

叔本华指出,"认识所照明"的每种意志现象都是作为个体而出现的。作为生命的个体所占据的时间只能是现在,未来是基于过去的设想,过去是现在的消逝,两者均不存在。因此,"唯有现在是一切生命、生活的形式。"⑤当我们说"过去""现在"和"将来"时,我们实际上假设了两个现在,一个是属于主体的现在,一个是属于客体的现在,属于客体的现在是主体在现在中的"概念和幻想"。

---

① 叔本华:《作为意志和表象的世界》,石冲白译、杨一之校,北京:商务印书馆,2014年,第422页。
② 叔本华:《自然界中的意志》,任立、刘林译,北京:商务印书馆,1997年,第146页。
③ 同上。
④ 一般认为,叔本华这种生命本质是痛苦的认识,与他早年的游学有关。叔本华曾写道:"在我17岁的时候,没有受到任何学校的教育,我已经深刻理解到了生之苦难,正如佛陀在他年轻的时候,目睹疾病、衰老、痛苦和死亡……我推论这个世界并不是全善者之作品,而是一个邪魔所创造的产物,他赐予生灵以存在的目的是在他们的困难中夺走其欢愉……"转引自:Dale Jacquette: *Schopenhauer, Philosophy, and the arts*, New York: Cambridge University Press 1996. p. 103.
⑤ 叔本华:《作为意志和表象的世界》,石冲白译、杨一之校,北京:商务印书馆,2014年,第379页。

因此,只有现在是"意志现象的基本形式",它是"以时间为形式的客体和主体的接触点"①。然而,作为意志现象的个体自从它诞生获得"现在"开始,就在不断地丧失这现在,因为现在总是不停地消逝在过去之中。这使得作为个体的生存成为一种慢性的死,肉体活着仅仅是不断地阻住了未死亡,是一再延期的死亡;而寓于肉体的精神活动也是一种被推迟了的、没有即时消逝的闲散无聊;然而最终也摆脱不了死亡胜出的结局。任何企图延长生命个体的做法,都不过是吹肥皂泡,明知要破,还要尽可能地吹。

因此,"欲求和挣扎是人生的全部本质。"②欲求的根源在于缺乏,缺乏带来痛苦。人为了摆脱痛苦而欲求,满足后又会有新的缺乏带来更大的痛苦。即使有人满足于某个欲求,也会在这满足的瞬间,让"可怕的空虚和无聊"取代他的欲求。因此,人生不过是在痛苦和无聊中摇摆的钟摆,无聊是一种"无欲"的痛苦。从这个意义上说,人的生命本质必然导致人生的永恒痛苦。

在社会生活中,一般的平民为了维持生命,实现生命意志客体化生存的需要,他们需要为生活而奔波劳碌。社会上层的人们由于其基本的生存欲望得到了满足,在没有更多追求的时候,便堕入到了空虚无聊之中,以至于会把绝望写在他们的脸上。因此,"在市民生活中,星期日代表空虚无聊,六个工作日则代表困乏。"③这显然还不包括在社会生活中,每个个体为了生命意志而在彼此之间进行的各种较之于自然界似乎更为激烈和残酷的斗争与倾轧。

---

① 叔本华:《作为意志和表象的世界》,石冲白译、杨一之校,北京:商务印书馆,2014年,第380-381页。
② 同上,第425页。
③ 同上,第427页。

假如有人反驳说,人生不是也有很多欢愉吗? 叔本华恐怕会回答说,那就让我们来考察一番最能表现欢愉的幸福吧! 看看它的本质,我们就明白作为生命意志客体化的最高级别的人究竟能拥有什么样的幸福。

(二)幸福是消极的、虚幻的

生命意志自身所彰显出来的愿望作为一种缺乏得到了满足,这就是通常所谓的幸福。因此,幸福是以缺乏作为先行条件的,"满足或获致幸福除了是从痛苦,从窘困获得解放之外,不能再是什么别的。"①然而,窘境是每一种动机要达成自身所要面临的常态。作为生命意志的现象,任何一个动机都要面临着自身以外的各种现象的阻碍。因此,人们总是在克服阻碍之中蹒跚前进、独行踽踽。这表明,我们在幸福的获致过程中,不是享受安宁,而是承受生存的重负和致命的空虚。即便我们的愿望最终克服一切困难而得以实现,我们所获得的也不过是某种痛苦和缺乏的解除,即是说,我们不过是回到了其痛苦、愿望产生之前的状态而已。由此可见,就生命意志的不断的冲动而言,所谓的幸福只不过是众多意志现象斗争中的一个瞬间而已。

事实上,生命意志现象中的斗争充斥着整个生命的"现在",而满足和享受往往是与记忆中的过去相比较而言的。在叔本华看来,过去是属于客体的东西,而现在才是真正属于生命意志这个主体自身的。因此,幸福和满足不过是主体用客体的东西来填充其

---

① 叔本华:《作为意志和表象的世界》,石冲白译、杨一之校,北京:商务印书馆,2014年,第435页。译文有改动。

"现在"的感受。这种感受往往导致人们忽视生命意志现象那一刻也没有停止过的斗争与挣扎。由此可见,满足和幸福都是带有一定的自欺欺人的意味,或者说它本身就是一种虚幻不实的感受。

不能忽略的是,我们的某些幸福和欢愉还是建立在与他人痛苦相比较的基础上的。作为生命意志的现象,每一个个体都是为着自己的生命意志而努力着,具有排他性和利己性。因此,利己在一定程度上甚至还是欲求生命的必要形式。但是意识到他人的不幸,庆幸自我的幸运;倾听他人的灾难,体会自己的安全,通过这样产生一种满足甚至欢快,就"已很近于真正的积极的恶毒的源头了"[①]。

诚然,我们在天才的艺术创作那里能够感受到一些幸福和满足,例如,在田园诗的韵律、天才的画作以及音乐的旋律中。虽然这样的幸福和满足是"不带意志的认识",是"唯一纯粹的幸福",但是它们却仅仅是整个人生的"一些瞬间"。人类心灵的基调总是挣扎并痛苦的,因为人的生命在根本上不过是那没有目标、永无止境的冲动的意志所客体化的一个个体现象。

总之,人生是挣扎和痛苦的,他的幸福是消极的和虚妄的。谋求人类的拯救和解脱是天才和哲学家们所肩负的使命,他们如何为人类寻求一条可靠的解脱之道呢?叔本华主张,我们首先要正视人类的"利己主义"本质,抛弃各种道德功利和训诫,从我们的获得性格寻找出路。因此,相对于其他道德学说而言,叔本华的整个道德哲学乃是一种品格伦理学(an ethics of virtue)而不是一种信

---

① 叔本华:《作为意志和表象的世界》,石冲白译、杨一之校,北京:商务印书馆,2014年,第436页。

条、义务或行为的伦理学(an ethics of principle, duty, or doing)。①

二、叔本华对传统道德学的批判及康德道德学的批判

叔本华认为单纯依靠传统的道德来解除人类的痛苦是苍白的,他一再强调"道德,鼓吹易,证明难"②。意志赋予每个个体不同的"理念",每个人都是按照生命意志赋予自己的性格从事一切活动的,因此,只能从人的性格入手来寻求痛苦的解脱之路。

(一)生命意志的肯定自身导致利己主义

意志客体化在整个自然界的表现,就是各种意志现象以"争夺物质"为目标的各种斗争和挣扎。诚然,意志现象为了实现各种"理念"为维持和保存自身而不得不与一切非己的事物作斗争,但就自然界中各种存在的"一切族类的个体"而言,它却是一种实实在在的利己主义,"是所有斗争的出发点"③。

叔本华从意志客体化的角度出发所谈论的这种利己主义是贯穿于整个表象世界的。这意味着,从自然界的无机现象到所有人类最高级的活动,都是以利己主义方式来获得自我存在的,所有现象都平等地享有利己主义的权力。因为,意志产生包括时空在内的一切。时空既是事物的个体化原理,也是事物被认识的基本形式。意志会在时空的个体化过程中,通过杂多性显现自身;并且意

---

① David E. Cartwright: *Schopenhauer's Axiological Analysis of Character*, in: *Revue Internationae de Philosophie*, Vol. 42, 1988, p. 18.
② 叔本华:《自然界中的意志》,任立、刘林译,北京:商务印书馆,1997 年,第 146 页。
③ 叔本华:《作为意志和表象的世界》,石冲白译、杨一之校,北京:商务印书馆,2014 年,第 452 页。

志在每一个杂多性事物的个体之中都是"完整的"。因此,就事物的本质而言,它们拥有平等的地位,都是意志的全权代表,都有保存并发展自己的绝对权力。也正因为这样,它们之中任何一个为保存自身而击败其他现象都是合理的,同样,任何一个被其他现象所消灭也在情理之中。这意味着,利己主义既是意志赋予它们的职责,也是它们从事一切斗争的权利。

这种利己主义体现在具有知性的存在者那里,一方面,就这些认识着的生物作为意志现象的个体而言,它们是认识主体的负荷者;另一方面,又因为认识的主体是这个世界的负荷者,在这些认识主体之外的一切事物,即整个自然,以及其中的一切非己的个体,它们都只是这个个体的认识主体的表象。因此,对于知性个体而言,自我的保存和毁灭就具有了世界性的意义,即它是支撑其他一切个体表象的主体。这意味着,只要它的意识保存着,这些表象就存在;一旦它的意识消灭了,这些表象也就消灭了。也正是在这个意义上,叔本华把凡是具有知性的个体视为"小宇宙",并将它与大宇宙"等量齐观"。他说:

> 每一认识着的个体在实际上是,也发现自己是整个的生命意志或这世界自身的本体,而作为表象它又是补足这世界的条件;从而个体是一个小宇宙,是要与大宇宙等量齐观的。[①]

因此,利己主义所反映的就是小宇宙与大宇宙的对立,它是自

---

① 叔本华:《作为意志和表象的世界》,石冲白译、杨一之校,北京:商务印书馆,2014年,第452页。

然界中所有事物的内在本质。这必然导致一切个体对于一切非己现象的斗争,过程的酷烈可想而知,结果的悲壮也不用想象。整个表象世界就一直上演着这样的悲剧。

就利己主义本身而言,它无所谓善恶。因为在叔本华眼中,"利己主义"是一个道德中性的词汇,即利己主义者会对他人的欲望、需求和各种愿意漠不关心,他们所表现出来的"利己主义自身既无赞扬的价值(Praiseworthy)也无指责的价值(blameworthy)";所以"尽管利己主义可以评估为善的、恶的和无动于衷的,但是利己主义的行为和特征并不具有道德价值"。①然而,当利己主义体现在具有理性的人那里时,也就理所当然地成为一种可怕的力量,因为"每人都想一切为自己,要占有一切,至少是控制一切,而凡是抗拒他的,他就想加以毁灭"②。并且因为人具有最高的意识,水涨船高,他对利己主义的认识和理解也就达到了最高的程度,这时候的"以利己主义为前提的个体斗争也必然会以最可怕的形式出现",③以此,带来的痛苦也最为深重。然而,也正是因为作为意志客体化最高级别的人是具有理性的,他具有推己及人的思维能力,这使得他能够在利己主义的基础上寻求解脱。然而,这解脱绝不是通常意义上的道德,而是同情。这样,以利己主义为中心,分别向"恶"的一端和"善"的一端无限延伸,并由此衍生出道德价值。为了阐释同情,叔本华先对他之前的道德学说,尤其是康德的道德学说进行了批判。

---

① David E. Cartwright: *Schopenhauer's Axiological Analysis of Character*, in: *Revue Internationae de Philosophie*, Vol. 42, 1988, p. 18.

② 叔本华:《作为意志和表象的世界》,石冲白译、杨一之校,北京:商务印书馆,2014 年,第 452 页。

③ 同上,第 453 页。

（二）对传统道德学说的理性依据和功利内涵的批判

在叔本华生命意志客体化的性格论中和人在本质上是利己主义的学说中，蕴含着这样的疑问：道德是否可能？因为道德成为可能的前提是人要拥有自由，然而，自由对叔本华来说是神秘的，那么，道德是否也如自由一样是神秘的呢？叔本华这里所谓的神秘是指自由本身的不可究问，还是它不遵循任何因果律从而无从把握？甚或是对是否存在自由不置可否呢？叔本华在这里应该是说，就知性和理性而言，自由本身是无从把握的，相应的道德也是无从把握的——否则就不会有基于自由基础之上的道德。同时，叔本华指出，自由只存在于人的理智性格之中。由此，他排除了动物具有自由的可能性，把自由作为赋予人专有的一种权利。动物具有知性，但知性只能导致其主体严格遵循因果律而活动。人具有理智直观的能力，这使他能够跳出因果律来感知或看待事物。审美活动之所以能让人摆脱意志的束缚，就是因为它是理智直观对意志客体化理念的认识活动。因此，当谈论道德的时候，也只能局限于"人"这样的认识或实践主体。

叔本华首先批评了这样的观点，即实践理性是人类道德的根据，把理性视为道德生活的内在要求。他是通过探求实践理性的本意与反对斯多葛学派的伦理学而来实施其批判的。在论及实践理性的时候，叔本华特别强调地指出他所谓的"实践理性，并非康德意义上的"①。康德"把实践理性当作一切美德的直接源泉"，视

---

① Schopenhauer: *Werke in fünf Bänden : nach den Ausgaben letzter Hand*, Bd. Ⅱ, Ludger Lütkehaus (Hrsg.), Zurich: Haffmans Verlag, 1988, S. 172.

其为其道德律的"绝对应为的宝座"①，而叔本华认为："真正的实践理性在古代被表述为'对欲望的自我控制'，这实际意味着'理性不能够控制意志'。"②实践理性的应用所带来的结果，无非是客观性结果的获得或用理性控制自己，使自己符合必然性。因此，实践理性的本意在于指导人们进行理性生活，而不在于为人们的道德活动提供任何指南或根据。理性的行为和美德懿行完全是不同的两回事，理性既可能是破坏道德的帮凶，也可能是成就道德的功臣。③因此，实践理性只是道德生活的一种工具而不是其根据。

在古代哲学派别中，斯多葛学派的伦理生活是实践理性的典范。斯多葛学派的伦理学的目标就是实现人的幸福生活，他们视幸福为整个美德的目标。该学派提出"美德是最高的善"旨在表达幸福是内心的平和与心灵的恬静，并且它只有通过德性才能达到。因此，美德只是夹杂在理性生活中的一种手段，而不是目的。例如斯多葛学派"伦理学的化身"爱比克泰德认为，导致痛苦的不是贫穷，而是贪欲；克服这些贪欲以减轻烦恼的唯有理性，因为"使人烦恼的不是事物本身，而是人们对于这些事物的意见"④。西塞罗也有类似的看法。其中最极端的莫过于犬儒学派的安提斯特涅斯，他甚至说："要么为自己获得理性，要么就安排一条自缢的绳索。"⑤

---

① 康德：《纯粹理性批判》，邓晓芒译、杨祖陶校，北京：人民出版社，2004 年，第 613 页。
② Schopenhauer：*Werke in fünf Bänden：nach den Ausgaben letzter Hand*，Bd. Ⅱ，Ludger Lütkehaus（Hrsg.），Zurich：Haffmans Verlag，1988，S. 173.
③ 叔本华：《作为意志和表象的世界》，石冲白译、杨一之校，北京：商务印书馆，2014 年，第 134 页。
④ 同上，第 137 页。
⑤ 同上，第 136 页。译文有改动。

叔本华认为,斯多葛学派所主张的"按照理性生活"的内涵,实质上就是他所认为的"遵循意志本身"而生活。而这不仅不意味着道德,而且连自由也被否定了。在斯多葛学派创始人芝诺那里,美德在于究其一生都是心灵与自己的和谐一致,它要求一贯地理性地依概念来决定自己的行为。芝诺的传承者们用较为具体的"天性"的规定来取代芝诺的"与自己和谐地生活"的内容,甚至有的传承者还把"天性"限定为"人的天性"。在叔本华看来,所谓的"人的天性"就是意志客体化为人所具有的性格,也就是说,斯多葛学派的"按照理性生活"的实质不过是"遵循意志本身"生活。

传统的道德学说还有一种明显的倾向,即道德的功利倾向,这是叔本华所要批判的传统道德学说的另一方面。在考察了古代的道德学说之后,叔本华感叹道:"在古代所有的伦理学体系中,除了柏拉图的体系外,都指向一种幸福的生活;相应地,美德也就在现实世界中有其终点,自然而然地也就不超越生死。"①(柏拉图的道德学说是神秘的。②)这使得道德成为精明的人们所选择的获致真正幸福生活的正确道路。例如,西塞罗就把美德视为幸福人生的有效条件,以此为基础建立了伦理学体系的检验标准,使得其道德实践不可避免地、直接地、无条件地产生幸福。基督教神学家圣奥古斯丁在研究古代哲学家的道德学说时指出:"哲学家们在至善和极恶的问题上进行的各种争论,并在这个问题上始终保持着巨大的热忱,以便努力去发现那使得我们幸福的东西是什么,并把它称

---

① Schopenhauer: *Werke in fünf Bänden*: *nach den Ausgaben letzter Hand*, Bd. Ⅱ, Ludger Lütkehaus (Hrsg.), Zurich: Haffmans Verlag, 1988, S. 174.

② 叔本华:《伦理学的两个基本问题》,任立、孟庆时译,北京:商务印书馆,1996年,第139页。

之为至善。"①叔本华认为,我们既不能把道德看作一种幸福论的学说,也不能把它视为一种救世学说。因为,前者将德行与幸福等同,后者则是运用因果律将幸福视为德行之收获。事实证明,德行与幸福在发展进程方面往往"背道而驰"②。

然而,从根本上说,叔本华是基于其意志论来反对把道德与幸福相联系的。因为他把意志的满足视为快乐的源泉,把意志的受阻视为痛苦的根源,这意味着幸福与道德毫无关联。叔本华对究竟有没有传统意义上的道德或个人的美德,也是持怀疑论的。当然,叔本华绝不是道德否定论者,后文将会指出,他把同情视为唯一的道德。

(三)对康德道德训诫的批判

叔本华从他的意志论出发,消除了理性对道德的指导性作用,并且把理性降格为意志的工具;与此同时,他通过考察道德与幸福的关系,反驳了传统意义上的以道德作为幸福生活的手段,或者直接将道德等同于幸福本身的观点。然而,这并不意味着他完全扫清了建立"同情"道德学说的基础。他还需要对康德的道德训诫展开批判。

在批判康德道德学说之前,叔本华首先对康德伦理学的贡献作了较高的评价。他认为康德清除了"伦理学是关于幸福的学说或者救世的学说"的传统论调,排除了道德学中的幸福论,否定了

---

① Schopenhauer: *Werke in fünf Bänden : nach den Ausgaben letzter Hand*, Bd. Ⅱ, Ludger Lütkehaus (Hrsg.), Zurich: Haffmans Verlag, 1988, S. 176.
② 叔本华:《伦理学的两个基本问题》,任立、孟庆时译,北京:商务印书馆,1996 年,第140 页。

道德学说中"上帝意志"这个因素,或是"基于完善"这个空洞论调。①那么,康德是如何做到这一点的呢?

康德"人类理性立法"的两个对象,分别是"自然和自由",相应地,内在于这个"立法"系统中的是自然法则和道德法则,或者说自然哲学和道德哲学。康德说:"自然哲学针对的是一切存有之物;道德哲学则只针对那些应当存有之物。"②自然哲学属于经验知识的领域,而道德哲学属于先验的领域,这就表明"康德认为,道德原则似乎是根本不依经验及其教训为转移的某种东西"③。这样,康德从根本上就将知识(服从必然规律的自然法则)和道德(属于先验的自在领域)划分为两个不同的领域。由此,康德使道德摆脱了因果律的束缚,进而成为不被决定的东西,并借此赋予人以道德自主权。

人作为主体具有验知和理智两种性格(品格),就验知性格而言,其行为就是感官世界中的现象,它同其他的各种现象一样,完全是依照经验性的自然法则而处于各种关联之中的。而理智性格"虽然永远不可能直接被认知",但是它却"不依赖于并摆脱一切自然必然性这种只有在感性世界中才能见到的东西"④,换言之,理智性格不是现象,也不在时间之中,更不从属于感性条条件。因此,理智性格是人作为主体与自在之物本身所建立的联系,甚至可以

① 叔本华:《作为意志和表象的世界》,石冲白译、杨一之校,北京:商务印书馆,2014年,第575-576页。

② 康德:《纯粹理性批判》,邓晓芒译、杨祖陶校,北京:人民出版社,2004年,第635页

③ 叔本华:《伦理学的两个基本问题》,任立、孟庆时译,北京:商务印书馆,1996年,第140页。

④ 康德:《纯粹理性批判》,邓晓芒译、杨祖陶校,北京:人民出版社,2004年,第564-568页。

说,它在某种程度上就是支配我们行为的自在之物本身。

叔本华认为,康德通过划分主体的两种性格,将经验的自然法则和道德的自由法则分离开来,从而实现了对自然的立法和人的立法。由此带来的一个客观后果就是将道德学说从幸福论工具论中解放出来,也使道德从救世论的因果律中摆脱出来,成为真正的"自由"的一部分。这就是叔本华所认为的康德道德哲学的贡献。对此,叔本华说康德对"道德科学做出了卓越的、显著的贡献,这就是康德基于验知性格和理智性格的关于自由与必然共存的学说"①。不仅如此,他还称康德的道德学说是"人类智慧最伟大的成就"②。

虽然如此,叔本华还是认为,康德有关道德的基础、"道德"这个概念自身、道德的主要原则及其体系等的论述是有重大缺憾的。借此,他对康德的道德训诫展开批判。

首先,叔本华认为,康德道德哲学的首要错误就在于对"道德"本身的认识问题。在他看来,康德把道德研究作为一种道德法则的研究,这是"窃取论题"。康德在《道德形而上学的基础》中说:"我所关注的并不是要找出发生之事的理由,而是要找出关于纵然从未发生、仍然应当发生之事的法则。"③叔本华认为,这种没有理由的法则,实际上是一种假设。因为既然没有理由,你凭什么要用"立法命令"的形式强加给我们? 事实上,在康德那里,道德作为"实践哲学"的内容,是受"自在之物"支配的。因此,如果"理由"

---

① 叔本华:《伦理学的两个基本问题》,任立、孟庆时译,北京:商务印书馆,1996 年,第 140 页、第 198 页。
② 同上,第 200 页。
③ 康德:《道德形而上学原理》,苗力田译,上海:上海人民出版社,2002 年,第 64 页。

一词是指符合必然性的起决定作用的原因,那么它就属于表象世界,或康德意义上的现象界。然而,这与康德在两个世界的划分中,将道德归属于自在之物的支配物的说法相矛盾;不仅如此,这还会间接地通过"因果律"的必然性颠覆整个道德实践的可能性。我们可以说,这是由康德道德哲学的内在逻辑决定的,也即是说,康德所谓的道德法则必然是没有理由的。由此带来的一个严重问题就是:康德道德哲学是在假设"纯粹道德的存在",并以这种假设作为其整个道德哲学体系的"真正基础"①。

其次,康德把道德学说研究的重点放在寻找道德法则之上。然而"法则"这个词的真正的、原初的意义,只限于公民之间的法律,即罗马人所谓的"法"和希腊人所谓的"习惯",它在本质上是依赖于人类意志作用的法规。当我们以派生和隐喻的方式把它运用于自然界时,它说的是一种完全的与绝对的必然性,当我们把它运用于道德时,它说的是动机形成的法则,即因果律的一种形式,它是以知性为中介产生的因果作用。因此,当康德用"法则"来为道德立法时,他实际上是把道德从自由世界硬拉入了现象界,即服从必然性的表象世界。

再次,在康德道德训诫的"定言命题"中,如"你不应该撒谎(Du sollt sich nicht luegen)"中,"Du sollt"(你应该)这类命令方式,从根本上说是"与哲学无关"的,它只是"摩西十诫"的另一种表达方式。②"你应该"所表达的是与"义务""责任"相联系的行为要求,

① 叔本华:《伦理学的两个基本问题》,任立、孟庆时译,北京:商务印书馆,1996年,第142页。
② Schopenhauer: *Werke in fünf Bänden: nach den Ausgaben letzter Hand*, Bd. Ⅲ, Ludger Lütkehaus (Hrsg.), Zurich: Haffmans Verlag, 1988, S. 477.

而不是道德自由。因为,义务本身是一种强制性的法律要求,不执行意味着将受到法律的惩罚;而责任则是"完全来自它对威胁性惩罚和永诺的奖赏的关系"①,这显然是与道德自由原则相悖的。因此,"关于一个无条件的责任概念,是康德道德学的根基"②。

叔本华表示,在道德学说方法方面,康德主要犯了两个错误,第一,他把在《纯粹理性批判》中那种先天和后天认识论的划分机械地复制到道德领域中去,使其道德学也包含两部分,即先天的可知部分和后天的经验部分,并认定道德的基础属于纯粹先天的科学,把经验部分视为不可靠的东西予以抛弃。然而,认识论中先天的部分无非只是纯粹的认识形式,确切地说,它们不过是我们智力的诸多形式,亦即我们认识诸功能的表述。这些功能一旦离开了经验,它们就无法将自身标识出来。可是,康德却将道德领域先天的和后天的割裂开来,断定道德基础完全与任何经验的事物无关。这样一来,导致他所建立的道德法则成为一个纯粹理性的问题,而这与道德自身所具有的实践性是极不匹配的。

第二,夸大理性的作用,将道德建立在纯粹理性的基础上。康德的道德学说似乎不只是服务于人,而是服务于一切有理性者。康德把理性从一个种拔高到一个属,并创立出一个"有理性者"以区别于"人类"。然而我们知道,除了人类自身,所谓的"有理性者"仅具有宗教(如智慧的天使)和灵魂不灭的假设意义,由此所导致的后果是,让他在《纯粹理性批判》中被他"砍掉了头"的上帝实体的复活。叔本华指出:"理性,确实就智能整个地说来,是次要的,

---

① 叔本华:《伦理学的两个基本问题》,任立、孟庆时译,北京:商务印书馆,1996 年,第143-145 页。
② 同上,第 145 页。

是现象的一种特性,实际上是由有机体所制约的,其实人之中的意志才是他的真正自我,是他的唯一的属于形而上学、因而是不可毁灭的部分。"①同时,叔本华反对把理性划分为理论理性和实践理性,在他看来,理性作为推论的能力,就其推理过程而言,实践理性本身就是理论理性。

前文已指出,康德道德训诫中的"绝对命令"是把道德行为作为一种义务加给我们的,康德本人曾对这种义务作过如下说明:"义务是出于对法则的敬畏的一个行为之必然性。"②对此,叔本华指出:第一,究竟什么是"一个行为之必然性"?其唯一能自圆其说的解释就是"一个义务的行为客观上是必然的,但主观上是偶然的"。而这就意味着,其定言命题中的"应该"所表达的是"一种强行隐蔽、很不自然的"意义。③第二,按照康德自己的解释,这里的"敬畏"(Achtung)说的是"我的意志服从一项法则,法则之直接决定意志,以及这样被决定的意识——这就是敬畏的意义"④。因此,"敬畏"意味着"服从",用康德自己的话说就是,服从道德法则是建立在"一种纯粹的义务感上"的"义不容辞",它不仅是"必须的命令",而且是"必须""敬畏",甚至还是"应该""服从"。然而,这种利用强迫和恐吓而产生的道德,是"多么奴性的道德"⑤。

---

① 叔本华:《伦理学的两个基本问题》,任立、孟庆时译,北京:商务印书馆,1996 年,第 154 页。
② 康德,《道德形而上学原理》,苗力田译,上海:上海人民出版社,2002 年,16 页。
③ 叔本华:《伦理学的两个基本问题》,任立、孟庆时译,北京:商务印书馆,1996 年,第 157 页。
④ 康德,《道德形而上学原理》,苗力田译,上海:上海人民出版社,2002 年,20 页。
⑤ 叔本华:《伦理学的两个基本问题》,任立、孟庆时译,北京:商务印书馆,1996 年,第 156 页。

　　叔本华反对任何道德原则和命题的"命令形式",认为它们是"德行之所是",是从某个哲学体系中推演出来的某种道德的行动指南。换言之,对他来说,任何道德原则和命题的产生都必须是理性推论的结果,是立足于现象界的,并没有超越表象世界的抽象道德本身。

　　叔本华指出,康德道德学说不具有实在性基础。这反映在两个方面:其一是它脱离了经验来谈论道德,其二是它缺乏真正"自由"理论的支撑。"对人来说,唯一具有实在性的事物是经验的事物"①,因此,道德的实在性必须从经验性方面加以评判。然而,康德将"绝对命令"视为先天原则,并由此抛弃道德的经验性,这意味着其道德研究的并不是人的实际行为,而是某种虚无缥缈的空中楼阁。更加荒谬的是,康德还要求这"空中楼阁"具有更为广泛的适应性,也就是说,其道德原则不但适用于人,还要适用于所有的"理性者",尽管这种"理性者"离开人类仅具有臆想的意味。

　　因此,康德的定言命令在本质上是一种神学道德观。康德的道德命令把义务与责任作为人道德的行为要求,而义务与责任相对应的是"可能的惩罚"和"允诺的奖赏",掩盖在这一推论之下的实质是"最高的善即德行与幸福的合一"②。照此看来,康德的这种"无条件的绝对责任假定"还隐藏着内在的矛盾,即它是以惩罚和奖赏为条件的。不仅如此,它还毁掉了康德在《纯粹理性批判》中那统一自由与必然以消除道德与幸福之间的必然联系的功勋。然而,说道德是"有条件的责任"也是成问题的,因为这意味着道德会

---

① 叔本华:《伦理学的两个基本问题》,任立、孟庆时译,北京:商务印书馆,1996 年,第 165 页。

② 同上,第 145 页。

考虑各种得失,成为一种交易。

将道德行为视为一种义务并以命令的形式出现,这是来自"神学的道德观念",并且主要来自《圣经》中的摩西十诫。在神学中,这些道德训诫以"上帝"的意志为依托来要求信徒的行为,它们对信徒具有强制性,也就是具有某种"绝对性"的定言命题。康德所做的则是悬置上帝,直接用"绝对命令"来要求人们的道德行为。从这个意义来看,这种道德训诫也可以被视为盖头画面的神学道德。

康德关于道德的"绝对命令"与其良心说既有区别又有联系。其根本的区别在于:良心后于道德行为得到标识,定言命令先于道德行为而被说出;换言之,良心在经验中获得存在,而定言命令是"纯粹先天的"。通过其良心学说,康德在我们心灵的深处建立了一个"超自然的法庭"来诉讼、辩论和裁决我们对定言命令的执行情况,类似中世纪的宗教法庭。不同的是,康德用良心来代替宗教。然而现实的情况却是:一切民族都宣告良心相对于宗教来说要脆弱得多,以至于所有的民族都想用宗教代替良心。更进一步说,良心在给我们做出"道德裁决"时,难免要受到个人性格和认识的影响,它不可能在一个标准下对自我的行为做出检讨。

与绝对命令的"执行"相关的另一个要求是"意志的自律",这是康德从"意志活动具有目的性并要求理性服务于这目的性"的命题中推导出来的。康德说:"一个有普遍立法权的意志,必须规定全然不依据兴趣的,而仅依据义务感去做出的行动。"①也就是说,人们要通过意志的自律来履行道德的绝对命令。然而,康德似乎

---

① 康德:《道德形而上学原理》,苗力田译,上海:上海人民出版社,2002年,第73页。

没有懂得,"兴趣"与"动机"本是可以互换的观念,一旦把意志中的兴趣剥离,那么随之而来被剥离的便是意志的动机,而没有动机的意志就根本不具有行为能力,也就是说"意志就不能起作用"①。此外,更为严重的是,康德把"人的尊严"建立在意志自律的基础上,这使得其本已空洞无物的"尊严"得以存在的基础也不稳固了。

总而言之,虽然康德的道德学说通过两种性格的划分,使得自由和必然得到了有机统一,但是他所主张的自在之物具有的不可知性,使得自由成为设定的东西,如此一来,他不得不建立一种"伪装的神学道德"②。

叔本华对传统道德学说的否定和批判,并没有导致他彻底否定道德的存在,在他看来,把道德等同于幸福的学说是有悖于现实实际的,就深层次而言,幸福道德说是一种基于因果律的交易行为论。而康德的道德拯救论(尊严论)无非是一种神学道德观或其变种。叔本华否定传统道德的形而上学基础,批判传统道德无视"利己主义"的深层次因素,他要在新的形而上学的基础上,正视人的"利己主义"本性,建立起其意志论的道德学说,这就是同情论。

三、主体的担当:同情

通过对传统道德学说和康德定言命题的批判,叔本华为其道德学说的建立扫清了障碍,使得他能够从意志论的角度建立起被他命名为"同情"的道德学说。建立这个道德学说的第一步就是要正视人的利己主义。

---

① 叔本华:《伦理学的两个基本问题》,任立、孟庆时译,北京:商务印书馆,1996年,第187页。
② 同上,第209页。

(一)利己主义作为道德的逆反和浅层次依据

在前文中,我们看到对生命意志的肯定自身导致利己主义(Egoismus)。我们之所以要对生命意志予以肯定,是因为我们自己就是生命意志的现象,从生命意志中获得自我的存在。因此,对我们而言,利己主义既是迫切生存的现实需要,也是"要在最好环境中生存的冲动"①。

利己主义并不同于自私自利(Eigennutz),因为利己的(egoistich)不一定是自私的(eigennuetzig)②。将利己主义理解为追求私利(Selbstsucht)是错误的。因为在人和动物的活动中,利己主义"是密切地与其本质交缠纠结在一起的"③。意志客体化为表象后,利己是意志在表象世界为获得自我的存在而必然具有的行为方式,因此,意志是利己主义形成和发展的基础。④叔本华所讲的利己主义,既与一般伦理学的利己主义具有共性,又有不同。其共性在于:承认对自己某种欲望的满足,对于"我"的行为来说,是一种必要的和充分的条件;其不同在于:叔本华的利己主义是以其意志论为根基,拓展到一切事物的本质方面,而不是仅仅在与他人的关系中以自我为中心。作为生命意志客体化最高形式,人的任何行为都有其利己主义的根源。因此,不论人的道德行为还是非道德行

---

① 叔本华:《伦理学的两个基本问题》,任立、孟庆时译,北京:商务印书馆,1996 年,第221 页。

② Schopenhauer: *Werke in fünf Bänden: nach den Ausgaben letzter Hand*, Bd. Ⅲ, Ludger Lütkehaus (Hrsg.), Zurich: Haffmans Verlag, 1988, S. 544.

③ Ebd., S. 544.

④ 叔本华:《伦理学的两个基本问题》,任立、孟庆时译,北京:商务印书馆,1996 年,第223 页。

为,都能从利己主义找到其根源。

当利己主义表现为人为了突破一切妨碍自我存在以及战胜那阻止其免于匮乏或贫困等一切痛苦的欲望时,不论这阻碍之物是人还是事物,他都视之为要消灭或突破的对象。这时,利己主义乃是"高踞于世界之上的一个巨大怪物"[①];它使个体视自我为世界的中心,甚或说这个个体就是整个世界。对他而言,自我的消灭或者消逝就等于整个世界的毁灭。在这种利己主义行为中,个人会为了自我的幸福和享受而置国家和民族的利益于不顾,更不用说他人的生死痛苦了。这种行为一旦成为社会的主流时,就会使得"一切人对一切人战争"的社会秩序成为现实,并最终导致包括无数这样的利己主义者在内的人类幸福的毁灭。如果我们将道德动机视为由衷的公正与无私的仁爱的话,那么虽然利己主义并不是道德动机必须与之斗争的唯一力量,但是它仍是首要的且主要的力量,据此来说,利己主义乃是道德动机的反动。

从根本上说,叔本华的利己主义是立足于其形而上学基础之上的,即是立足于意志的客体化自身之中的。因此,要彻底突破利己主义的重围,就要对意志客体化的过程和目的予以否定。但这似乎只有作为纯粹的认识的主体才有可能。人作为意志与认识的双重主体,[②]立足于道德动机来反对利己主义的时候,只有强调基于人类自身的公正与仁爱,做一个"大写"的人。将利己主义放大到人类整体命运中去,即以利己主义作为整个人类而非个体的行

---

① 叔本华:《伦理学的两个基本问题》,任立、孟庆时译,北京:商务印书馆,1996 年,第222 页。

② 叔本华:《充足理由律的四重根》,陈晓希译、洪汉鼎校,北京:商务印书馆,1996 年,第145 页。

为准则时,它才会具有真正的道德价值。这个价值在于:对个体的利己主义的否定而对整个人类的利己主义的认同,从而间接地使利己主义成为道德的基础。人之所以有道德行为,是因为人类具有理性,理性的思维推理能力,使人能够推己及人,"己所不欲,勿施于人",这就是何以利己主义能成为道德基础的原因。因此,我们可以得出两个推论:第一,道德并不是基于自在之物的,而是基于表象世界的,对道德而言,没有绝对命令,只有假言判断,道德总是受因果律支配的;第二,道德只属于人类。那么,对叔本华而言,什么才是道德?

(二)同情:道德主体的担当

前文已经指出,人生始终处于生命意志的洪流之中,受欲望的支配而产生无穷尽的痛苦,毫无意志自由,有的只是从理智性格中所获得的验知性格。人们在反思认识中产生获得性格,并以此使人在一定程度上否定生命意志,从而摆脱其支配,拥有部分的自由。这使得人们能够从事道德活动,并且具有了彻底从意志中解脱出来的希望。因此,道德活动的前提不是意志自由,道德活动本身也不是人生获致幸福的活动,它不应该是神学解脱之外的追求,而应该是人们普遍都应具有的悲天悯人的仁者情怀。但我们不能像康德那样通过改装的神学戒令来建立其基础,因为道德自身的动机或者出发点绝不是某种"绝对命令"。真正的道德就是同情。

叔本华的"同情"道德观是有其内在逻辑的。这就是:为什么需要同情?因为从生命意志中产生的痛苦需要分担;为什么能分担?因为人有相对的自由,即他的获得性格使他能够承担他人的痛苦;怎样分担他人的痛苦?同情。这些问题在前文中我们已经作了较为详尽的梳理。现在面临的问题是:什么是同情? 究竟怎么才算同情? 为什么要去同情?

要回答这些问题,我们首先要回到利己主义的话题。叔本华认为利己主义是"自然界中每一事物本质上的东西"①,在形而上学的层面,利己主义是意志客体化的内在要求;在利己主义的主体的层面,利己主义所蕴含的是对他自身"好"或者"善"(Gut),而不是"恶"(Böse)。而"善"与"恶"的概念是相对的,它们的共同点在于,都是指某一客体对意志的某种固定欲求的适应性。凡是迎合意欲的或者以满足意志目的的就是善;反之,则是恶。因此,善与恶都只有在其与某一欲求的关系中才有其实质意义。没有绝对的善,"至高善"或"绝对善"本身就意味着矛盾。追求自我善的利己主义者往往忽视对他人的影响,甚至和他人对抗乃至消灭他人,这对他人来说,就是恶。事实上,这种恶应该叫作"非义"。非义就是人作为行为主体只肯定那体现在他自身身上的意志,并且通过肯定这意志来否定那体现在别的个体中的意志。正义是对非义的否定或打消。正义意味着:当一个行为主体在肯定他自己的意志时,意识到他人也需要对其意志予以肯定,从而部分地否定自我意志,即既维护对自我意志的肯定又维护他人对意志的肯定。因此,正义在本质上是消极的、被动的。

不同于正义的被动,"同情"是主动的。同情是"真纯的爱",即希腊文意义上的"博爱",拉丁文的"仁慈"。它是"纯粹的爱""无私的爱"。②在这种爱中,每个行为主体都将自己和别人完全等同起

---

① 叔本华:《作为意志和表象的世界》,石冲白译、杨一之校,北京:商务印书馆,2014年,第453页。

② 同上,第511-513页。

来。同情驱动我们去做善事,利益别人。在同情者眼中,"永远只是对于别人的痛苦的认识"①。

可是,我们为什么能产生这种"纯粹的爱"去分担别人的痛苦呢? 叔本华讲了三个方面的理由:①由利己主义的自我否定或者推己及人的担当;②看穿世界幻象虚假不实的"摩耶之幕";③"梵我同一"的共在。

首先是推己及人的担当。这是行为主体在较低的层次上看穿了生命意志个体化的本质,由此把自己与他人等量齐观,并且意识到自己对生命意志的肯定行为也为他人所共有,从而在肯定自己生命意志的同时,努力避免损害他人对其生命意志的实现。就个体而言,他会认识到自己作为现象的本体也就是他人作为现象的本体,即自己与他人共同享有那支配一切事物的生命意志。这致使他能够尽量避免伤害他人和动物,甚至还能对他们产生"纯粹的爱"。就人类社会而言,行为主体通过理性推理认识到,既然所有的人都带有利己主义的性质并且都会对他人产生非义的行为,那么为了减轻所有人可能由他人的非义而带来的痛苦,唯一最好的办法就是所有人都放弃那可能给他人带来伤害的意欲,借此来减少对他人的伤害,这就产生了国家契约或法律。同情不仅停留在这种社会契约的基础上,它还要求行为主体像肯定自我的生命意志一样自觉地肯定他人的生命意志,在这个意义上,同情就是"无私的爱"。就整个表象世界而言,如果一个行为主体认识到"自己最内在的,真实的自我"就是那一切生物所共有的生命意志,并由

---

① 叔本华:《作为意志和表象的世界》,石冲白译、杨一之校,北京:商务印书馆,2014年,第512页。

此自然而然地把所有生物的痛苦都看作自己的痛苦,进而又把全世界的伤痛都看作自己的伤痛,那么他就会对他人、对各种生物的痛苦予以怜恤担当,这样一来,他就产生了最为广泛意义上的"博爱"。这就是既基于利己主义又否定利己主义(或者说超越利己主义)的推己及人、推人及物的道德行为方式,也就是从自我出发的同情原则。

然而,同情产生的更为深层次的原因在于看穿整个表象世界的虚幻性,认清这"摩耶之幕"背后的生命意志的本质。摩耶(Maya)是古梵语,意为"欺骗""骗局",摩耶之幕是指"遮蔽真实世界的帷幕"①,叔本华所谓的"摩耶之幕"指的是根据律所支配的表象世界。表象世界中的一切都是生命意志的体现,都是意志的个体化。意志的个体化使得表象世界产生了各种利己主义的行为主体。这是整个世界处于斗争之中和生命感受到痛苦的根源所在。当有人看清了"摩耶之幕"的本质无非是生命意志要实现自身,并且意识到整个自然界都是如此,体会到在表象世界中,人与其他生物一样,都在盲目地冲动着,都处于内在的矛盾和恒常的痛苦中,于是,他便意识到在生命意志的肯定中所蕴含的艰辛与痛苦、不可避免的悲剧,这悲剧就是生命意志终将抛弃任何已成的个体而继续制造新的个体,并不断抛弃这些个体。这悲剧使他"战栗",使他在一定程度上能够主动克制欲求,以达到无为和无欲状态。这样,"摩耶之幕"在他面前已经是透明的了,生命意志的个体化原理的骗局也就收场了。如此一来,他也就能够在任何生命的个体那里

---

① 叔本华:《作为意志和表象的世界》,石冲白译、杨一之校,北京:商务印书馆,2014年,第32页。

看到他自身,看到他的意志,并产生无私的爱。这种纯洁无私的爱就是同情。

如果把对"摩耶之幕"的否定看作是在表象世界中发生的"意志对生命的背弃",并由此产生"同情"的道德行为一种方式的话,那么对"梵我同一"的认识则是对一切存在物在本质上都是"同呼吸共命运的"一个整体的认可,并由此产生"同情"的道德行为的另一种方式。这两种方式实际上是互为表里的。在婆罗门经典《奥义书》中,阿垄尼反复告诫其子施伟多凯也徒·阿垄涅耶说:"是彼为至精微者,此宇宙万有以彼为自性也。彼为'真',彼为'自我',施伟多凯也徒,彼为尔矣。"①其中"彼为尔矣"就是叔本华所言的《吠陀》公式"这就是你"。与《奥义书》不同的是,叔本华没有用"至精微者"这个说法,取而代之的是"意志",他说:

> 意志是任何一现象的本体,但作为本体来说却又不在现象的那些形式中,从而也不具有杂多性。②

换言之,叔本华以"意志"为"真",为"自我",为"宇宙万有的自性"。他认为如果一个人能够以"清醒的认识"和"坚定的信心"认准这一真理,并真切地把这一真理运用到他所接触的每一事物中去,那么他就具有了完备的美德。因为这一真理能使人突破任何个体化原理的限制,脱离表象世界中任何现象的支配,并导致他对任何个体生命意志的自我放弃,从而产生真正的善。这善就是

---

① 《五十奥义书》,徐梵澄译,北京:中国社会科学出版社,2007年,第206-210页。
② 叔本华:《作为意志和表象的世界》,石冲白译、杨一之校,北京:商务印书馆,2014年,第510页。

无私的爱。

然而,同情的道德是有明显缺憾的,即它并不能导致同情者与被同情者真正的解脱,它只能让他们共同承受生命意志所带来的痛苦。真正的解脱在于对生命意志的彻底否定,使意志回归到它作为纯粹的认识主体自身。

第三节 弃绝与"虚无":主体 对生命意志的否定

同情作为对生命现象中一切痛苦的担当,就行为主体和被同情者而言,虽然它是一种"善",是对利己主义的否定和超越,但它并不能从根本上使人摆脱痛苦,(对痛苦而言)只能算作是治标不治本的"减轻剂""止痛剂"。要想真正消除一切痛苦,就必须"把自我意志完全予以否定",做到"真正的无所欲求",这意味着,意志永恒地静默安宁。究竟如何达到对生命意志的否定呢? 有哪些途径可以让作为行为主体的我们去超越生命意志呢? 叔本华给出的答案是弃绝生命意志,把主体的意志虚无掉,使其成为纯粹的认识主体。

一、弃绝:主体超越生命意志的唯一途径

对生命意志的否定,也就是人们通常所谓的"清心寡欲",它是从意志的"清静剂"中产生的,或者说,它产生于对意志客体化的表

象世界所具有的内在矛盾及其本质的"虚无性"的清醒认识。基于这种认识,作为行为主体,我们就会意识到,没有对意志的彻底否定,就没有痛苦的消亡,也就没有生命的解脱。对生命意志的否定即是对生命意志的弃绝①。

必须说明的是,对生命意志的弃绝绝不等于自杀。自杀非但不是对生命意志的弃绝,反倒是一种强烈地肯定意志的现象,因为自杀的原因都是对生活条件的不满,而不是对意志本身及表象世界的真切认识;自杀的结果是自杀者毁弃他自己的作为个别现象的生命,而不是否定他的生命意志。生命意志是梵天、毗湿奴、湿婆的三位一体,也就是说,它是创生者、维护者和毁灭者的统一。这即是说,生命的形成与诞生、维持与延续、破坏与毁灭都是生命意志所造成的。不仅自杀带来的毁灭并不否定整个生命意志,就是那种希望从生命的自然死亡中获得自我解脱,也都不是对生命意志的否定。

审美也不是否定生命意志的方式。在第三章中,我们看到,作为"清净剂"的审美是审美主体为摆脱生命意志的痛苦而获得的暂时的休憩。这种休憩无非是审美主体(作为纯粹的认识主体)在审美活动中,通过沉浸于审美对象中的"美",而获得的一种暂时的宁静和解脱。审美在本质上使得作为认识主体的"我"与生命意志达成某种和解,即不让生命意志呈现到我们的认识中来。在审美活动中,审美主体并未从根本上摆脱生命意志的束缚。

同情也不是弃绝生命意志的方式。正如前文所言,同情无非

---

① Schopenhauer: *Werke in fünf Bänden: nach den Ausgaben letzter Hand*, Bd. I, Ludger Lütkehaus (Hrsg.), Zurich: Haffmans Verlag, 1988, S. 512.

是对非己者的痛苦的担当。从这个意义上说,同情不但不能使主体解脱,反而会使他在同情这种纯粹的道德行为中承受更多的痛苦,即便这痛苦不一定是自我的真切感受。在更深的层面上来说,同情本身只是经验世界的事情,它囿于表象世界,并不涉及自在之物。

那么,能够通过祈祷上帝或者其他什么神灵获得解脱吗?答案也是否定的。在叔本华的意志哲学中,世界是二元的,它被区分为作为自在之物的意志和作为现象的表象世界。换言之,叔本华根本就没有为任何宗教神灵留下任何生存的空间。不仅如此,在他对康德道德哲学的批判中,最根本的一条,就是要清理道德的神学基础。因此,对叔本华而言,依靠宗教或神灵的办法来寻求主体的解脱是不可能的。

由此可见,在叔本华所给出的行为方式中,唯有对意志的弃绝才是真正的解脱之路。而真正使得"弃绝"成为可能的是生命意志本身。这意味着,"弃绝"是由我们所弃绝的对象的性质决定的。

意志客体化为表象世界以后,所有的现象都在表象世界中为获得自己的存在而进行"挣扎","挣扎"是其唯一的本质。引发诸现象"挣扎"的是意志。因为现象是实现意志的客体化的产物,要维系其自身的存在,就必须冲破一切阻碍它的力量,这就必然产生挣扎。这种挣扎呈现在一切有认识能力的生物那里,都会产生两种感受:其生命力受阻时的痛苦,达到或者满足时的幸福。冲破阻力是暂时的,挣扎则是永恒的。挣扎没有最后的目标,痛苦也不会有终点。因此,一切生命在本质上都是痛苦的。[①]这痛苦的根源在

---

① 叔本华:《作为意志和表象的世界》,石冲白译、杨一之校,北京:商务印书馆,2014年,第423页。

于生命意志本身,如果没有意志的客体化,没有生命意志的一切欲求——欲求的实质是缺乏,那么将不会有任何痛苦。因此,要想消灭痛苦,唯有弃绝生命意志本身。我们不能消灭生命意志本身,弃绝是唯一最佳的方式。

我们如何才能做到弃绝呢? 总的来说,方法有二:其一是着眼于表象世界的弃绝,其二是着眼于意志本身的弃绝。前者我们称之为"外在的弃绝",后者我们可以称之为"内在的弃绝"。

二、弃绝:行为主体"禁欲"的斗争

要摆脱意志客体的意欲给我们带来的痛苦,我们首先要认清我们置身于其中的表象世界是虚幻不实的,它是我们一切痛苦的总根源。然后,我们要对我们自身在这个表象世界中的一切欲求予以弃绝,并由此处于一个不受意志支配的行为状态之中,摆脱因果律的支配。我们不得不承认,我们要在表象世界中摆脱因果律的支配是完全不可能的,哪怕是那么一丝毫的躲避也是不可能的。因此,弃绝生命意志既不是要摆脱因果律,也不是要完全脱离整个表象世界,而是与意欲作斗争,让自己的行为不受意志动机的支配。也就是说,让自己不去追求意志所欲实现的目的,去遗忘那意欲所渴求的"匮乏"。这表明,要弃绝生命意志,我们需要与意志作各种斗争,"生命意志的否定是必须以不断的斗争时时来重新争取的"[①]。在此,斗争的实质就是广义"禁欲",即禁止一切意志所欲达成的欲望。禁欲是比同情的美德更为高级的行为方式,在禁欲

---

① 叔本华:《作为意志和表象的世界》,石冲白译、杨一之校,北京:商务印书馆,2014年,第533页。

那里,行为主体不再肯定那反映于现象中的本质,而是否定之。

禁欲的深层次根源在于对生命意志的厌恶,具体来说,在于认清表象世界的一切生命在本质上都受到生命意志的支配,在于懂得一切烦恼和痛苦的根源都在于生命意志。

(一)以弃绝生殖为中心的全面弃绝

在表象世界中,我们可以把整个世界划分为自然的和社会的两个层次,作为行为主体,我们既是自然的人,又是社会的人。因此要弃绝生命意志也必须从这两个方面入手。首先,我们作为自然的人要弃绝自我的一切欲望,弃绝对幸福的追求和各种缺乏的满足,而最为核心的是要弃绝性欲。

如果生命意志因为生命个体的诞生而获致肯定,因为个体的死亡而终结的话,那么性欲的满足本身就已经超越了行为主体对自我生命意志的肯定,它由此寄托了一种源自主体对生命意志进行持续肯定的希望。就自然人和动物作为种族或类的存在而言,性欲是它们为了自我保存而做出的一种努力,它是生命意志在整个生命种属中的生命意欲。[①] 因此,作为自然的内在本质,生命意志促使自然必须以它全部的力量去"鞭策着人和动物去繁殖"[②],这使生命意志在性欲中表现得最为强烈。基于此,叔本华认为,当我们弃绝生命意志时,性欲是一个非常大的难关。因为,实现性欲的性器官相对于其他任何生理器官而言,"更是只服从意志而不服从

---

① Schopenhauer: *Werke in fünf Bänden: nach den Ausgaben letzter Hand*, Bd. I, Ludger Lütkehaus(Hrsg.), Zurich: Haffmans Verlag, 1988, S. 620-621.

② 叔本华:《作为意志和表象的世界》,石冲白译、杨一之校,北京:商务印书馆,2014年,第449页。

认识"。借此,我们弃绝意志的行为往往表现为两个生理器官的斗争:性器官作为意志的真正焦点与大脑作为认识的代表之间的斗争。假如我们看不到世界的虚化不实,看不到表象世界作为"摩耶之幕"所掩盖的本质,在性欲方面,我们就会只受到意志的支配。如此一来,我们就老老实实地肯定着意志,去实现着我们作为自然人的生存和繁殖的秉性。然而,只要当我们意识到我们所经历的一切终将消失,我们所承受的一切都是意志为实现自身所带来的无尽的痛苦时,我们内心就会产生一种强烈的厌恶感,这时,我们就会自然地否定生命意志,弃绝这作为表现世界的核心和本质的东西,也就会"惩罚这身体"不要性欲的满足,这就是戒淫。因此,自愿、彻底地远离那些可能引起我们性欲的异性是"禁欲或者否定生命意志的第一步"①。

然而,假如一切人都禁欲的话,人岂不是要绝种? 也就是导致人的消灭。是的,正是这样:随着人的消灭,生命意志被彻底取消,一切现象得以消灭,整个表象世界也就没有了。因为没有了主体也就没有了客体。世界不过是"我"的意志在我的认识中的显现,随着人的消灭,意志作为现象一切也就消灭了,甚至意志自身也得以取消。为了说明这一点,叔本华还引用了《圣经·约翰福音》的相关内容和释迦牟尼佛出家前对马所说的偈子来论证人一旦消失,其他事物都得消失。

诚然,弃绝性欲是否定意志的关键所在,但这并不是说弃绝性欲乃是唯一的禁欲之道。除了弃绝性欲之外,甘于物质生活的贫

---

① 叔本华:《作为意志和表象的世界》,石冲白译、杨一之校,北京:商务印书馆,2014年,第518页。

困、逆来顺受的忍让、斋戒绝食的措施、鞭笞肉体的体罚等,所有这些都是对意志的降服和超越。

在此基础上,叔本华肯定了基督教、婆罗门教、佛教等宗教教徒的禁欲,他表示,宗教信徒那种自愿的、故意的否定生命意志的行为,虽然在认识上是直观的,尚未进入哲学的抽象真理中,然而却由此产生了各种美德和神圣性。尽管宗教带有神话的性质,但是它通过教徒们的这些行为已经表现出对生命意志的弃绝。因此,宗教禁欲虽然在认识的层面上有所不足,却也不失为一种弃绝生命意志的有效方法。

就基督教而言,摩西十诫就已表现出一种要导向"最高度的博爱"的倾向,即导向"同情"这种伦理行为,也导向克制欲求。在《新约》中耶稣对门徒的要求,如爱邻人如爱己、以德报怨、拒抗性冲动等,是我们看到的"禁欲和否定意志"的这一思想萌芽。[①]在基督教的发展过程中,这萌芽不断成长并绽放出繁盛的花朵,它表现在虔诚的基督教布道者们追求"彻底的清心寡欲、自愿的彻底贫困、真正的宁静无为、彻底漠然于人世的一切"[②]的行为中,以及完全忘记自我而沉浸在对上帝的直观之中。这表明,基督教在否定生命意志方面是不断进步的。

相对于基督教而言,古印度教对生命意志的否定更为彻底,这种彻底程度是包括基督教在内的整个西方文明远不能及的。这点可以从其对信徒的训诫中反映出来:它要求慈悲一切有情(笔者

---

① 叔本华:《叔本华论说文集》,范进、柯锦华、秦典华、孟庆时译,北京:商务印书馆,1999 年,第 427 页。

② 叔本华:《作为意志和表象的世界》,石冲白译、杨一之校,北京:商务印书馆,2014 年,第 527 页。

注:有情即叔本华所谓的任何有认识能力的生物,或者说任何认识主体,因为只有他们才有痛苦的感受),广行布施无所吝惜,无条件忍受一切恶行,欣然接受一切加诸己身的不公正行为,禁食一切动物的肉,绝对戒除性欲,放弃一切世俗的欢愉,视众生如亲人并一律平等对待,无以复加地慈悯一切众生,在无尽的忏悔、恒久的自苦、默默地静观中抑制意欲等;这些都是以非常坚决的态度弃绝生命意志的。

在弃绝生命意志之后,尽管从表面看,这些禁欲者是如此清贫与孤寂,然而由于他们对生命意志予以了弃绝,他们便"充满内心的欢愉和真正天福的宁静"①。

然而,对生命意志的弃绝是一个相当长久的斗争过程。那些通过否定生命意志而获得的宁静和快乐,都是在同生命意志的不断斗争中所产生出来的,没有一劳永逸的可能性,只有通过不断的努力才能有所收获。

(二)弃绝:意志的自我取消?还是主体对意志的取消?

现在面临的问题是:第一,梵我同一,取消生命意志,是不是意味着取消整个世界?第二,行为主体对意志的否定是意志的自我否定,意志的否定与"我"有什么关系呢?从叔本华的观念论来说,第一个问题是很好处理的,因为"世界是我的表象"旨在表达的是,当我的生命意志不存在的时候,与我同一的"梵"的生命意志自然也就不存在了,所剩下的就是纯粹的"我"了。然而,对生命意志的

---

① 叔本华:《作为意志和表象的世界》,石冲白译、杨一之校,北京:商务印书馆,2014年,第533页。

肯定与否定在实质上都是"从认识出发的",因而弃绝生命意志实际上就是通过已有的认识来终结意志的欲求。这就是说意志取消它自己。以弃绝性欲为例,弃绝性欲作为对生命种属的"精神的叹息"①的放弃,它是行为主体清楚认识了自身的个体化原理之后的自觉行为,其所表现的就是对生命意志的否定。

这样一来,所带来的问题可能是:要么"我"作为行为主体就是生命意志本身,对生命意志的肯定或者否定都是我对自我的肯定或者否定;要么"我"是驾驭甚至超越生命意志的主宰,也就是说"我"超越于生命意志之上,对生命意志的肯定与否定都取决于我。在前者,"我"没有自由,甚或说"我"只是生命意志的一个现象、一个符号,"我"存在与否都对生命意志毫无影响;在后者,生命意志可能影响"我",但不能取代"我"。因此,现在我们又要回到"我"与生命意志的关系中来了。

在本章开始的时候,我们曾提到如下公式:

$$作为主体的人 = 小宇宙 = 意志 + 表象$$

该公式表明,生命意志就是意志+表象,我们所肯定与否定的都只是表象,它完全不涉及作为自在之物的意志;而且,正是这自在之物赋予我们以肯定和否定生命意志的能力。由此可知,生命意志只是意志的表象形式,弃绝生命意志的实质就是否定其表象形式,即否定整个表象世界。

---

① 阿·古雷加、伊·安德烈耶娃:《他们发现了我——叔本华传》,冯申译,北京:人民出版社,2007 年,第 303 页。

在弃绝生命意志之后,我们得出如下公式:

作为主体的人=意志

该公式表明,只有彻底否定生命意志,我们才能回归到作为自在之物的存在。由此,我们进入了世界"作为我的意志"的这一面。然而,世界作为意志是本质的、单一的、不可推论的(但可知的)。当表象世界不存在时,作为主体的意志所面对的就是"虚无"。而这"虚无"正是自我解脱所要达到的目标,在那里,无所有而无不所有,无存在而无不存在。因为"虚无"实现了主客体的消融:没有表象,没有意志;没有意志的客体化,没有客体,相应地也没有主体。①

三、虚无:生命意志取消后的本真态

个体的生命从由意志的"虚无"而产生,它承载着生命意志的使命,最终又归于"虚无",这是任何生命现象都必须经历的一个过程。在这个过程中,生命个体必须承受各种欲求和匮乏的纠缠,因而它始终处于一种不可逃避的痛苦之中,即使有幸福,那也是暂时和消极的。当生命结束时,生命意志作为个体现象就结束了,个体的痛苦也就消失了。②然而,这样的自然过程所得出的"虚无"并不是行为主体自行取消生命意志的结果,因此,它不具有真正的解脱意味。换言之,生命的自然过程的终结,不是行为主体通过"获得性格"所把握的自由,严格地利用其理智去否定生命意志的结果,

---

① 叔本华:《作为意志和表象的世界》,石冲白译、杨一之校,北京:商务印书馆,2014年,第559页。
② 同上,第375页。

所以,它不是叔本华所谓的解脱意义上的"虚无"。这种"虚无"在本质上并没有取消意志的客体化,也没有取消表象世界,它不过是意志客体化的一种现象的自动终结而已。叔本华所谓的"虚无"并不是什么都没有,而是一种生命本真的状态,它是主体与客体不再存在的那一点,是实在的有。①这种状态是"一切知的彼岸",在那里只有"认识"自身。②

因此,叔本华在这里所强调的"虚无"是一种相对意义的"虚无",它是相对于生命意志的现象而言的"虚无"。或者,我们可以将之理解为一般意义上的"空乏的虚无","空乏的虚无"是和"绝有"相对立的"虚无",在某种情况下,它会"倒换"为绝对的有。因此,它不是那种"否定的虚无","否定的虚无"强调任何方面都是虚无,事实上,"否定的虚无"本身就是一个矛盾。因为不可能有绝对的无,"否定的虚无"就是在想象中也不可能存在。"空乏的虚无"是站在一个相对高的立足点上来对"虚无"作出的一种解释,或者说,它是在一个更为广泛的概念层面来理解"虚无"。任何这样的一种虚无都是相对的。为此,叔本华说道:

> 每一否定的无或绝对的无如果置之于一个更高的概念之下,就会显为一个单纯的空乏的无或相对的无;而这相对的无又永远可以和它所打消的互换正负号,以致那被打消的又被

---

① Arthur Schopenhauer: *Parerga and Paralipomena*: *Short Philosophical Essays*, Vol. 2, E. F. J. Payne (Trans.), New York: Oxford University Press, 1974, p. 290.

② 叔本华:《作为意志和表象的世界》,石冲白译、杨一之校,北京:商务印书馆,2014年,第560-561页。

认作负而相对的无却又被认作正。①

首先,"相对的虚无"或者"空乏的虚无"都是相对于某一个概念层次而言的,并因为这些层次的变化而转化为"有"。

其次,叔本华所谓的"空乏的虚无"是对作为存在物的表象世界的否定。"空乏的虚无"揭开了"摩耶之幕",取消它的虚幻性,还归世界的本来面目。"摩耶之幕"就是物质,就是因果性,就是时间和空间,或者说就是整个表象世界以及其中所有的各种现象。换言之,"摩耶之幕"是非自在之物的世界,当叔本华说它是"空乏的虚无"时,他想要表达的是,它是对表象世界的否定;当说它是"相对的虚无"时,他想要表达的是,它是相对于意志的客观实际。当整个表象世界被否定、弃绝之后,作为我们窥视意志的"镜子"也就被取消了,进而作为"意志"的世界也就消失了。实际上,我们对表象世界的认识,就是对意志的客体性的认识,在根本上是"意志的自我认识"②。弃绝意志后所达致的"虚无"的本真态,就是人们通常所说的"吾丧我"(Ekstase)、"超然物外"(Entruckung)、"普照"(Erleuchtung)、"与上帝合一"(Vereinigung mit Gott)等境界。③

再次,叔本华的"相对的虚无"蕴含着逐级否定的意思。首先否定的是表象世界,而紧随着是意志的客体性的否定和支撑这种客体性的生命意志的否定。因为表象世界是意志的客体性,在否

① 叔本华:《作为意志和表象的世界》,石冲白译、杨一之校,北京:商务印书馆,2014年,第557页。

② 同上,第558页。

③ Schopenhauer: *Werke in fünf Bänden: nach den Ausgaben letzter Hand*, Bd. Ⅳ, Ludger Lütkehaus (Hrsg.), Zurich: Haffmans Verlag, 1988, S. 526.

定了这些客体性之后所剩下的只是意志自身,然而脱离了这些客体性的现象,我们也失去了认识世界的"镜子",这使我们也必然再看不到意志。这样逐级取消,势必连表象世界中所有"现象的普遍形式的时间"也被取消,最后连"基本形式的主体和客体也都取消了"①。于是,世界所剩下的就只是"虚无"。

　　然而,这最终的虚无仍然是相对的"虚无",或者说是一种对应关系的"虚无"②。因为还有一个本真的纯粹的东西存在,这就是"认识"本身。于是,我们看到,叔本华的"单一思想"的整个内容,这就是:因设定主体而产生客体,由客体的必然性、虚幻性而认识到自在之物的自由性、真实性。认识主体如何实现从客体的必然性、虚幻性回归到其自身的自由性、真实性?这需要经历经验、自在、审美(包含同情)和弃绝的四个过程。然而弃绝了客体,也意味着主体的不必要,从而又取消主体。所剩下的只有"认识"本身。这样,叔本华的"单一思想"从设定开始,到取消设定完成了自己的整个使命,以此表明"认识"自身是唯一永恒存在的主体。这就是整个叔本华的主体旅程,或者说叔本华关于主体的全部思想。它表明,只有"认识主体"是永恒的。总之,叔本华在《作为意志和表象的世界》序言中所言的"单一思想",就是纯粹主体如何纠缠于意志并摆脱意志的思想,而不是关于意志自身的思想。

---

① 叔本华:《作为意志和表象的世界》,石冲白译、杨一之校,北京:商务印书馆,2014年,第559页。

② Arthur Schopenhauer: *Manuscript Remains in Four Volumes*, Vol. I, Arthur Hüscher (ed.), E. F. J. Payne (Trans.), Oxford: Berg Publishers Ltd., 1988, p. 36.

参考文献

一、叔本华原著类（按参考重要性排序）

德文原著

[1] *Arthur Schopenhauers Werke in fünf Bänden*：*Nach den Ausgaben letzter Hand*, Ludger Lütkehaus (Hrsg.), Zurich：Haffmans Verlag, 1988.

[2] *Der handschriftlicher Nachlass in fünf Bänden*, Arthur Hübscher (Hrsg.), Frankfurt am Main：Kramer, 1970.

英文译著

[1] E. F. J. Payne (trans.), *The World as Will and representation*, 2 Vols, New York：Dover Publications, Inc., 1969.

[2] R. B. Haldane and J. Kemp (trans.), *The World as Will and Idea*, London：Kegan Paul, Trench, Trubner & Co., Ltd., 1909.

[3] D. E. Cartwright and E. E. Erdmann (Trans.), *The Two Fundamental Problems of Ethics*, New York：Oxford University

Press, 2010.

[4] Karl Hillebrand (Trans.), *On the Fourfold Root of the Principle of Sufficient Reason and On the Will in Nature*, Mme. London：George Belland Sons, 1903.

[5] A. B. Bullock (Trans.), *The Basis of Morality*, London：George Allen & Unwin LTd., 1915.

[6] E. F. J. Payne (Trans.), *Parerga and Paralipomena：Short Philosophical Essays*, 2 Vols, Oxford：Clarendon Press, 1974.

中文译著

[1] 叔本华.作为意志和表象的世界[M].石冲白,译.北京:商务印书馆,2014.

[2] 叔本华.充足理由律的四重根[M].陈晓希,译.北京:商务印书馆,1996.

[3] 叔本华.伦理学的两个基本问题[M].任立,孟庆时,译.北京:商务印书馆,1996.

[4] 叔本华.自然界中的意志[M].任立,刘林,译.北京:商务印书馆,1997.

[5] 叔本华.叔本华论道德与自由[M].韦启昌,译.上海:上海人民出版社,2006.

[6] 叔本华.叔本华美学随笔[M].韦启昌,译.上海:上海人民出版社,2004.

[7] 叔本华.生存空虚说[M].陈晓南,译.北京:作家出版社,1987.

[8] 叔本华.人生的智慧[M].韦启昌,译.上海:上海人民出版

社,2006.

[9] 叔本华.爱与生的苦恼:生命哲学的启蒙者[M].陈晓南,译.北京:中国和平出版社,1986.

[10] 叔本华.劝诫与格言[M].范进,柯锦华,译.北京:西苑出版社,2003.

[11] 叔本华.人生的智慧[M].张尚德,译.北京:工人出版社,1988.

[12] 叔本华.叔本华论文集[M].陈晓南,译.天津:百花文艺出版社,1987.

[13] 叔本华.叔本华文集[M].钟鸣,等,译.北京:中国言实出版社,1996.

[14] 叔本华.叔本华论生命悲剧哲学[M].王子予,译.长春:北方妇女儿童出版社,2004.

二、其他著作类(按首字母序列)

英文研究著作

[1] Bart Vandenabeele (ed.), *A Companion to Schopenhauer*, Malden, MA and Oxford: Wiley-Blackwell, 2012.

[2] Brayton Polka, *Rethinking Philosophy in Light of the Bible: From Kant to Schopenhauer*, Lanham, Boulder, New York, London: Lexington Books, 2014.

[3] Bryan Magee, *The Philosophy of Schopenhauer*, Oxford: Clarendon, 2002.

[4] Christopher Janaway (ed.), *The Cambridge Companion to Schopenhauer*, Cambridge: Cambridge University Press, 1999.

[5] Christopher Janaway, *Self and World in Schopenhauer's Philosophy*, New York: Clarendon Press, 1989.

[6] Dale Jacquette (ed.) *Schopenhauer, philosophy, and the arts*, Cambridge: Cambridge University Press, 1996.

[7] Dale Jacquette, *The philosophy of Schopenhauer*, Chesham: Acumen, 2005.

[8] David E. Cartwright, *Schopenhauer: A Biography*, Cambridge: Cambridge University Press, 2010.

[9] F C. White, *On Schopenhauer's Fourfold Root of the Principle of Sufficient Reason*, Leiden: E. J. Brill, 1992.

[10] Gerard Mannion, *Schopenhauer, Religion and Morality: the Humble Path to Ethics*, Aldershot: Ashgate, 2003.

[11] Irwin Edman, *The Philosophy of Schopenhauer*, New York: The Modern Library, 1928.

[12] Jonathan Head and Dennis Vanden Auweele (ed.), *Schopenhauer's Fourfold Root*, New York: Routledge, 2017.

[13] Julian Yong, *Schopenhauer*, London: Routledge, 2005.

[14] Mark Thomas Walker, *Kant, Schopenhauer and Morality: Recovering the Categorical Imperative*, New York: Palgrave Macmillan, 2012.

[15] Mathijs Peters, *Schopenhauer and Adorno on Bodily Suffering: A Comparative Analysis*, New York: Palgrave Macmillan, 2014.

中文研究著作(含研究译著)

[1] 邓安庆. 叔本华[M]. 台北:东大图书股份有限公司, 1998.

［2］黄茂文.意志与悲剧：叔本华与尼采悲剧思想比较研究［M］.北京：中国社会科学出版社，2010.

［3］黄文前.意志及其解脱之路——叔本华哲学思想研究［M］.南京：江苏人民出版社，2008.

［4］金惠敏.意志与超越——叔本华美学思想研究［M］.北京：中国社会科学出版社，1999.

［5］李洁.公正与仁爱：论叔本华的同情道德观［M］.北京：中国文联出版社，2006.

［6］吕迪格尔·萨弗兰斯基.叔本华及哲学的狂野年代［M］.钦文，译.北京：商务印书馆，2010.

［7］阿·古雷加，伊·安德烈耶娃.他们发现了我——叔本华传［M］.冯申，译.北京：人民出版社，2007.

［8］彼得·刘易斯.叔本华评传［M］.沈占春，译.桂林：漓江出版社，2015.

［9］S.杰克·奥德尔.叔本华［M］.王德岩，译.北京：中华书局，2002.

［10］贝霍夫斯基.叔本华［M］.刘金泉，译.北京：中国社会科学出版社，1987.

三、论文

期刊论文

［1］Arnold Emch, *Goethe and Schopenhauer on Mathematics*, in *The Open Court*, No. 9 (1914), pp. 521-528.

［2］Bart Vandenabeele, *Schopenhauer on Sense Perception and Aesthetic Cognition*, in *Journal of Aesthetic Education*, Vol. 45,

No. 1(2011), pp. 37-57.

[3] Bart Vandenabeele, *Schopenhauer on Aesthetic Understanding and the Values of Art*, in *European Journal of Philosophy*, Vol. 16, No. 2 (2008), pp. 194-210.

[4] Bernard Reginster, *Knowledge and Selflessness: Schopenhauer and the Paradox of Reflection*, in *European Journal of Philosophy*, Vol. 16, No. 2 (2008), pp. 251-272.

[5] C. L. Bernays, *Schopenhauer's doctrine of the Will*, in *Journal of Speculative Philosophy*, Vol. 1, No. 4 (1867), pp. 232-236.

[6] Christopher Janaway, *Necessity, Responsibility and Character: Schopenhauer on the Freedom of the Will*, in *Kantian Review*, Vol. 17, No. 3 (2012), pp. 431-457.

[7] Dale Jacquette, *Christopher Ryan Schopenhauer's philosophy of Religion: The Death of God and the Oriental Renaissance by Christopher Ryan*, in *Religious Studies* Vol. 46, No. 4 (2010), pp. 545-550.

[8] Dale Jacquette, *Schopenhauer's Proof that Thing-in-Itself is Will*, in *Kantian Review*, Vol. 12, No. 2 (2007), pp. 76-108.

[9] David E. Cartwright, *Schpenhauer's Axiological Analysis of Character*, in *Revue Internationale de Philosophie*, Vol. 42, No. 1 (1988), pp. 18-36.

[10] D. W. Hamlyn, *Schopenhauer on the Principle of Sufficient Reason*, in *Royal Institute of Philosophy Lectures*, Vol. 5 (1971), pp. 145-162.

[11] D. W. Hamlyn, *Schopenhauer on Action and the Will*, in *Royal*

Institute of Philosophy Lecture Series, Vol. 13 (1982), pp. 127-140.

[12] Doru Enache, *A Few Remarks on Schopenhauer's Will*, In *Synergy*, No. 1 (2010), pp. 94-101.

[13] David E. Cartwright, *Schopenhauer as Moral Philosopher-Towards the Actuality of his Ethics*, In *Schopenhauer Jahrbuch*, 1989, pp. 54-65.

[14] Jay L. Garfield, *Western Idealism ThoughtIndian eyes: A Cittamatra reading of Berkeley, Kant and Schopenhauer*, in *Sophia* Vol. 37, No. 1 (1998), pp. 10-41.

[15] Moira Nicholls, *The Kantian Inheritance and Schopenhauer's Doctrine of Will*, in *Kant Studien*, Vol. 85, No. 3 (1994), pp. 257-279.

[16] Otto Pögeler, *Schopenhauer und das Wesen der Kunst*, in *Zeitschrift für Philosophische Forschung*, Bd. 14, H. 3 (1960), S. 353-389.

[17] Robert A. Crone, *Schopenhauer on vision and the Colors*, in *Documenta Ophthalmologica*, Vol. 93, No. 1-2 (1997), pp. 61-71.

[18] Sandra Shapshay, *The Problem with the Problem of Tragedy: Schopenhauer's Solution Revisited*, in *British Journal of Aesthetics*, Vol. 52, No. 1 (2012), pp. 17-32.

[19] Zain Imtiaz Ali, *Al-Ghazālī and Schopenhauer on Knowledge and Suffering*, In *Philosophy East and West*, vol. 57, No. 4 (2007), pp. 409-419.

[20] 柴琳.“自我救赎”的三种途径——叔本华宗教哲学思想论

［J］.浙江学刊.2015（1）:22-26.

［21］陈泽环.否定生命·肯定生命·敬畏生命——施韦泽的叔本华和尼采伦理思想研究［J］.伦理学研究,2013（1）.

［22］成海鹰.叔本华视野中的伦理学建构［J］.长沙理工大学学报:社会科学版,2004（4）.

［23］成海鹰.叔本华哲学百年研究综述［J］.现代哲学,2001（3）.

［24］管月飞.叔本华和早期维特根斯坦关于"世界"观念之比较［J］.中国社会科学院研究生院学报,2009（6）.

［25］何丹.物性就是因果性——论叔本华的因果学说及其合理内核［J］.广西社会科学,2005（9）.

［26］H.G.伊恩肯普文.叔本华哲学思维的方式［J］.任立,译.世界哲学,1993（5）.

［27］金惠敏.作为纯粹认识的审美——论叔本华美学认识论的几个问题［J］.北京社会科学,2000（2）.

［28］金惠敏.身体作为同一的认识者和被认识者——论叔本华对自在意志的探询［J］.中国人民大学学报,2000（5）.

［29］金惠敏.内部感觉的效能边界——论叔本华意志认识论的内在矛盾［J］.首都师范大学学报:社会科学版,2002（1）.

［30］刘敬鲁,魏金声.试析叔本华意志论哲学的内在矛盾及形而上意义［J］.中国人民大学学报,1994（5）.

［31］牛秋业.意志与无——叔本华自由观研究［J］.商丘师范学院学报,2002（3）.

［32］牛秋业.叔本华与康德自由观比较研究比较研究［J］.湛江师范学院学报,2001（5）.

［33］陶黎铭.关于叔本华哲学的几个问题［J］.复旦学报:社会科

学版,1990(2).

[34] 王建伟.叔本华哲学的省察与反思[J].安徽大学学报:哲学
社会科学版,2006(3).

[35] 汤用彤.叔本华思想中的东方因素[J].钱文忠,译.中国文化
研究:秋之卷,2001(3).

[36] 汤用彤.叔本华天才哲学评述[J].赵建永,译.世界哲学,
2007(4).

[37] 宛小平.对"叔本华的悲观主义美学"之说的质疑[J].安徽大
学学报:哲学社会科学版,2006(3).

[38] 余其彦."Tat tvam asi"如何能为道德奠基:论古印度"梵我同
一"思想对叔本华伦理学的影响[J].理论月刊,2006(3).

[39] 余治平."意志自由"及其归无、入禅的终结———种对叔本
华的解读[J].烟台大学学报:哲学社会科学版,2000(4).

[40] 余治平.关于叔本华"意志自由"的评析与批判[J].青海社会
科学,1999(3).

[41] 杨玉昌.非理性主义与理性主义的分野——论叔本华和黑格
尔对康德哲学的批判[J].河北师范大学学报:哲学社会科学
版,2003(2).

[42] 杨玉昌.从基督教到东方宗教——论叔本华的宗教转向
[J].学术月刊,2004(2).

[43] 杨玉昌.叔本华与西方哲学的现代转折——从宗教有神论到
现代人本主义[J].现代哲学,2005(4).

[44] 杨玉昌.理性主义与神秘主义的纠结——叔本华与早期维特
根斯坦的比较研究[J].云南大学学报:哲学社会科学版,
2007(6).

［45］杨玉昌.叔本华意志哲学与克尔凯郭尔信仰哲学的比较研究——兼析东西方思想之间的关系［J］.燕山大学学报:哲学社会科学版,2000(3).

［46］杨增发.叔本华悲观主义哲学思想研究［J］.大理大学学报,2008(7).

［47］杨善解.叔本华哲学思想初探［J］.安徽师范大学学报,1994(1).

［48］杨世宏,任厚升.性爱论:叔本华唯意志哲学的关键环节［J］.广西社会科学,2008(5).

［49］赵卫国.叔本华悲观主义的形而上学根源和时间根源［J］.哲学研究,2010(6).

［50］张庆熊.在"拼凑"中推陈出新——探讨叔本华哲学研究的思想线索［J］.云南大学学报:社会科学版,2011(5).

［51］周峰,李主林.叔本华和尼采死亡哲学之比较研究［J］.学习论坛,2003(11).

后　记

叔本华是 19 世纪德国非理性主义流派的著名哲学家,生平主要著作有《充足理由律的四重根》(1813)、《作为意志和表象的世界》(1819)以及《伦理学的两个基本问题》(1844)等。叔本华标榜自己是康德哲学真正的继承人与批判者。他认为,即便康德在理性的讨论之中凭借本体与现象的划分而将本体设定为不可被认识的无条件者,但这并不意味着本体就只能在一种不可知论的前提下得到考量。康德在将作为无条件者的本体设定为范导性的先验对象的同时,并没有否定我们可以借助于一条非理性的道路来触及无条件的本体自身。叔本华指出,一种"非理性"的"意志"就是康德想要但未能达成的自在之物,就是那最高的自发性整体。由此,在叔本华眼中,康德的基本问题就成为:是否存在着一种并非作为理性见诸行动的能力的意志,如果有,我们又将如何把握它?

叔本华的意志哲学又被称为主体哲学,本书选择以"主体"为切入点,去探究叔本华的意志如何在其主体之中实现其在场的。叔本华哲学诞生于哲学的危机时代,19 世纪观念论传统中的黑格尔将以逻各斯为方式的形而上学推及到了顶点,并导致其崩溃,因为思辨的终点毕竟只是虚无。实证主义、新康德主义、马克思主义等纷纷试图重建那古老与神圣的哲学传统,叔本华也不例外。但是,他走的是一条全新而未经尝试的非理性道路,逻各斯在他那里全然被违背,他所试图去勾连起的是那一前主客、前反思的生生不息的意志。叔本华前半生的落寞、后半生的荣耀无不与他所揭示的"意志"这一主体息息相关,但同时代的人不可能以现成的哲学背景真正理解它,以至于时至今日"意志"多多少少仍被视为独断,视为哲学上不成熟的冲动。然而,我们终须记住,一切对哲学的追问终归是对人的追问,叔本华对意志的强有力的解读只不过是对人的灵魂的深刻拷问而已,而且叔本华的拷问终究是深刻的、具有洞察的——如果这本书能够使读者意识到这一点,那么就是有意的。

本书由屈理兵、彭腾跃、赵钧、黄琬璐通力合作完成。本书的构思与形成受益于四川大学的熊林教授、徐开来教授、余平教授和高小强教授,在此一并表示感谢。另外,感谢重庆大学出版社相关同志为本书出版付出的辛勤努力。你们的辛劳和帮助,实为付梓的关键。

是为记。

2020 年 11 月